理性“狂”言

教育之道

席西民◎著

Rational 'Crazy'

The way of Education

中国人民大学出版社

·北 京·

狂言——石头、狼、号子——起床

（代序）

现在“教育”是一个滚烫的热词，原因是：（1）教育关乎千家万户，特别是中国人一辈子的奋斗就是为了子女，而教育是关系到下一代能否成功的关键，所以中国人大都不惜代价投资教育，因而也会无比地关注教育；（2）当面临全球化竞争和更多了解世界先进教育的优势之后，中国社会对中国教育的诟病之声越来越响，特别是当国门洞开、接受国际教育日益方便之时，学生和家长们不再只是批评教育，同时也开始选择“用脚投票”，不惜代价、不惧风险地大量涌向海外教育市场，中国教育面临日益巨大的压力；（3）在我们享受网络获取知识等便利之时，一系列的颠覆性技术也在挑战当代的教育，如网络化和慕课等，要迎接挑战，我们不得不反思教育、重塑教学、再定义大学；（4）面对技术变革对学习和教育方式可能的颠覆、社会公众的舆论压力、家长和学生的多元化选择，中国新一轮教育的综合改革已全面启动，关于教育往哪儿走、改什么、如何改等问题的讨论自然一浪高过一浪。

虽然要准确认知未来教育的发展趋势、中国教育的改革方向、必须面对的核心问题、关键的改革策略等战略问题并非易事，但关于教育的一些基本判断还是很容易做出的，例如大学的核心业务是育人，而不是目前比较热闹的追求学术 GDP；只有教育资源的配置科学、规范、透明，才有可能使浮躁的教育环境回归平静，使教育的关键资源——教授、校领导的时间和精力从各种“跑部钱进”的“工程（项目）追逐”上收回来，重新聚焦到教育的本质业务——育人上；在面临时代和新技术挑战时，教育工作者和管理者应将注意力放在未来发展趋势上，放在教育的重塑上，而不是天天陷在许多内部的琐碎事务中；等等。然而，仔细观察或稍做调研就不难发现，社会和业内清醒的人不少，坊间和网上骂街的也有很多，但现实中绝大部分的当事者都在努力地做着自己认为不对的事情，一边“骂娘”或谴责，一边在做帮凶或问题的制造者。

每个人都是人群或社会中的一员，我们面对其弊病、糟粕或侵害己利的要素，首先要谨防做帮凶，不要像@枫笙映黎生动地描写的那样：“小王开车在路上行驶，有人横穿马路，小王骂了！小王横穿马路，汽车差点撞了他，小王骂了！小王步行上街，路边很脏乱，小王骂了！小王走在大街边，见城管清理违法摊点，小王骂了！小王和父母上公交，车上无人给父母让座，小王骂了！小王带儿子坐公交，儿子给老人让座，小王骂了！”应努力地保持客观和随时自省，看看自己是不是帮凶、应承担哪些责任、应该有什么样的态度和行动。泰戈尔曾生动地针砭世相：“雪崩的时候，没有哪一片雪花认为责任在己。”那么，我们可以问心无愧地等待雪崩的到来吗？其次是谨防“心理放弃”，即对有些事情感到不满甚至想改变，但因陷入一个难以自拔或撼动的无形的网中而最后从内心深处放弃努力，彻底投降。在日常的生活和工作中，我们会看到太多因抱怨乃至抗争无果而麻木的现象，对不合理现象从开始的愤愤不平到视而不见、听而不闻，更不用说以自我觉醒的行动来改变之。这是很可怕的现象，社会会因此失去进步的动力。例如，在一些正式场合或该争取的地方，如人大会上，很多责任在身的人懒得讨论和行动，内心明知需改变，也知道很多事情太过荒谬，但连说都不愿，理由是说了没用，这种“超然”令人心寒。希望在哪里？许多事看起来难，实则并非那样的难，是大部分人将难假想般地放大了，进而从内心选择退却。如果有心、有勇气尝试之，便容易发现我们其实可以有所作为，哪怕是凡人一枚。而且，对这个世界也不应如此悲观，人活着，应有底线和基本规则，每个人坚持一点点，水滴石穿，当所有人有所坚守，社会就会进步得快点。实际上，还有一种更可怕的情景，即深陷问题或衰退的模式中而感觉良好，或者麻木或者不能自醒甚或他醒，此时是“心理沉睡或麻木”而不是“心理放弃”，这些人往往需要被现实的巨大代价撼动或被他人惊醒！

芸芸众生中，很多人为没有实现人生梦想而后悔，但大部分人不是没有能力，而是过早地或一开始就从心理上放弃了追梦。我比较认同著名媒体人柴静说的话：“只有一个国家能够拥有那些寻求真理的人，能够独立思考的人，能够记录真实的人，能够不计利害为这片土地付出的人，能够捍卫自己宪法权力的人，能够知道并不完美但仍然不言放弃的人，我们才能说我们为祖国骄傲，我们才能说，我们有信心让明天更好。”

我自己一直在努力做这样一个人。以 77 级首批大学生的身份进入高等学府，从本科到研究生再到教授，从研究室主任到院长再到校领导，从体制内学校到创建新型的半体制内大学（西安交通大学城市学院）和按市场机制运转的学院（陕西 MBA 学院），直到创建和后来直接领导的中外合作大学（西交利物浦大学），一路走来，我目睹了中国教育的高速发展，特别是基于一位管理学教授和教育部战略研究基地（西安交通大学中国管理问题中心）主任的角色，剖析我国现行教育体制、高教模式、管理架构、大学文化的弊端和潜在风险，试图凭借理论研究、政策建议、自我探索和管理实践对中国高等教育的发展起到一点点促进作用。

本书收集了近年来我所写的论文、为教育部和国家科教领导小组撰写的部分政策建议、接受媒体采访形成的文章以及对西交利物浦大学探索（作为一只改革的麻雀）的简单总结，呈献给读者，希望能推动教育的前行，特别是在中国新一轮的教育改革中发出一点点能够让人反省的声音，为教育反思、大学重塑时代的中国高等教育的健康发展摇旗呐喊！

这本书之所以用“狂”言来命名，其实并非真狂，而是敢言。作为学者，敢于表达自己的观点，不看别人眼色，不追随社会潮流；并且是直言，不拐弯抹角，坦率表达自己的意愿；更重要的是负责任的言，有点担当和使命感，想为社会进步尽到一个有责任感的公民的义务。当下，不少人因顾及太多而不敢说，还有很多人不愿说或在不得不说时不直说，更有不少人违心地顺着潮流地说或不过脑子地乱说，还有大量的“心理放弃”或“心理沉睡或麻木”者，在这种情况下，愿言、敢言、敢直言者往往会被视为“狂”人，狂人之言也会被当成“狂”言。与其被当成狂言，不如自己承认是“狂”言。为使“狂”言不狂，前面加上了修饰词“理性”，也即这些大胆之言并非想当然地乱说，而是经过理性思考甚或研究所得，并且是负责任的表达，希冀能对“心理放弃严重”或“心理沉睡或麻木”的人们有所冲击，如同一位美国教育专家将信息技术发展和颠覆性教学技术的涌现描绘为给教育界的一个叫醒服务（“wake up call”）。根据我对中国教育（包括基础教育）的观察，不少人已经醒来，但起身的不多，起身后能真正动起来的则更少，有资源问题，更有认识问题以及观念和习惯问题。我希望加入到这批已经起身的教育实践家的行列，用自己的真诚呐喊、实践感悟、经验总结、研究心得，求教于同行，如能像扔进水池中的“小石头”那样弄出一点涟漪，或像羊群中的“一只狼”那样掀起一点躁动，或像晨跑中的“号子声”那样唤醒更多人起床，我就心满意足了。

本书分为“‘狂’论教育”、“关于教育的对话”、“西交利物浦大学教育探索素描”和“大胆建言”四部分，各部分相对独立，好处是可以根据兴趣和关注点分开阅读，缺点是局部素材可能稍有重复感，但权衡利弊，依然保留了当下的结构，当然在编辑的过程中已尽力减少或避免弊端。

虽然自认为出自理性思考，但因为是“狂”言，文中错误在所难免，也不怕错误，因为我原本并没有想着被读者完全接受，而是抛砖引玉，只要能引起反思、争论或讨论就已达到目标。欢迎批评指正！

席西民

于西交利物浦大学

目　录

CONTENTS

第一部分　“狂”论教育

第二部分 关于教育的对话

第三部分　西交利物浦大学教育探索素描

第四部分 大胆建言

第一部分　“狂”论教育

面向新时代，大学教育是“破产”还是“重塑”

“知道”时代需要研究型学习

共生时代，大学如何不被割裂成“孤岛”

大学去行政化并非弱化管理

我们配得上“校长”的称谓吗

遐想 2030 年的大学

教师节“三思”

对大学校长职能的科学审视

大学文化的个性塑造

面向新时代，大学教育是“破产”还是“重塑”

一、大学教育已远远不适应时代的需要

面对全球化和网络化的世界，我们在讨论教育的时候，一定先要问一个问题：教育要培养什么样的人？只有知道未来对人才的需求，才有方向，才能做好教育。形象地说，未来之人才就像全球化背景下骑在疯牛背上的斗牛士，面临快速变化和动荡不安的环境，还要驾驭一个“狂野暴躁”的事业（见图 1—1）。大家知道，斗牛士想在牛背上坚持几秒钟都很不容易，那么，什么样的人才能待得更久？

要回答这个问题，我们需要分析这个时代的趋势和特征。首先，连接革命已经发生，互联网和物联网使人和世界万物紧密相连，从而会改变很多个人、组织和社会的行为，自然也包括学习的行为。传统上我们惧怕无知，教育的目的是消除无知，故以教知识为主，现在只需要一个芯片，加上可穿戴设备或者智能手机，所需知识就可以全带在身上或通过搜索获得，为什么还要记忆这些知识？现在可以随时随地廉价地获取知识，如果大学还是以教知识为主，这样的大学的意义何在？其次，人和所有东西被一网打尽，社会将形成一种新的生存状态，叫做共生（symbiosis），你中有我、我中有你，运用得好，将会达到共赢的状态，此时人们需要的新的生存能力和策略是什么？再次，一系列颠覆性技术在不断颠覆着我们的生活、我们的组织和我们的教育，在不少领域，范

图 1—1　未来人才：不确定环境下的驾驭

式革命正在涌动，几乎所有组织都在思考或探索自己的新模式，教育概莫能外；最后，要赢得未来，世界需要一种全球的竞合。在这样的背景下，教育要从过去的消除无知转变到应对新的挑战，这种挑战不仅来自人们面临的问题本身，而且源自我们的生存环境，我将这种环境总结为 UACC，即由四个变量构成的未来人类的生存空间：不确定性（uncertainty）、模糊性（ambiguity）、复杂性（complexity）和快变性（changeability）。谁也无法逃脱这四个变量的影响，也就是说，未来大家都生存在 UACC 这样一个空间里（见图 1—2）。我们的教育和未来的人如何在这样的时空中对生存和竞争？应该说，当下教育及其变革对这个问题的回应还不多。

为什么现在的大学教育远远不适应时代的需要而又难以产生根本的变革？管理大师德鲁克曾指出：公益事业和非营利组织的结构变革动力大部分不是来自内部，而是来自外部。比如大学发展史上很重要的洪堡大学，其诞生不是由一个教授而是由一名外交官 Wilhelm von Humboldt 推动的。20 世纪五六十年代美国大学的迅速变革也不是缘于内部，而是迫于社会对于大学的不满。现在中国社会迫切需要大学进行变革。中国要成为世界强国，需要大量的世界级人

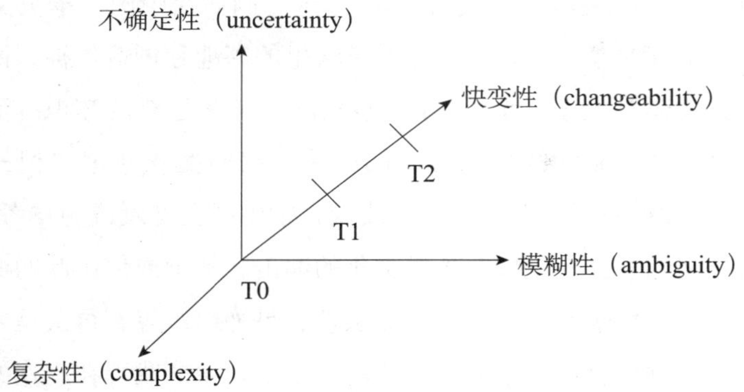

图 1—2 UACC：未来人类生存环境的基本特征

才，教育重任在肩，然而目前的教育质量和对未来需要的适应却深受各界诟病，家长和学生大多不满意，甚至连教育工作者自己也很不满意，更何况还有一系列的颠覆性技术正在颠覆中国大学的生态。然而，我们的教育工作者和管理者似乎都被锁在一张无形的网中，难以自拔，大学的变革步履维艰。更有意思的是，这种对教育变革的呼唤不仅发生在中国，就连被我们当作模板、众多家长和学生向往的美式教育也受到质疑，哈佛商学院战略教授 Clayton Christensen 2014 年曾预测：“未来 15 年内，一半的美国大学会面临破产的威胁”，他的话让很多人感到震惊。

面对如此严峻的挑战，是行动还是观望？实际上，迫于社会舆论和自身发展的压力，国内各个层面的教育改革方案纷纷出台，但这些方案基本上都是针对琐碎的内部管理问题，很少思考时代对教育的挑战以及我们如何应对挑战。然而，只有认识到教育面临的大挑战，改革才真正有希望。

二、新时代，大学教育目标需要重塑

为了应对这样的挑战，教育要培养出在能疯牛背上长袖善舞的国际玩家（global player）。我们只有深刻理解培养对象，正确认识培养目标，才能让教育变革沿着正确的方向走在可行的道路上。国际玩家必须面对的挑战是什么？

由图 1—3 可知，首先是应对本土文化的影响。例如在中国，本土文化对教育及人才的影响太深刻了。应试教育扼杀了学生的兴趣和创造精神。课堂上学生永远是静默地“学”（记）知识，不愿意挑战老师和已有的知识。受到深层的社会结构，甚至科举制度的根深蒂固的影响，我们擅长通过“相马”而不是“赛马”选人，如果应试教育不能根本改变，学生就会继续成为“考生”，大学也会沦为考证机构。其次是应对外部文化的冲击。他国或他民族的文化、习惯可能冲破国界直接影响我们的生活，如宗教、恐怖组织等。再次是应对多元文化共处。我们必须生存在一个多元文化的背景下，比如我现在工作的西交利物浦大学（以下简称西浦大学，西浦），学生和老师来自 50 多个国家，我必须天天面对来自不同国家的人们的行为特征和文化，面对由不同的教育体系训练出来的人。最后是应对日益国际化的生存环境。即使你蜗居在一个小地方，现在也难以摆脱全球化的影响。在这种情况下，要成为一个有竞争力的国际玩家，自然需要具备很多种才能，其中最重要的就是跨文化领导力（cross culture leadership）。

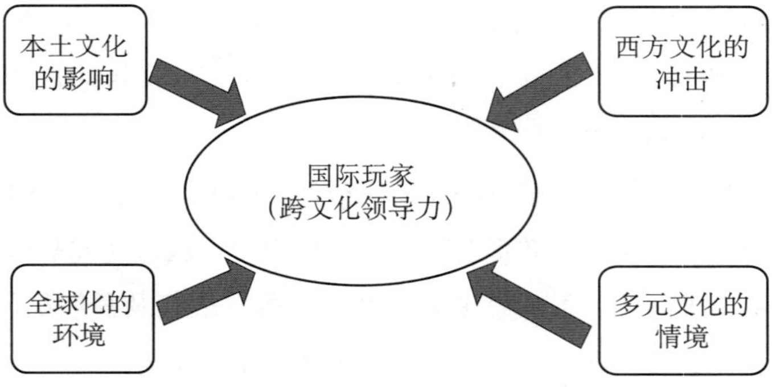

图 1—3　国际玩家与跨文化领导力

什么是跨文化领导力？至少包括五点：一是跨文化的理解力；二是复杂心态，西点军校曾针对现代社会的挑战，提出了人们需要从当下的心态（current mindset）转变成复杂心态（complexity mindset）；三是创新精神；四是学会和擅长整体思维；五是强大的变革管理能力。不管学什么专业，要闯荡世界，这些方面都是必须加强的。遗憾的是，现在学校缺乏有意识的课内外活动设计，无法帮助学生训练这些素养和能力，这也是教育的严重问题。

适应未来的教育是什么样的？在新时代到底应该如何定位大学的价值？传统的教育因为害怕无知，所以设法教学生尽可能多的知识。现在的技术可以让人们很容易地获得知识，面对知识爆炸和大量涌来的似是而非、真真假假的信息或知识，人们面临的挑战似乎不再是简单的获得知识，而是如何适应UACC环境。有教育专家说，现在人缺乏智力的广度，即知识的面，但我对此并不完全认同。我认为现在很难解决的问题是智力的深度，即认识知识的价值，并能解决实际问题；更难提升的是智力的高度，以使人在此基础上培养自己的造诣，拥有智慧。现在一些“先进”的教育工具也只是把传统教育计算机化，并没有改变教育的实质，可以说现在懂教学的人很多，但懂教育的人很少。我们需要培养具有造诣的人，让未来的人才同时具有知识的广度、深度和高度，并且具备跨文化的领导力，这才是适应未来的教育。

为此，我们要开始做三件事情：反思教育，重塑教学，再定义大学。

大家可以想象一下，既然我可以随时随地廉价地学习，为什么还要花钱来上学？要吸引学生选择学校，学校必须为学生提供增值服务。在世界重塑教育的时代，我们对大学的意义要有独特的认识，即大学不是只教知识的地方，而是帮助学生健康成长的乐园。何为健康成长？学校至少应使学生在以下五个方面取得长足进步：(1) 因知识积累在人类发展进程中依然重要，所以需要学习和继承；(2) 在知识更新日益加速，新技术源源不断的当下，要帮助学生学会学习；(3) 为了立足于共生的未来社会，人与人的合作日益变得非常必需和重要，所以要擅长处理人际关系，学会与别人合作；(4) 全球竞合要求有追求的“世界公民”不断拓展自己的国际视野；(5) 要立足于世，每个人应该知道自己之于组织和社会的价值，未来我们如果对这个社会没有价值贡献，就基本上没有发展空间。总之，在当今中国的环境下，大学要真正实现育人目标，必须设法帮助学生实现三大改变，即：从孩子到年轻的成人再到“世界公民”的转变，从被动学习到主动学习再到研究导向型学习的调整，从盲目学习到兴趣导向再到关注人生规划的提升。

三、重塑大学的教与学

传统的教育模式是老师教、学生学，现在很多大学基本还是这样。过去是灌输式的，现在很多学校依然是灌输式的；过去我们习惯于把学生比喻成海绵，就是让其吸收或记忆尽可能多的知识，现在学生很容易变成气球，年轻人几乎无所不知，但如果深入地探究就露馅了，过于肤浅和浮躁，没有知识的整合。要想改变这种状态，你会发现课堂在学校学习中只占很小的一部分，学校需要创造更丰富的学习过程和环境，如项目、团队合作、研究、实习、实践等，才可能培养出具备知识广度、深度、高度和有造诣的人才，才有利于训练他们的跨文化领导力。

另外，教育的另一个探索是跨专业（trans-discipline education）的整合，以拓展学生的知识面。对于“跨专业”这一理念还需进一步阐释，即从跨专业的整合转变到融合。因人类认知能力有限，我们不得不进行学科细分，按专业教学生一些知识，这就是我们最熟悉的专业化教育。其实，按受教育的目的划分，高教至少可分两类：职业化教育，以及全人教育或博雅教育或精英教育。前者以就业为导向。强调专业化教育当然没错，但现代社会的技术更新节奏不断加快，社会形态日益变化，人们面临不断的职业转化和专业调整，让学生具备更强适应性和专业转换能力的教育可能更为重要，因此后者将成为教育的另一种重要选择，该模式不应该过分强调专业化教育。实际上全世界都在探索这个问题，跨专业教育等尝试也层出不穷，但如果面对未来挑战作更进一步思考，我们发现仅有跨专业还远远不够，跨文化领导力的很多方面依然得不到有效训练。也就是说，我们在尝试专业整合的同时，应该探讨如何超越专业进一步培养学生的跨文化领导力（见图 1—4）。这里有一个词非常有意思，叫作融合（syntegration）。在西浦，我们基于此理念的具体做法是提倡研究导向型学习（research-led learning & teaching），我们给每个学生提供两次专业调整机会，以实现以兴趣为导向的专业融合，还在探索如何营造课内外结合的学习过程，训练和增强学生的跨文化领导力。

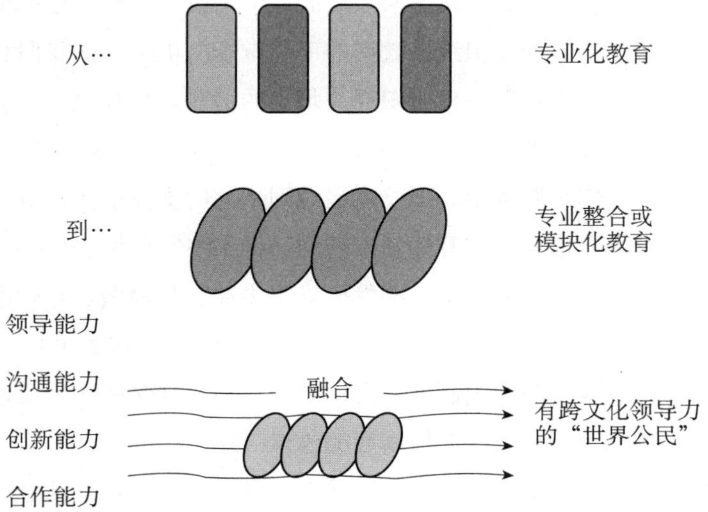

图 1—4　从专业到整合再到融合

什么叫研究导向型学习？最根本的是整合线上和校园学习优势，构造超现实的学习环境，以问题和现象为导向，引导学生通过研究进行学习，以激发学生的好奇心，塑造学生的批判思维、创造行为、复杂心态和终身学习能力，这些都比简单的知识学习更重要。有人很好奇，为什么西浦的文科生可以转到理工科专业并有不错的表现？为什么文科生也可以参加美国数学建模比赛？因为我们从不为保证比赛成绩优异而事先进行筛选，学生只要有兴趣统统可以参加，目的是让学生积极寻找机会，学会解决问题、整合知识、面对挑战，从而实现研究导向型学习，在此过程中，学生也爆发出潜能，从一般的孩子变成了不一般的“世界公民”。

四、大学结构需要根本性调整

管理大师德鲁克说过，20 世纪已经解决了管理的效率问题，留给 21 世纪的挑战是如何提升知识工作者和知识组织的效率。大学是典型的知识组织，当前世界上90%的大学依然采用层级式的管理结构，在大学工作的人都深知这种体系的缺陷，但无心或无力跳出来。然而，网络技术特别是连接革命给我们带来了提升知识工作者和知识组织效率的千载难逢的机会，使我们有望摆脱官僚层级结构的桎梏，利用网络化组织释放师生的潜能。与其他大学的党委、董事会、校长、副校长，部、院、系层级结构不同，西浦努力打造一个由学生、学术、信息、行政四个服务中心无缝连接的网络化的支撑平台，所有的学生和老师可以在平台上自由合作和开展学术活动，根本不需要谁去指挥。当然，在这种对大学结构的根本性调整中，必然面临很多冲突和隔阂，至少需要实现三方面的跨越：一是架设东西方文化、育人理念、教育模式和最优实践间的桥梁；二是架设西浦探索与中国制度、文化环境、教育观念间的桥梁；三是架设员工原有的训练和习惯模式与新探索间的桥梁。

另外，要真正形成前面所讲的共生状态，融入社会，贡献社会，大学还需着力构建自己的生态系统，即物理生态、知识生态和社会生态。物理生态在于引导绿色和可持续发展，知识生态在于共享知识、产生新知、传播新知，社会生态在于发挥学校之于社会的价值，以实现学校和经济、社会发展的互动。

最后，在人们对教育质量不满的形势下，有必要再强调一下质量控制体系。尽管教育管理部门和众多学校强调质量评估，不过其重点是在教学环节保证教学过程的严谨，但如果教育理念错了，则教学过程越严谨错得越离谱。对教育质量保证体系的理解应该涵盖育人理念、育人模式、治理结构、管理体系、教学过程、全程评估等诸多方面，而且每个方面都要有完备的支撑系统予以保障，这样才能真正提高教育质量。

资料来源：席酉民：《面向新时代大学教育是“破产”还是“重塑”》载《光明日报》，2015-06-16，13版。

“知道”时代需要研究型学习

人们常说“无知者无畏”，但现在很难“无知”，因为各种媒体不断向人们推送着花样繁多的信息和知识，发达的搜索工具可以便捷地帮人答疑解惑。现在人们很容易获得相关信息和知识，几乎可以“知道”一切，也很容易沦为“知道”分子。然而，大量难以验证甚或冲突的信息或知识使人们常陷入高阶困惑：难辨真伪、难分伯仲，若事不关己或无足轻重可一笑了之，但如果事情重大，深陷似是而非或似非而是的信息或知识的包围中又该如何处置？我们已从“惧怕无知”的传统教育时代步入了“知道”时代，理性的人常会面临“有知有畏”的境地。

过去，人类对自然、自己和社会认知不足，知识积累不够，所以常因无知而手足无措。随着科学技术的快速发展，人类已拥有了认知自然和生存环境以及驾驭自己生活的基本知识，但知识面广、复杂、分散，人类依然会因难以获得、记忆和拥有足够的知识而彷徨。现在，随着计算机、通讯和互联网技术的不断变革，云端存储、云计算、移动智能等令人眼花缭乱的新技术层出不穷，使知识的存储、传播、学习、分享可以做到随人、随需求、随时、随地完成，而且成本很低，除非你自己愿意孤立于这个世界，否则你很难陷入“无知”，因为你可以很方便地为所面临的问题找到相关知识，很容易地“知道”全球范围内与所面临问题相关的信息和动态，反而可能因为获取知识和信息太易、太快、太多、太模糊而陷入恐惧。例如雾霾锁城、水质污染、食品不安全、未来可能患某种疾病、世界某地的凶杀或恐怖事件、灾难，等等，可能瞬间扑面而来，使习惯了安宁的人类心灵难以承载如此重负，可能陷入“有知”的恐惧中。

19 世纪，狄更斯曾描述，“这是最好的时代，这是最坏的时代；这是智慧的时代，这是愚蠢的时代……”。这些话似乎完全可以套用到伟大的 21 世纪。在大量颠覆性技术（disruptive technology）的推动下，世界日益紧密连接成为地球村，信息和知识爆炸的冲击波迎面扑来。随着大数据和数据挖掘技术的发展，可能会出现“信息不对称”的逆转，过去作为主体的我们总是为难以获得客体足够多的信息而焦虑，现在有可能出现客体比我们自己更了解我们的情形。例如，通过大数据分析可得到我们许多下意识或未意识的行为习惯、决策模式。这个所有东西相互连接，甚或相互监控和研究的世界变得日益复杂、模糊、快变和不确定，人们在收获这种网络化环境下巨大收益的同时，不得不面对许多严重甚至从未经历过的冲突、问题和危机，我们也越来越深刻地体会到，人类已经从恐惧无知慢慢转变到开始恐惧的状态。

爱因斯坦曾坦言：“知识很多和太少同样危险”。其实，关键在于我们怎样对待知识：当知识太少时我们需要认清自己的无知，当知识很多时我们则要注意找到真知，且不被知识限制思维和束缚手脚。

面对这样的挑战，我们熟悉且擅长的“以知识的传授为主要教学目标、以教师为中心的灌输式教学方法、以考试为主要评估方式”的传统教育，无法将学生从新的“恐惧”中解救出来。这种“一门课，一本教材，老师将内容归纳成很多知识点，老师讲知识点，学生记知识点，考试时老师划重点，学生背重点，考完高分忘知识点”的以知识为导向的被动填鸭式教育，只重视对已有知识的机械掌握，缺乏探索兴趣、批判精神、创新意识、操作能力的训练，难以帮助学生适应这个时代，更不用说面对时代的挑战，闯荡世界了。

以知识为导向的教育源于人类社会演进的必然。人们在尚未摆脱非理性、未达自觉的时候，可能处于“初生牛犊不怕虎”的状态，如儿童会有不未谙世事的鲁莽之举；挫折的体验和经验的积累，包括知识的提炼，使人们逐步理性化，人们会越来越意识到“恐惧源于无知”，从而惧怕“无知”。于是，在知识稀缺、难以分享的环境中，教育的目的主要是传输知识，教人获得和理解知识。大学千年的发展史充分体现了这一演化过程：中世纪（11—14 世纪），社会发展到一定阶段，人们对知识的需求促成知识的传播；文艺复兴和宗教改革时期（14—17 世纪中叶），知识传播的内容反映了对古典文化的推崇，同时也体现了统治阶级的意志；资产阶级革命时期（17 世纪中叶—18 世纪中叶），知识的传播由注重书本转向注重实验，由注重思辨转向注重科学实践；工业革命与两次世界大战时期（18 世纪中叶—20 世纪 70 年代），社会对科学技术的需求使大学功能多元化，除知识的传播外，日益重视知识的创造以及转化；当今全球化时代（20 世纪 70 年代以来），知识的传播、创造和转化愈演愈烈。由此可见，大学的主要功能一直集中于知识的传播，于是，如何传播知识就成为大学实现其使命的重要问题。

教学过程是知识传播的重要途径，也因认识、文化、发展阶段的不同而有所不同，经过漫长的实践和演化，形成了现在仍在普遍运用的以“教师、教材、课堂”为中心的传统教学模式。这种模式把学生当做动物来训练，要求教师通过反复讲授和重复练习来塑造和矫正学生的行为，按照教育者的标准，尽可能最大限度地强化学生的合适行为，消除不合适行为。这种以知识获取和记忆为目标的教育很难训练出可以应对现代社会严峻挑战的，具有鉴别性、探索性、创新性素养和能力的学生，同时其自身价值在现代一系列颠覆性技术面前黯然失色，有被快速取代或颠覆的趋势。网络、移动技术以及基于这些技术发展起来的网络教育资源（如慕课）和随时随地廉价甚或免费的教育方式使知识的传输、搜索、获取、分享变得异常容易，知识存储技术使知识记忆不再成为难题，信息和知识爆炸使人们日益难得无知，人们正在从传统的“恐惧无知”演变为很容易“知道”，却难以在知识的海洋中找到有用和恰当的知识，更难有效地整合这些知识以提升自己的生存能力。这种技术革命和时代变迁彻底改变了人们学习的行为，也对传统的教学模式提出了挑战。

尽管传统教学的弊端已受到广泛的批评，甚至成为笑谈，但现实中依然普遍存在。当然，教育界也不乏改革和创新者，他们试图改变这种落后的教学方式。许多教学探索如雨后春笋不断涌现，包括变被动的知识灌输方式为强调师生和课堂互动的主动式教学，变以老师为主导的学习为强调学生主动性的以学生为中心的学习，变重知识学习为强调学习技能的以学习为中心的学习，以及近年来兴起的重视研究技能和探索精神的研究型学习。简言之，人们开始将重点从知识传播转移到恰当地选择和运用知识解决问题，从强调知识获取转移到重视能力训练，从知识导向型教育转向全人教育。那么，研究型学习的真谛是什么？

我在2014年访问爱尔兰都柏林三一学院（TCD）时，得知他们也在提倡研究型教学，于是向其负责该教改项目的教授请教研究型教学的定义。他答道：（1）老师在教学中分享研究成果；（2）教学生一定的研究技能；（3）给学生创造一些研究机会。当时我对他说，“这只是在传统教学中加入了研究要素或佐料。”

不少人认为，“研究型教学是从注重‘如何教’向‘如何学’的转变，重视学生的学习兴趣、学习效果，强调学生的学习能力培养”。实际上，“学”和“教”是“教学”这枚硬币的两面，即使解决了“如何学”的问题，还需明确在这种学习模式下老师该“如何教”，才能更好地引导或帮助学生进行研究型学习。换句话说，研究教学习需要“研究型学”和“研究型教”的到位和二者互动机制的形成。

知识是人类在实践中认识客观世界（包括人类自身）的成果。知识有利于人类更智慧地生存以及与人、社会和世界相处，并不断创造和积累新知。学习实际上是知识继承、运用和积累的过程，其目标不在知识本身，而在生存以及面对生存的问题和挑战。所以，如果围绕生存的需要习得、运用和创造知识，学习者会更具好奇心、针对性，更具有激情和批判精神，更容易根据问题和挑战融合各方知识，并创造新知，也更利于能力的训练和素养的提升。于是，就有了一个路径选择问题：是学会知识面对生存和挑战，还是面对生存和挑战学习知识和研究对策、提升能力并于其中创造新知？前者可能会导致学了一堆知识而不知如何运用，且因缺乏针对性和目标而缺乏学习的激情，也容易导致知识的碎片化；后者显然针对性强，有利于刺激学习激情和创造精神，且容易根据问题整合多方知识并训练学生发现、分析和解决问题的能力。我们不难发现，前者更像传统的教学，虽然可以掌握很多知识，但很容易僵化和分散，运用知识和研究能力得不到充分训练，后者则是我们追求的研究型学习要达到的效果。

研究型学习的关键是从“知识”到“人”的转变。在知识很容易获取的现代，学习的目的不再是简单的获取知识，而是如何针对需要选择知识、如何根据问题整合知识、如何针对新现象或任务快速获得知识或利用已有知识创造性地解决问题。这不仅可以激发人的学习兴趣，培养人的生存能力，包括观察能力、知识搜索能力、整合和运用能力、研究与合作能力等，而且能够造就有素养、有独立思考和批判精神、有社会价值的人。

为此，教学过程也需从“学习知识”转向“学会学习”，教学互动的核心是老师如何引导学生利用各种工具和资源解释现象和解决问题，课堂不再是简单地讲授知识，而是用社会上令人困扰的现象、有趣的科学问题、现实中活生生的挑战引导学生学习，学生则可通过网络等现代技术围绕这些问题进行学习和研究，借助搜集资料、开展调研、进行实验、集体讨论、深入研究、撰写报告等手段，最后解释现象、回答问题、提出方案、完成任务。在这一研究型学习过程中，课堂上只有引导或指导，主要的学习发生在课前阅读和准备、课后的学习和研究、小组讨论和交流、实验室或深入实际的验证和总结等过程中，不仅可以帮助学生学会学习，提升能力，训练批判思维、创新精神，而且有利于学生将各种渠道获得的碎片式知识整合成有机的体系。

挑战即是机遇，生在这个时代是幸运的，我们有了在全球视野下看待自己、组织、社会、人类、世界的舞台。祸兮福兮，取决于我们如何面对之。在这个“传播大于价值，舆论重于事实”的注意力时代，如果我们放弃了批判精神、理性思维、独立判断，就很容易沦为“键人，鼠辈，触生”，很容易借助网络成为“知道”分子。但如果我们学会了研究型学习，利用现代知识获取的便利和快捷，不只形成知识的广（度）博，更注意构建自己的知识（深度）体系，特别是提升自己的知识高度，就有可能成为有智慧、有造诣的人，在这个丰富多彩的世界里如鱼得水，驰骋天下。

“懂得越多，才越明白自己有多么无知。”仅靠谷歌或百度，我们可能沦为浅薄的“知道”分子，只有以研究的心态学习，才能在知识积累和整合的同时意识到无知，从而学会敬畏。良好的素养、强大的能力、正确的行为、系统的知识将成为未来竞争的基础。如何构筑这些立足于世的基础设施？学会学习可能是通向彼岸的必由之路。擅长研究型学习，也许是这个时代给予人类的一个挑战，掌握之，并不断强大我们的心理，提升我们在不确定性、复杂性、模糊性、快变环境下的驾驭力，才可能让我们登上驶向未来之舟。

资料来源：席西民：《“知道”时代需要研究型学习》，载《光明日报》，2015-08-11，13版。

共生时代，大学如何不被割裂成“孤岛”

BBC的系列纪录片《非洲》（*Africa*）（2013）曾热播，人们在钦佩年近八旬、著名的自然探索纪录片主持人David Attenborough及其团队的职业精神和传奇的同时，尽享他们历经四年艰辛和惊险展现给大众的非洲大陆生态环境和无数的奇特动物故事。我特别为共生互赢的生存状态而感慨，因为人类社会也需要在一个更高层次上回归这样一种模式或状态。

一、共栖共生

重达几吨的犀牛，皮肤坚厚，如身披刀枪不入的铠甲，加上头部那碗口般粗大的长角，发起性子来凶猛无比，就连狮子、大象等也要避让三分。但这样粗暴的大家伙却可与体形像画眉般大小的小鸟成为“挚友”，原因是犀牛皮肤虽坚厚，但皮肤皱褶之间又嫩又薄，极易遭受体外寄生虫和蚊虫的侵袭，除往身上涂泥防御外，没有别的好办法来驱赶或消灭这些讨厌的东西。而小鸟恰是捕虫好手，它们成群地落在犀牛背上啄食那些企图吸犀牛血的蚊虫。另外，犀牛虽然嗅觉和听觉灵敏，却是个大近视眼，小鸟飞上飞下、叫个不停，还为犀牛扮演着哨兵的角色。不难看出，二者各取所需，共生互赢。其实，动物界类似的共生互惠现象很多，如鸻和鳄鱼的关系也很美妙，小鸟在鳄鱼张开的硕大嘴巴里快乐跳跃，鳄鱼非但不会生吞它们，反而很配合地张开大嘴，让小鸟从自己嘴里挑拣肉食美餐一顿，自己的牙齿也可以变得干净。又如，斑马不只是与红嘴牛椋鸟搭档，还和温顺的鸵鸟为伍，原因是鸵鸟的嗅觉和听觉差，而斑马的视觉不怎么样，它们利用斑马的嗅觉和鸵鸟的视觉互相警示，防范危险，保护自己。

英文词“symbiosis”描述了这种现象，意即多个不同类物种相互获益的紧密生存关系，德国真菌学家 Heinrich Anton de Bary1878 年曾将 symbiosis 定义为“不同生物体共同生活在一起”。其实，这个词最早是用来描述社群中人们的共处关系的。

我喜欢 symbiosis 这个词，更喜欢它描述的共生互赢的生存模式和状态，因为人类未来的生活方式或组织模式会越来越趋近这种机制和形态。由于交通、计算机通讯和网络技术的飞速发展，“地球村”已不再是神话，人们的生活和工作方式已发生革命性的变化，随时随地学习交流与互动合作成为可能，生活与工作的边界也越来越模糊，同时人的独立性和共生性在加强，社会正在演化成为一个基于网络的、以价值创造和增加为导向的生态系统，其结构是基于网络的合作平台，其机制是愿景、使命驱动的共生共栖和互动互惠。

二、共生时代是挑战更是机会

Jeremy Rifkin 在 2014 年出版的《零边际成本社会》中对未来类似的社会形态进行了展望，认为因物联网和合作共享，社会将会孕育出大批的产消者（prosumers），这样将逐步形成分享经济（sharing economy），社会资本重于金融资本，使用权胜过所有权，可持续发展超越用户至上，合作取代竞争，分享价值替换交换价值，进而导致资本主义的失色，人类将进入一个全球协作共享的社会，也即共生时代。

共生时代的人和社会行为正在发生颠覆性的改变，从而需要探寻全新的共处逻辑和机制，由此，人类活动的组织方式也会发生革命性的变化。其实，Warren Bennis 早在半个世纪前就提出警告，“基于 Weber 层级理论的官僚机械式结构已远远不能适应我们的社会现实，几十年后我们将会目睹和参与到官僚机构的终结、适应未来需求的新社会形态的诞生”。管理大师德鲁克也指出，20 世纪已经从理论上解决了管理的效率问题，留给 21 世纪的管理挑战是如何提高知识工作者和知识组织的效率。

由于浸淫在激烈的国际市场竞争中，企业实践者对此有更深切的体悟。海尔首席执行官张瑞敏先生曾深有感触地感叹：“企业管理要在互联网时代重构自己的生态圈，使之成为一个有机、鲜活的生命系统。”他还亲口对笔者说：“过去几十年，中国企业的组织管理基本上是效仿国外企业，网络时代的组织管理重塑给了我们与国际企业站在同一起跑线上创新的机会，使我们有机会引领下一轮的发展。”肩负着这样的使命，顶着国际大师“有灭顶之灾风险”的警告，海尔经过持续探索，初步形成了新的网络化平台（network-platform）发展模式：人单合一＋网络平台（内部单元和外部合作无边界，内部运行无层级控制，强大的供应链）＋自主经营体＋自组织与竞争发展（人人都可能成为CEO）＋互动共生共赢。看到我在微博上介绍的海尔新模式之后，有新加坡友人评论道：CEO 的成功与否不再取决于他开发了多少产品或服务，而是看他培养了多少 CEO。我还要加一句，关键还在于他有没有营造出让这些 CEO 能共生互赢的平台和环境。

又如，面对大量分散的、需求千差万别的客户和散乱的产品提供商，阿里巴巴利用网络平台，对接供需信息，形成了几乎无所不包的、相互独立又相互依存的庞大的产消者生态社区。

传统的组织在经济学家眼中是一种与市场机制有显著差别的层级机制（科斯），是利用规模经济取得优势；在组织理论家眼中则是一种边界清晰的正式的结构。从上述分析中我们不难看到，网络时代的组织活动具有区别于市场机制和层级机制的自治协作机制，拥有利用分布式灵活合作和并行操作的价值创造的优势，组织边界越来越模糊，追求一种基于支撑平台超越正式结构的网络化自组织和共生共荣。如果从管理理论角度审视这种演变，我们不难发现，管理理论和实践也正在经历一种变迁，其主要概念可能会从命令、组织、控制、规划等转变为关注角色、自治单元、自组织、社区、网络治理、合作、可持续、文化、平台、环境和演化等，这种人、组织、社会的演化和变革就在眼前，就在我们日常的工作和生活中。

三、备受“孤岛”之痛的大学如何解套

作为人类社会的重要活动，教育难以逃离这种变化的趋势，更重要的是，由于其知识活动、知识工作者和知识组织的独特性，会受到更大的影响，当然反过来说，也会从中获得更多的机会，去回应德鲁克提出的 21 世纪关于知识工作者和知识组织效率的管理挑战。

大学组织从功能上一般可分为领导决策机构、职能管理部门、教学科研单位和有关附属单位，部分大学还设有由兼职人员组成的咨询参谋机构或校董会；在管理上大多分为校、院、系三级或校、学部、院、系四级，甚或包括教研室形成五级结构。某些多校园制的大学可能会在前面模式的基础多出分校管理这个层级；在权力结构上，绝大多数大学采用直线—职能制的形式，例如，在采用校、学部、院、系、教研室管理的大学中，从校长到系主任甚或教研室主任以及学校层面承担各类具体管理的职能机构均实行直线式的行政管理。如果再考虑到我国大学“党政两条线”的领导关系，其组织管理架构更为行政化和复杂化。

考虑到大学活动分散、独立、信息不对称等特征以及跨学科合作的需要，有些学校会把部分管理权下放至学部和学院，形成了有限的分权制组织结构形式，但实质上仍是一种直线—职能制的结构，而非像牛津、剑桥书院那样的真正的分权制的组织结构。为适应日益凸显的创新合作需求和大学科的平台建设需要，在国家资源共享的政策推动下，国内外不少大学试图通过强化横向合作以达目的，于是跨专业和院系的研究中心或科研平台建设蓬勃发展，在一定程度上出现了带有矩阵制特征的大学组织。虽然矩阵式结构已考虑到学科之间的融合，并具有比直线—职能制更多的优点，但在以职权划分为主导的集权式金字塔形结构下，特别是在个人和单位利益直接与教学科研紧密挂钩的评估制度

下，其横向合作作用仍难以有效实现，不少机构因协作困难而逐步退化为独立的单位，回归到层级官僚架构之中。

大学的学术自由、老师研究兴趣的多元和职业的“散漫”、学生的独立和学习的自主，形成了典型的共生系统，从组织上来说，这是一种独特的“结构性的无政府状态”，其“本质工作往往是自下而上，而不是自上而下”，其管理常常不是“领导指到哪儿大家打到哪儿”，而是“大家打到哪儿领导指到哪儿”。正如英国有谚语戏称“办大学类似于养猫”，你根本无法规定每只猫的行动路线，但你须让猫知道回家的路。然而，现在僵化的大学组织和评估体系在很大程度上扭曲了学术行为，使大学被割裂成一个个学术孤岛，跨院系的协作常常陷入困境，身处同一栋楼而老死不相往来的现象十分普遍，难以有效实现本应有的“共生、合作、互赢”的精彩局面。但也不难发现，为适应刚性的合作需求，高校已经演化出了一些比较容易处理利益关系的合作方式，如“夫妻店”或“师徒团队”。

但其相对封闭和近亲繁殖的特点会大大影响其创新能力和更大范围合作的发展。面对网络环境下庞杂的信息如何快速决策、如何利用网络技术更有效合作和分享知识？当前的组织结构已严重地阻碍了大学系统中信息的敏捷和快速传递、教学和研究的合作与知识的共享，因此，基于知识活动和知识组织特征探索基于网络平台的网络化大学共生机制、组织结构及管理模式迫在眉睫。

四、构建网络化基础上的学术生态

在网络环境下，大学组织将会融合分布式结构与专业、学科、院系模块化结构以形成有机的科学社区，在既定的愿景、使命和目标导引下，有效地处理青木昌彦（M. Aoki）、鲍德温和克拉克（C. Y. Baldwin & K. B. Clark）所称的“看得见的信息”和“看不见的信息”，相应地形成“看得见”的规则和“隐形”规则。后者是有关各专业、院系模块活动的信息，是模块中的行动者们根据问题或任务处理的特定需要，自行决策，采取行动并通过行动解决问题或完成任务的过程。而前者是有关大学系统环境的信息，会影响模块间的协作活动。

大学为了应对当代诸多颠覆性技术的挑战，急需构建以网络化组织为支撑，可以互赢共荣的共生系统，既让师生员工有创新的自由，又有利于大学整体目标的实现。为此，首先需要明确愿景和使命，为所有成员提供行动的“北斗星”；然后针对基本使命的规范活动制定清晰的教职工和学生的行为准则、规章制度以及大学不同阶段的发展目标等“看得见”的规则；在此基础上，提倡学术自由和大胆创新，赋予教师和学生自由发挥的空间，充分调动他们的积极性，鼓励合作，以避免大学内部出现教学、科研、服务和交往的“孤岛”；大学领导和管理者主要扮演资源获得、环境营造、创造条件、提供服务等角色，成为冲突和矛盾的协调者，而不是独断型的领导者，根据可视信息来协调并规范各模块组织的活动，以及他们相互间复杂的联结关系，各社区和模块组织内部则保持相对的自由度，并通过不可见的信息充分发挥各成员或成员团队的主观能动性，对共同感兴趣的科研课题、问题或任务进行有效的处理。这样，就可以逐步形成教学、科研、服务等多功能兼备的共生共荣的学术社区。

如同张瑞敏在海尔的探索一样，我也以西交利物浦大学为基地，探索更有利于知识传播、交流和创造的网络式大学结构。网络的中心是领导和高管团队，负责学校战略和日常运行，外围是四大服务中心，保障教学和科研活动的顺利开展，各系是教学和科研的主要组织单元，还根据各学科合作需要形成了学科群间的协作机制，创建了基于科研合作需要的跨校院系的虚拟式（非实体）、国际化、开放式的研究院，构造了服务社区的国际技术转移中心、国际化创新港等开放式服务平台。西浦的内部管理结构突出行政、职能部门的服务功能，教师和研究人员的核心地位，以及宽松自由的学术环境；充分调动师生研究和学习的积极性，拓宽老师之间、师生之间的合作空间。在大学网络结构中，每个岗位具有清晰的职责界定，个体之间不强调层级关系，而被视为一种合作互动，师生及其学术活动是学校实现使命的核心，行政、职能人员编织成友好的网络式服务平台，切实支持和服务于学术活动。它有效克服了传统大学的部门、院系和科室各自为政，缺乏互动机制的弊端，使得师生和研究人员可以自由实现思想交流与碰撞。

理论和实践表明，网络组织是实现共生时代互赢的重要组织方式，其基本特征是：（1）员工/参与者被看成主动的、自我决策的人，通过愿景影响和引导个人行为；（2）强调角色而不是权力和层级；（3）角色的存在和重要性以其与合作者/顾客共同创造的价值为标准；（4）价值创造在一个顾客/合作者和员工/参与者共同参与的网络平台上进行；（5）顾客、组织和员工之间形成一种共生的关系，从而共同构成一个生态系统。网络组织的管理机制包括：（1）组织是在一个网络平台上因需求而成的聚集/连接、能对特定需求产生价值的节点联动形成的团队，其边界日益模糊；（2）组织运行的主要机制包括：愿景驱动、共生互赢的激励机制，价值实现驱动的合作机制，准市场的节点淘汰机制；（3）与环境的互动关系演化为：顾客变为参与者，因共享目标而被整合到组织网络平台中，形成共生的生态系统，改变了传统组织与环境的互动机制。我曾在社会网国际会（2013，西安）报告中用 ABCDEFGH 描述了未来社会组织的共生特征，即：（1）自适应（adaptation）；（2）去边界（boundary-less）；（3）沟通/合作（communication/cooperation）；（4）多元化分/散化（diversification/decentralization）；（5）效率（efficiency）；（6）灵活（flexibility）；（7）引导非控制（guidance not control）；（8）和谐（harmony）。

新的技术和社会环境，在行为方式、理论范式、商业模式等方面掀起了一场场革命，它们颠覆了许多传统的套路、范式、理论或模式，网络组织、平台模式、社会生态等具有共生特性的新概念、新理论、新模式纷纷登台亮相，但如果无法形成共赢的组织架构、策略和文化，将难以实现共荣的目标，教育概莫能外。

资料来源：《共生时代，大学如何不被割裂成“孤岛”》，载《光明日报》，2015-12-01，14版。

大学去行政化并非弱化管理

大学因各类工程和项目、名目繁多的评估引致浮躁和远离育人本质，当普遍遭受社会甚至教职工诟病的时候，大家主要把账算到了行政化管理的头上，最突出的表象就是高校“等级森严”的行政级别——被人为地划分为副部级、厅级、副厅级，同时高校内部管理干部也级别明确，从科员到副部级不等，这种官僚化的等级制束缚了高校的发展。行政化的实质是行政权力与学术权力界限不清，行政权力和行政管理模式滥用，本质是行政权力违背学术规律地对学术事务的过度干涉，如大学治理过分行政化、资源配置权力和项目化、管理行政级别化、学术决策的行政干预化，等等。之所以加一个“化”字，主要是因为过于普遍，至少是大家对此有强烈的感受。于是去行政化似乎成为大学或教育改革的突破口，至少在近几年成为教育管理和改革领域的热词。实际上，在教育去行政化的讨论热潮中，“去”一词很值得深思。教育或大学需要行政管理吗？行政管理怎样才算适度？要回答这些问题，必须认清教育的目标和活动特点、大学活动的组织协调机制、恰当的治理和管理体系等。

一、高校的职能与活动特点

大学历经上千年的演进，对其主要职能虽仍有争议，但可以说已基本达成共识，即主要是培育人才、科学研究、社会服务、引领文化。这里无意深究大学的功能和界定，重点关注其履行这些功能的主要活动特征。

首先，大学育人过程中的学和教已经从传统的被动知识灌输演进到互动式的主动学习。按照建构主义教育理论，学习强调意义获取，目的是学习者行为和思想的永久改变；认为学习者天生具备创造力，能自我导向，而不是把学生看成需要定向者；教育者要将自己看成指导者和资源；学习尽管始于课堂，但主要发生在学习者将知识应用于实际环境的过程中，并最终改变其价值观，因此教师和学校要努力创造这种环境。另外，为了应对当代诸多颠覆性技术（如网络、慕课等）的挑战，现在许多大学更进一步，开始探索研究导向的教育，其目的不再是教学生简单地记忆和理解知识，而是帮学生学会应用、分析、评估和创造，强化学生的好奇心和探索精神，引导学生掌握终身学习的能力。这种教学互动过程具有极强的自主性和创造性，学校重在塑造这种教学环境，并提供充足的教育资源。

其次，对于研究和社会服务来讲，其探索过程更具有随机性、自发性、涌现性，甚至真理经常掌握在少数人手里。因此，为了鼓励独立思维、创新精神，刺激新思想、新理论、新技术的不断涌现，保护教师、学生在教学、学习、研究以及成果发表过程中享有高度的自主性，不受法律、组织规定以及公众压力的不当干预或限制，学术自由（academic freedom）便成为学术机构重要的治理原则之一，包括教师追求学术、传达知识、发表研究成果与研究结论，以及决定教学方式的自由；学生学习相关知识、对自己的学习作结论以及表达意见的自由，等等。

最后，社会文化是随着社会活动的不断演化而沉淀形成的，大学的探索和创新精神及其新发现是社会文化演进的重要推动力量，但这种演进是通过理解、认同、接受、采用等自主选择过程实现的，无法靠行政权力命令和强迫推行。

上述几类校园主用功能需要依赖大量的各类学术活动方可实现，而这些活动有极强的自主性、演进性、分散性。为了支持其有效进行，现代大学还需要构建强大的服务体系和支撑平台，营造良好的学习和研究氛围，面向社会各界争取教育资源并对资源进行有效配置，需要与社会建立有效的互动渠道，更需要解决好师生员工最基本的生活服务和后勤保障问题，等等。这些活动无法以学术活动提倡的那种分散、自由、无拘无束的方式进行，而是需要借助现代管理理论和最优实践，塑造必不可少的高效的行政管理体系，确保大学的基本职能得以顺利实现。

因此，大学的基本活动可以粗略地归为两类：一类是以自由、自主、分散为特征，以学术判断为主导的各类学术活动；另一类是以纪律、服从、集中为特征，以权力为主导的相应的服务支持活动。前者需要组织管理上的决策权分散和高度自主性，后者则强调资源的集中调配和各类分散式服务的高效协调。

二、学术权力与行政权力并行不悖

从上述分析中不难发现，高校的有效运行需针对上述两类活动建立起相应的运行机制和管理体系。大量学术活动的决策和组织需要符合具备分散、自主、自由、自治特点的以学术判断为主导的学术权力，更多强调决策的自主性，管理的宽容性，包括评价上的容错性，因为我们必须允许研究上的失败和试错，且因真理经常在少数人手中，所以行政决策中惯用的领导批示、命令、少数服从多数等投票机制在这里失效。代以施行的则是自我决策、学术研讨、同行评议、学术委员会判断和决策等，学校大量与学术相关的机构（如学术、学位、教学等委员会）的存在主要是为了广泛听取意见，相互启发，以使学术研究少走弯路，甚至因资源有限，必须在大量学术活动中进行必要的资源配置和决策。当然，一些学术决策也采用委员会投票机制，但从理论上讲大都无法绝对保证学术判断的准确性，只是一种学术资源的配置方式，如教授头衔授予哪几位、项目分配给谁等。

作为大学，其办学资源永远是有限的，各个学校必须明晰其发展特色、重点、品牌和战略定位，以有效利用资源实现目标。这时，既需利用上述学术权力进行学术决策（如大学特色、专业选择、研究定位、育人模式等），又需要为上述学术活动的顺利运行提供大学的战略指导、获取充分的资源、构建合理的组织机构、完善各类行政服务和运行支持。这类活动的管理决策机制与学术权力完全不同，不是基于学术判断，而是基于针对学校使命和战略的资源有效支配的行政权力，不再是分散的自由和自治，而是相对集中的服从和整体的协调。此时，战略、规划、人事、预算、权力、决策、执行等管理技术就成为必要。

因此，大学的运行离不开学术权力和行政权力，那又为什么会演化成遍遭喊打的行政化呢？主要原因是二者边界的模糊和相互越位，既使行政权力过多地进入学术领域而导致学术活动的扭曲，又引发学术权力蔓延至行政领域而导致资源配置和行政服务低效。

例如，目前高校普遍显得浮躁，精力主要放在一些显性指标上，我有时戏称其为科学 GDP，如 SCI，重点学科数、博士点数、院士数、千人计划工程数、长江学者数等。校领导和大教授的精力主要用在了这些资源的获取过程中，而没有集中在利用资源进行高质量的教学和研究上。究其根源，与从国家到教育部、到学校、再到教师的资源配置过程中过于浓重的行政色彩相关。目前，资源配置过分依赖按权力和行政级别开展的各类“工程”，如“211”、“985”等，即使是一些竞争性的项目和工程，如千人计划工程、2011 协同、世界一流大学，其学术评审过程也被寻租和行政色彩所污染。

工程制的资源配置可能违背科学研究的规律，如大学更多的研究应是兴趣导向的，工程制的资源配置可能会扭曲兴趣驱动的研究，诱导大家跟着工程跑，从而影响兴趣导向和长期静心投入，进而制约突破性的基础研究成果的涌现。更严重的是，它会诱致各种行政组织的包装和“跑部运动”以及浮躁之风，如各类工程的孕育及追逐带有强烈的行政色彩。由于缺乏比较科学透明的资源配置体系，过分倚重工程，诱导各级“发明”工程以获得国家支持，有人戏称为“搞名堂工程”，一旦获得国家立项，就启动了新一轮争取项目的运动。学校为了获得支持热衷于临时组合、拼凑和包装，导致科学家、教授把大量的精力、时间和资源用在了工程或项目的争取上，甚至是“跑”上，难以静心于科研、教学。校领导、教授甚至整个学校的心思、能量和时间不断地消耗在这种迎合上级或争取工程资源的运动中。

从学校层面来看，如何将“××”工程分得的资源配置到学院和教授也是非常复杂的运动过程。不少学校的老师都抱怨，各个工程或项目基本上都被几个校长、副校长、大教授或者院士瓜分走了，致使不少人认为进入权力层很重要，不仅可以方便地获得资源，而且结题更容易。这才导致高校无处不在的行政化现象，如校长争抢行政级别、教授争抢行政职位、行政权力介入或干预学术判断等。行政化的根源在于从上到下以“工程制”而非“科学规范透明”为基础的资源配置体系以及行政权力越权干涉学术事务。在现有的资源分配体制和学术干部任用体系下，高校里，拥有行政头衔的校、院、管理部门领导（大部分也是有造诣的学者）在项目申请和资源获取过程中占尽优势，社会也经常以行政级别看待其学术水平，行政权力和学术权力未恰当分离和互动，致使不少非常优秀的学者设法或被进入权力层，不少学校被戏说为“校级干部一走廊、处级干部一礼堂、科级干部一操场”。

要摆脱上述困境不能简单地依靠去行政化，如正在酝酿的取消大学行政级别、扩大大学自主权。其实，大学行政级别只是大学行政化的一个表象，真正的大学行政化表现在大学行政权力对学术权力的挤压和对学术自由的干预。所以，大学去行政化绝非只是削弱大学运行中的行政管理、取消行政级别那么简单，而是要根据大学的特点，在学术权力的帮助下形成清晰的愿景、使命、战略和学科布局，然后将涉及学术判断和发展的事务，如学科建设、学术评价、学术发展、教师学术水平判断和升迁、学生升级及学术违纪处罚、具体的教学管理，由专门的学术组织或委员会处理，行政权力不予干预。如果有师生认为学术组织或委员会的处理有不公之处，他们可以向行政权力申诉。但行政权力不能直接干预学术判断，只能通过考察学术权力决策所依据的事实是否成立，程序是否合法，对学术权力进行监督。如果事实成立，程序合法，行政权力必须全力支持学术权力的判断和独立性。正是因为清晰界定了行政权力和学术权力的边界及两者的权责，所以可以将该学术判断的事情交由学术权力，该行政支撑的事情交由行政权力，做到所有职能部门为教学和科研系统提供周到服务，它们不是权力部门，无权指挥和命令任何学术活动。这样，就克服了行政权力跨界介入或干预学术活动的弊端，让行政权力与学术权力并行互动，大学便会有高效的行政体系而无“行政化”。

三、完善治理：有行政管理而非行政化

《国家中长期教育改革和发展规划纲要（2010—2020年）》指出，要推进政校分开、管办分离，落实和扩大学校办学自主权。那么怎样去行政化，形成完善的治理和管理体系，以保证大学按其规律有效发展?

在我国，历来有让研究做得好的学者担任行政职务的传统，知名大学的校长一般由院士担任，其目的是强调大学学术地位和管理的专业化。但这种做法忽视了现代大学管理行政体系的重要意义，很多校长没有足够的管理知识和经验，很多管理行为没有遵从最基本的管理规律，导致高校的管理工作缺乏科学性，这种现象已经不仅仅是行政化，而且是“行政乱化”。

目前，由于种种原因，本应宁静、创新的大学校园浮躁、急功近利的行为泛滥，职业精神和规范缺失。去行政化不是不要行政，而是要回归到以学生和学术为本位。让行政为学术服务，让教师都能安心教书、做研究，让学校能静下来，回归大学本质，探索适应全球化、网络时代新的育人理念，构筑高质量的培养体系，提升学校的科学研究水平，强化学校对社会发展的服务和影响。为此，急需在新一轮高教综合改革过程中，从资源配置体系、大学法律地位、内部管理体系等方面入手，重构大学管理体制及其运行机制。

首先，在体制层面上，从国家到教育部再到大学，应减少或取消工程制的资源配置体系，根据大学类别、水准和规模，重建科学、规范、透明的资源配置体系，促使大学重视竞争和品牌以及质量建设，使大学静心于其本质职能，而不是陷入各种“名堂工程”以及对它们的追逐中。

其次，出台大学组织法，从国家、教育部、大学关系的体制层面确立大学独立办学的自主权，让大学真正成为独立的接受市场选择和关注自身品牌建设

的法律主体，而不是政府或行政的附属物，赋予大学学科建设、学术发展、学位授予上的自主权。在修法的过程中应注意，大学去行政化，既不应该将行政权力一棍子打死，也不应该让学术权力无所不包。而是需要清晰界定在高校治理中，哪些属于政府管理部门的权利，哪些属于学校的权利，哪些属于学术权力，哪些属于行政权力，然后制订明确完备的法律、制度和流程，保证政府、学校、市场和各相关利益者间责权利的清晰界定及共赢发展，学术和行政二者各自权力的有效实施，并处理好它们之间的协调与监督关系。

最后，在学校层面上，按照规律，行政权力和学术权力是高校有效运行不可或缺的两个方面，分别负责不同的大学管理事务。要尽快明晰学术权力和行政权力的范畴及二者的互动机制，提倡自由的学术文化，并通过结构和制度来保证研究者的学术权力不受侵犯，以静心于自己热爱的学术活动。同时，要建立新型的扁平化、网络化组织架构，解决目前广泛使用的官僚层级式组织架构的低效和部门分割等管理问题，提高行政权力管理能力，制定清晰的员工行为规范，推广网络时代适合于知识组织的管理技术，以指导员工的日常工作行为，促进教职工职业精神的形成，让他们知道如何促进学校愿景和使命的实现，用强有力的服务和支撑体系确保学术活动的开展和学校愿景及使命的实现。

资料来源：《光明日报》，2016－01－12。

我们配得上“校长”的称谓吗

现在社会很容易附庸风雅，什么高雅就予以冠之，如市场经济之初，经理地位受人羡慕，于是“经理”这个称谓很吃香，满大街都是经理，当时有笑谈，楼上随便扔块石头，一定会砸着几个经理。慢慢地，经理让位于董事长，甚至觉得董事长还不够气派，干脆升格为董事局主席。当经济发展到一定阶段，人们开始抱怨富得只剩下钱，似乎遍地土豪，于是文化、知识的地位开始上升，“老师”这个称谓便被泛化，这年代似乎什么人都可以称老师，这倒是也应了“三人行必有吾师”的箴言。慢慢地，“老师”也无法满足人们的胃口，“校长”可能会流行，也可能被泛化，未来稍微有些影响的人可能被称为校长，如近日网上就有刘嘉玲亲切称马云为“马校长”。这当然也可以理解，因为我们素有“社会大学”之说，凡对社会有贡献、对别人有影响的人称之为校长似乎也不为过。调侃归调侃，但我这里不想泛化，还是聚焦到具体的学校来谈校长，特别是大学，看看校长的身份、责任和意义。

一、大学校长，一个备受煎熬的角色

校长应该是什么样子？在网络时代和公众传媒时代，我们看到了一批网上的校长，有的利用网络语言与学生套近乎，引起巨大反响；有的因出言不慎饱受网络挖苦甚至追讨；当然也有不少卖萌、扮酷、玩潮的。特别是在中国教育备受批评，教育改革已成为全社会的热点话题之一时，大学校长及其言行也因此颇受关注。

北大前校长周其凤树大招风，在一些活动中因哭、笑而遭受讥讽和批评，他自己曾无奈地表示，当了北大校长之后，进入了“哭笑不得”的状态。以敢于抗争和试图改革著称的朱清时院士也被冠以“争议校长”，朱校长曾是中国少见的敢于公开跟教育部唱反调的教员。这位中国科技大学前校长的勇敢和犀利，被无数的媒体传播和放大，俨然成为教育界的“良心”代表，并因此声名远播。不过，这位盛名之下的校长在中科大校内却争议不断，有人称其为“称职的学者、不称职的校长”。他在主政南方科技大学后更是名声显赫，但依然饱受争议。现任北大林校长数年前在被传将任浙大校长时也在网络上遭到校友的怀疑和争议，等等。当然也有受到赞誉的校长，如武汉大学的前校长刘道玉，因改革开放初期在武汉大学的大胆教育改革而被誉为“永远的校长”、“武汉大学的蔡元培”。被免职后，刘道玉从教育改革实践者变成了呐喊者。再如上海大学前校长钱伟长，生前在其诸多头衔中最喜欢的是“钱校长”。他认为，“校长不是什么官，最重要的是全身心投入”。

高校校长形形色色，大部分即使没有功劳也有苦劳，却备受争议，饱受批评，在当今社会中，鲜有让人爱戴者。于是，我们不得不反思：为什么一个本应受人尊重、有较高社会地位的岗位，几乎到了遍受质疑、普遭微词的地步？是这些人出了问题，还是社会出了问题，抑或二者兼而有之？什么是理想的校长？校长应具备什么样的基本素养和才能？

在时下的中国高校，曾有这样的笑话：“想害谁，就让他去当校长！”校长在光鲜的外表下常过着“环境乱、任务重、责不轻、待遇低、工作难、百姓嫌”的日子。第一，基于法制不健全的环境和长期形成的社会习惯，中国大学的校长几乎承担着无限责任，只要是跟学校有关的事情，学校几乎要一包到底，教职工的吃喝拉撒睡，学生的所有事务或问题（如就业、事故、心理等），一旦发生，相关人士、政府、社会统统围逼学校，学校根本无法按责任和法律程序解决，校长好像坐在火山口上，随时准备应付某些突发事件。第二，谁都知道大学应静心教育和研究，但现在的资源配置和教育评估使大学在教育规律和现实体系间备受煎熬。我们不难发现，绝大多数校长都知道有不少事情不符合办学理念或不应该做，但不得不努力地做着；第三，现行的党委领导下的校长负责制，在制度上未能清晰界定二者的责任范围，只是以重要程度而非责任类型划分工作范畴，如大学的吃饭问题，平时应是校长的责任，但一旦学生不满闹事，就会上升为党委的首要任务，从而出现工作上的责权不清。大学素有“领导的不负责，负责的不领导”的戏言，领导和负责的协调就变成了书记和校长个人的关系问题，不仅影响工作，而且不少校长和书记因此而活得很累。第四，现在大部分校长都有很高的学术造诣，当校长几年不仅待遇可能低于学术岗位，而且如果放弃了学术研究，离任后日子将很难过，于是校长们不得已以“双肩挑”的方式任职，因此往往不仅在资源配置上会失去公允性，而且即使全力投入也未必能搞得好的大学领导和管理工作，所以近年有少数校长在舆论压力下任职伊始就勇敢宣布“专心做校长”。第五，如果再考虑到大学的知识组织和教职工的知识工作者的特色，从管理上讲，其工作过程和行为信息不对称程度很高，加上大学重视学术权威、学术自由和公平，与营利性的企业和管理型的政府相比，权力机制的作用相对弱化，而且大学管理还比企业少了市场机制和经济手段，与政府相比，大学的权利效率更不可同日而语。可以说，大学是人类最难管理的组织之一，校长的工作难度极大。因此，我们不难理解，当下中国的校长是一个备受煎熬的角色。

二、“师者之师”，却为何“领导力低下”

暂时放下现实中校长的苦衷，我们先看看理想中的校长应该是什么样子，再来分析，这些苦衷是因理解的错位、环境的使然，还是自身能力的不足所致。

时下中国社会对校长的期待颇高，认为大学校长须是“懂政治的教育家，懂教育的政治家”；还有人认为现代的校长既是教育家、政治家，还需是企业家；也有人认为校长应为教育家、科学家、社会活动家；有人要求更高，在认为校长应是复合型人才的同时，还在这些“家”之上增加了一顶很重的帽子：思想家。想想看，一个人一辈子做一个“家”已经很难，而同时成为这些“家”不是难上加难吗？从对校长的这些要求看，合格的校长人才一定是极其稀缺的资源。那么，校长应该具备的基本素质是什么？

教育家苏霍姆林斯基给校长的定位是“师者之师”，似乎道出了校长职业角色的真谛，即要在各方面做表率、成样板，要能悟人。我国古代先贤特别是儒家对于成师已有充分的论述，无论是个人修养、学问、为人，均有箴言和典范。但需要清楚，在当代全球化和复杂的社会环境下，仅成为师者之师是无法胜任校长岗位的，因为校长必须为学校发展寻求资源，必须处理复杂的学校与社会的关系，必须承担诸多社会责任，必须应对网络化时代一系列颠覆性技术带来的教育挑战，必须处理内部的资源配置、人际矛盾、管理效率、服务体系的问题，必须面对来自老师和员工的挑战，必须化解学生和家长的抱怨，必须应对国内外同行的竞争，等等。因此，从个人角度讲，校长须是师者之师，从岗位职责来讲，校长必须既是有远见的领导者，引领学校事业发展；又是细心有效率的管理者，实现学校的有效运转。

南京师范大学教育社会学研究中心吴康宁教授认为，“当下中国大学校长领导力所呈现的是这样一种状况，即：就视野、理念、知识、能力及人格等个人素质本身而言，许多大学校长似乎都能胜任，或基本胜任，但在实际办学过程中却很难实现对学校的有效领导，很难以教育理想为指引，用遵循教育规律、符合教育常识的办学思想与行动纲领，去凝聚全校教职员工的共识，充分发展学生的才能与个性，培养社会所需要的各种人才，尤其是创新人才”。“换言之，在实际办学过程中，大学校长们并没有多少领导力，或者说领导力普遍低下。”

面临大量的挑战时应怎样领导，如何管理？什么样的体制改革才能使校长们更容易地当好领导和管理者？

传统上有校长是“一校之魂”的说法，或者说，“一个好校长就是一所好学校”。但事实上，尽管校长的个人修养、领导和管理才能非常重要，但领和管一定是一个集体问题或组织问题，特别是党委领导下的校长负责制是一个典型的集体领导体系，并且中国现行教育体制和文化是大学无法回避的运行环境，加上全球化竞争和一系列颠覆性技术的冲击，合格的校长需要处理好个人与组织及其环境的协同关系，以自身的远见卓识、高屋建瓴的领导才识，“左右逢源”、“穿针引线”的管理能力，带领或影响大学在一系列挑战中前行。

三、我们如何配得上“大学校长”的称谓

在分析不少校长个人素养等基本具备，但实际办学过程中却普遍缺乏领导力的原因时，吴康宁教授认为，校长们普遍面临三个方面的困扰：“教育家的使命，政治家的要求；代表者的身份，服从者的选择；领导人的职责，学术人的念想”。目前，新一轮高等教育体系变革正在轰轰烈烈地进行，但从理论和实践两方面看，也许由于中国高等教育积弊太深，目前的改革方案仍未能触及影响教育发展的一些根本问题，如大学的法律地位、规范透明的资源配置体系、办学自主权等。所以理性预期，目前的体制和办学环境虽会逐渐改变，但本质的问题依然会存在较长一段时间。换句话说，短时间内无法从根本上改变校长处于困境的宿命，或者说，想彻底摆脱校长困境本身就是一个伪命题，例如，即使处于良好的教育和办学环境下，那些我们羡慕或学习的国际大学的校长也常遇困境、备受挑战。因此，无论作为集体领导中的一员，还是背负使命的独立个体，校长要发挥好作用，带领学校前行，都必须面对个体突破的难题。

前面曾提及优秀的校长是稀缺资源，加上现行的校长选拔制度无法保证真正合适的人选到位，只能期待合适者的到来。因此，一位好校长的降临和其对教育的坚持在眼下的中国教育界依然是小概率事件。我们希望通过明确校长的责任和素养，帮助在位者工作得更出色，当然也期待涌现出更多优秀的校长。

毋庸置疑，不同的校长各有特色，但有些东西是好校长所共有的。我曾专门在网上搜索理想校长，结果是找到了美国的《新闻周刊》关于英国牛津大学

校长的报道：校长是终身职务，没有薪给。他也不需要做多少事，只要偶然披戴起中古时期留传下来的方帽长袍，用拉丁文发表一篇演说。前首相马克米伦担任这样的校长职务达26年之久，以92岁的高龄逝世。这里的校长是英式体系的chancellor，实际运行大学的校长是vice chancellor。这一描述并未给理想校长多少启示。美国“州际学校领导者资格认证协会”于2008年出台了《美国教育领导政策标准》，提出了校长的一些专业标准，其核心是教育领导者要帮助每一位学生成功，关键途径主要体现在六个方面：(1) 建立为所有利益相关者共享和支持的学习愿景，并使这种学习愿景得到不断完善、清晰表达和有效实施；(2) 倡导、培育和维持有益的学校文化和教学计划，引导学生学习，促进教师专业发展；(3) 确保对组织、运行和资源的有效管理，创设安全、高效能和高效率的学习环境；(4) 与教师和社区成员合作，对社区的多种利益和需求做出回应，并争取各种社会资源；(5) 其行为要诚实、公正、合乎道德规范；(6) 理解、回应并影响政治、社会、经济、法律和文化环境。6个标准下有31个二级指标，主要体现在校长要加强对学校教学工作的领导，突出了学校工作的核心。在中国，复旦大学前校长杨玉良认为：大学校长首先是社会先进文化的代表，当社会出现失范的时候，大学校长和他的教授们要出来发警示之言；第二，大学校长应该是社会道德的楷模；第三，大学校长必须是大学使命和教育理念的坚守者；第四，大学校长应该是一所大学学科宏观布局的总设计师，具体如何办好一个学科则是这个学科的教授与专家的事。钱伟长提出，大学校长的首要目标是培养人，“首先应该是一个全面的人，其次才是一个拥有学科、专业知识的人”。还有人提出，大学校长应该捍卫大学精神。关于大学精神，仁者见仁，智者见智，但如下观点可以让我们从不同的侧面理解大学精神：(1) 大学应“具创新精神、批判精神、社会关怀精神，是社会现实价值的示范角色”；(2) 大学育人第一，应“尊重科学、善于创新，唯才是用、兼容并包，崇尚民主、从善如流，韬光养晦、江河万里”；(3) 大学应有“自觉的学术精神，永恒的道德精神，敏锐的时代精神”。

笔者认为，基于多年的研究和实践，大学校长，特别是当下的中国校长应擅长双重理性，即既坚守全球普适理性，如系统认知、自知之明、革新精神、反思学习、人际认可，又有针对中国国情的情境理性，如实事求是、相机妥协、底线意识、言行一致、规则意识等，而且需要具备社会责任意识、教育使命感和敢于突破的精神，并拥有如下的素质和能力：（1）制定愿景，明确理念，准确传达；（2）确定远大且能实现之目标，持续推进；（3）将时间和能量集中在发展主题或战略性问题上；（4）敢于反思，善于冒险，遇机会快速变革；（5）不惧失败和阻挠，智慧坚守；（6）培育团队，选择策略，营造文化；（7）打造平台，全员参与；（8）形成个人与组织的双赢机制。

面对社会期盼，展望未来的挑战，如果没有担当起校长的责任，我们会愧对“校长”的称谓！

资料来源：《理想的大学校长什么样?》，载《光明日报》，2015－09－15，13版。

遐想 2030 年的大学

知识经济、全球化以及信息和技术革命，特别是一系列颠覆性技术的涌现，使社会形态、人们的学习和生活行为发生了根本改变，正在孕育和诱发一场世界范围内的大学变革。展望未来，2030 年的大学会是什么样子？网络大学和网络课堂的出现，颠覆了传统大学的教学方式，削弱了传统大学的资源优势，从知识获取、时空限制、学习成本等角度看，人们开始质疑传统大学存在的价值。如果在家里通过网络就可以选修大学的课程，参与课堂讨论，并且可以随时获取名校的网络课程，为什么还要去大学学习？当传统大学的“大楼”作用渐弱且“大师”可远程共享，大学存在的意义何在？传统大学作用的消减似乎意味着大学的没落，甚至哈佛有教授预测美国一半的大学将在未来 15 年之内面临破产的风险。

在快速变化的今天，没有人可以准确预测未来，但我们至少可以打开几扇窗户，窥探一下未来，遐想一下 2030 年的大学。

1. 未来的人才

现代社会的不确定性、模糊性、复杂性和快变性对人才提出了新的要求，要想在于未来立足，不仅需要知识，更需要整合思维、复杂心态、变革管理；全球化和网络化环境则要求跨文化的理解力和领导力。换句话说，未来的人才需要成为具有上述特点的国际玩家。要成为这样的人才，在学习和知识积累的过程中，人们需要在扩展知识的“广度”的同时，增加其“深度”和“高度”，并在知识的融合和应用中，训练和提升自己跨文化的理解力、国际视野、沟通能力、团队合作精神、变革管理才能以及领导力。

2. 未来的教授

慕课来袭、大数据鹊起，将会以凡人间的网络合作创造出超越大师般伟业的潮流而逆转大师崇拜，大学教授将走下神坛。在网络上，他们需要“都教授”那样的吸引力，有把一门课的内容或某方面的学问浓缩在短短几分钟的视频中的本领；在课堂上，他们要用独特的方式激起学生的好奇和兴趣、引导学生利用各种途径获得知识并加以融合和提升；在校园里，他们要有能力引导或组织师生间、学生间、学生和社会间的良性互动，以帮助学生实现学会学习、学会成长、提升素养和能力的根本目标。由于知识获取的渠道日益丰富和便捷廉价，因此传授知识已不再是老师的重要任务，老师通过更加趣味和灵活的方式帮助学生在学习知识的过程中成长。另外，网络化和大数据还为师生间的相互了解与合作建立了通途，使老师根据学生特点量身定制的“个性化教育”与学生根据需求对老师的“私人定制”成为可能。

3. 未来的学习

网络化和云端资源的便捷性使随时随地学习成为可能，强大的搜索引擎彻底解除了人们无知的顾虑，使知识的“广度”很容易实现。但知识获取的便捷性可能会导致“知道主义”泛滥和知识的碎片化，大学的功能则可能由当前的简单灌输知识转变为营造科学社区，让不同知识背景、不同文化、不同国籍、不同个性的人群通过课堂、研讨会、研究项目、日常聚会等形式相互碰撞，产生新知，刺激创新，训练能力，包括学习能力、沟通能力、科研合作能力、整合和应用知识的能力，甚至领导力等，既帮助学生增强其知识的“深度”和“高度”，又训练学生整合知识和发现、分析、解决问题的能力，以形成其国际竞争力。

4. 未来的校园

校园的价值在于多样性学术群体间的直接碰撞、师生间的动态引导和互动，良好的科学实验环境和学习氛围，这些是虚拟环境难以替代的。而且实体校园完全可以利用云端资源和网络环境进一步强化自身的优势，实现线上与线下的有机结合，营造超实体的友好科学社区和学习研究环境及氛围。

5. 未来的大学

网络课堂及颠覆性技术确实会颠覆现在大学的一些职能，但同样给大学带来了提升自己的机会，线上线下资源和平台的整合会形成新的教育模式。未来大学应充分强化自己之于学生和社会的核心价值，例如网络资源将是大学实现价值需要重点依赖的技术环境。现在已经出现了很多互联网创业组织，为学习者提供了便捷的学习资源和平台，大学需建立与这类组织共生共荣的机制，通过全球整合资源营造超现实的科学社区，创造更多有利于训练学生终身学习能力和竞争实力的平台。形象地讲，未来大学的物理和心理围墙将坍塌，更加融入社会和全球网络，更强调学生素养和能力训练而非知识学习，学历教育可能会淡化，大学会成为人生各阶段的加油站、智力调养所、智慧休闲地。

资料来源：席酉民为《管理学家》2015 年第 1 期所写的主编寄语。

教师节“三思”

第28个教师节将至，各地庆祝的方式常是表彰优秀教师，召开庆祝会，等等。但当我们面对太多的教育问题时，确实无法在这些热闹的活动中兴奋起来，反倒有众多沉重的话题浮现于脑际，强烈的责任感常使自己有不吐不快的感觉。现以几个“不合时宜”的观点，试图激起沉浸在欢庆氛围中的人们对“教育、教师、教学”的反思。

现在的中国，教育已成为一个太沉重的话题。

在世界发展史上，中国教育以可算以得上历史悠久。自孔子始，已有“教育救国”的道路，也让教育从宫廷“走向了社会，分布于民间”，用今天的话说，就是普及教育。后来，政府和百姓都重视教育。百姓读书，意在当官，所谓“学而优则仕”；皇帝通过科举制度选“人才”，每每出状元、探花、榜眼、举人等名次，虽然不见得人人当大官，但其社会地位会因此而大大提升。由此可见，学历这些东西自古重要。

教育与学历虽重要，但在封建时代，仍与百姓无关，人们所说的“龙生龙，凤生凤，老鼠生儿打地洞”就道出了教育是富人或官员的专利的现实，这也类似于今日的教育公平问题。其实，教育有时也让皇上不喜欢：读书多了，就要思考，会给统治者找麻烦。所以有秦始皇焚书坑儒；即使现代中国，也有“文化大革命”时的“知识越多越反动”的口号。可见教育的功利性、公平性问题由来已久。

另外，历史上中国教育与现实生活基本脱节。仅以语言为例，书写时用

“之乎者也”的文言文，平时却说大白话。直到鲁迅那个年代，“白话运动”才给普及教育奠定了技术基础。清末民国，随着西方文化的进入，外国的教育方式方法也渐渐引进，京师大学堂、北洋大学等高等学府的成功创办，为中国现代高等教育奠定了基础。教育的重要性逐渐被广泛接受，但教育的功利性和公平性问题依然扭曲着现代的教育及其根本社会价值。

有个笑话：问一个山村小孩，长大了干什么呀？孩子答曰放羊；又问放羊干什么呀？答娶媳妇；那娶媳妇干什么呀？生孩子；生孩子又干什么呀？答放羊。这个笑话可移植到教育上：学习干什么呀？考高分；考高分干什么呀？进入名中学；上名校干什么呀？上个好大学；上好大学又干什么呀？有个好前途；什么是好前途？不知道。教育被等于考试，学生被当成“考生”，考试为了学历，手段成了目的，教育肩负了太多的功利责任。再加上资源配置、行政级别等因素的影响，教育也带上了太重的浮躁色彩，进一步被扭曲。在教师节反思教育问题虽有点沉重，但作为教育从业者，我们能无视这些问题吗？能容忍其继续吗？各级部门又该做些什么？

再说老师。什么是老师？老师的责任又是什么？《师说》曰：“师者，传道授业解惑者也。”老师的职责首先是育人。先成人，后成才。教知识，只记得一时，而育人，却影响其一生。但在现实社会中，受到体制、社会文化、学校管理等因素的影响，老师的重要职责已退化成如何帮学生考高分，高校不少教师已脱离教育第一线，成了制造 paper（论文）和学术 GDP 的工具，职业精神不在、学术道德沦丧，这些现象虽非主流，但已造成极坏的社会影响。师道尊严谁不喜欢？但老师们似乎陷入了一个恶性循环而不能自拔。如何突破这一困局，值得我们思考。即使随着教育改革的深化，这些现象可能逐步得到改观，但在现代社会和教育环境下，老师也不得不重新反思自己的新角色、新行为和新价值。

最后来说说教学。网络技术、全球化、知识经济催生了许多范式革命，包括学习和教育。知识获取容易方便、知识更新日新月异，网络时代的学生学习行为也发生了革命性的变化。以教师为主导的、应试为目的的、被动的、知识灌输式的教育正在遭遇巨大冲击和挑战，课堂、教授的权威性也受到了质疑，以学习为中心的、主动式的、兴趣导向型的、研究型的、体验式的学习正在淘汰或将替代传统的教学过程。对新教学方式的探索迫在眉睫。如何改革我们熟悉的教育方式已不再是一个应该思考的问题，而是一件需要马上就做的事情。我们应该从哪里入手?

谈及教育、老师、教学三方面的问题，似乎所有人都很无辜、很无奈，好像大家都被体制、制度、文化、习惯困住了手脚。社会在骂我们，我们自己也经常牢骚满腹，甚至抱怨或谩骂一通，紧接着又努力地加入到应试教育的大军中或融入刚刚被自己谴责过的潮流里。

诚然，每个人、每个家庭、抑或社会既是中国教育问题的受害者，有时可能也是问题的制造者。我们面临的挑战虽有根深蒂固的体制和社会文化根基，但也有很多我们自己可以设法突破或解决的管理问题和技术问题。我们每个人都有努力的空间，应该行动起来，以自己的微薄之力，推动教育变革，挽回教师尊严，提升教学价值。

谨以这些“不合时宜”的反思表示我对教师节的祝贺和对教育的期待!

资料来源：席西民为苏州工业园区第 28 个教师节庆祝会准备的演讲稿。

对大学校长职能的科学审视

作为大学的主要负责人，校长肩负着学校发展的重任，因此一直以来是社会议论的热点话题。近年来一些大学校长任命事件突出反映了大学校长应如何产生、大学校长的主要职能以及校长如何发挥作用等问题的重要性和紧迫性。笔者基于自身的工作经历，就以上几个问题谈一些自己的看法。

笔者认为，领导是一个互动过程，大学校长是互动过程的一份子。领导是领导者与各种客体（如上级、利益相关者、同行）通过复杂的互动而实现个体的、组织的以及社会的目标的过程。大学的领导是领导者与同行、媒体、政府、家长、企业和社会组织、教职工以及学生之间的复杂互动过程，在兼顾各方利益的同时实现大学的功能。在互动过程中，大学校长最重要的能力包括激发和带领大学内部成员共同为实现大学的目标奋斗的能力，以及与外部利益相关者沟通以争取社会资源和政策的能力。因此，并不是越知名的学者越适合当校长。虽然学者越知名越容易影响别人，但作为校长有一个基本的要求是懂管理、善领导，这一点应是选拔大学校长的第一准则。真正懂管理、善领导的大学校长，至少应发挥以下几方面的作用。

1. 制定愿景、使命并在大学内形成一致理解和行动

愿景和使命主要阐述一所大学的根本目标和长远的发展方向。当代社会复杂多变，大学作为知识型组织，对其知识型员工的管理无法用传统的控制手段来实现，因此要确保大学的成员都朝着统一的价值和目标前进，就必须确定清晰的愿景和使命，并使之深入人心，成为大学成员工作和行动的准则。而愿景和使命的制定和推行，主要依靠大学校长。在制定愿景的过程中，校长需要对社会、教育、大学有系统的认识，基于本校的情况给出独特的诠释。愿景和使命的推行，靠的是大学校长的影响力和执行力。校长需要想方设法把愿景和使命变成学校所有成员的愿景和使命，营造大家共同为之奋斗的氛围。

2. 确立推动独特的育人理念和模式

育人模式是大学实现其基本目标的核心机制，主要关注大学需要培养什么样的人才以及如何培养人才的问题。大学校长不仅要带领高层管理团队回答这两个问题，而且要领导整个大学的成员为实现自身的育人目标而不懈努力，同时引导学生充分利用学校提供的资源和机会，得到尽可能多的收获。在教学支持中，大学校长应以高度的职业心为大学教师提供教学保障。特别是在当前，由于全球化、知识经济和信息技术革命浪潮的冲击，大学教育亟需反思，而大学校长需要具备充分的前瞻性，探索适合未来需求的大学育人理念和模式。

在学生管理中，应以提升学生的能力、帮助他们成长为原则，构建一套支持学生学习与成长、服务学生校园生活的支撑体系，而不是以方便管理和易于控制为出发点构建官僚式管理架构。校长作为行政首长，应成为支撑体系的一部分，通过与学生的密切沟通了解他们的需求与问题，以便更好地实现帮助学生成长这一根本目标。

3. 构建职业、高效的大学管理体系

大学管理体系是将大学成员组织到一起的方式，关系到每一位成员的角色和价值。传统的大学管理体系没有很好地考虑大学作为知识型组织的特殊性，普遍采用制造工厂的层级官僚管理体系，没有很好地发挥知识工作者的潜能。大学校长应创造性地考虑如何通过机制和氛围调动每一位成员的主动性和积极性，让他们自主地为实现大学的愿景和使命而努力工作，并从中得到乐趣和有价值的收获，对他们的职业生涯做出实质性的贡献。特别是对于大学内部学术权力和行政权力的互动关系、大学内部成员合作的机制等当前挑战大学发展的核心问题，大学校长应通过学习、反思和探索对之有清醒的认识，并研究形成相应的策略，通过持续努力和不断改进，逐步使学校发展逼近理想形态。

4. 营造适应国际化和未来趋势的校园文化

有人讲，校园文化就像泡菜坛子里的汁，有什么样的汁，就会产出什么样的菜。大学校园文化对落实学校愿景、完成使命、凝聚人心、孕育人才起着决定性的作用。校园文化的营造是一个从理念、到制度、再到行为，从内心心理到外在表象的复杂演化过程，大学校长的理念、造诣、远见、卓识、行为对校园文化的发展有着举足轻重的影响。学界和社会上有“选大学就是选学科”的说法，但在我看来，选大学其实是选校园文化。尽管专业或学科强弱会影响学生职业发展的专业知识的学习和专业技能的训练，但学生真正的成才更多地受校园文化的熏陶，好的校园文化，会让学生一入学就有较高期待，慢慢形成明确的奋斗方向，知道自己的差距，可以促进学生利用学校的各种资源锻造追梦的翅膀。所以，营造有深厚底蕴和前瞻高度的校园文化是大学校长的核心责任之一。

此外，大学校长还有其他重要的职能，如组建一个高效的管理团队，选聘高水平、符合学校发展需求的师资队伍，关注财务的可持续问题，等等。不过，大学校长的职能在一定程度上受到大的制度和体制环境的影响。大学校长要完成自身的使命，需要得到社会和政府的支持与理解。特别是在当前中国复杂的社会环境下，大学校长还需要清醒的头脑、勇敢的探索精神、敢于突破的勇气、智慧和努力坚守的耐心。

（2013 年 11 月）

大学文化的个性塑造

大学文化似乎是一个很深奥的概念，理论上有太多的定义和讨论。比如，眭认凡认为，大学文化包含精神文化、制度文化、环境文化三个方面，价值观、理想追求、思维模式、道德情感等构成精神文化，大学的组织架构及其运行规则构成制度文化，大学的物理空间、物质设施则构成环境文化。此三者以精神文化为核心，彼此相互依存、相互补充、相互强化，共同对学校教育产生影响。教育部前副部长赵沁平先生认为，大学文化有精神、制度、环境和产品四个层面。这里增加了产品维度，如研究成果以及文化、艺术、体育等人文产品。笔者认为，学生、老师、校友其实也是大学文化的重要使者。通俗的讲法也不少，最具代表性的是形象地将大学文化比喻成“泡菜坛子里的汁”，有什么汁就会产出什么样的菜。

大学文化是一个集体概念，虽有共性，但不同的大学可以也应该塑造出自己的个性，以凸显自己的独特性或体现自己的教育理念和品牌追求。大学文化虽然看不见摸不着，却能感受到，也就是说，在理解了一个大学，或进入一个大学，或与其中的师生员工有所交流之后，就可以感受到这个大学的文化。文化弥漫在这个大学的校园里，渗透在其追求、氛围、行为和产品中，体现在其师生员工及校友的言行里。

文化的积淀需要时间。对于新兴的大学而言，从一开始，就应逐步明晰其教育理念，以构成自己的文化内核，并随着学校的发展，不断丰富其内涵和外延。以我所在的西交利物浦大学为例，经过近 10 年的发展，已形成其文化雏形，进入校园或与其师生交流，可从他们身上发现西浦文化的影子。

西浦的核心理念——“幸福生活，成功事业”（happy life and successful career）顺应了人类生存的基本追求，因此，无论个体或组织抑或社会，其根本目标就是提高生存能力，这也是学习、研究、教育的使命。要真正实现这样的愿景和使命，每个大学应形成其独特的实现路径和体系。西浦经过研究和提炼，以“多元、规则、创新、自由和信任”（diversity，regulation，innovation，freedom，trust，DRIFT）作为自己文化的核心理念。“多元”意指文化背景、国籍、个性、追求等，从自然界和人类社会发展来讲，只有多元才容易稳定，能够可持续发展，才有利于创新，因此西浦非常宽松和包容，鼓励多元。但多元容易导致混乱，要形成共生共荣的和谐共处状态，必须形成共处的“规则”，这就是法律、道德和制度基础，只有这样才会形成秩序，孕育建设性的创新。实际上，多元和规则构成了和谐的基础，也即“君子和而不同”的健康秩序，西浦的生存哲学和管理理念就是和谐管理（笔者于20世界80年代初提出了和谐理论，并将其逐步拓展为和谐管理理论）。“创新”可以说是大学的真谛，无论是培养学生的批判性思维，还是进行科学研究，或是为社会提供服务，都是试图在已有基础上不断前行、改进和提升，所以创新精神应该渗透到师生员工以及各类活动的骨子里，这也是西浦提倡研究型学习、研究型教学、研究型工作的逻辑基础。“自由”可以说是创新的保护神。要真正实现创新，没有学术自由，生活在各种框框里，是无法真正实现创新的，所以学术自由应该是大学的生命线。最后，“信任”之所以会进入西浦文化，不只是因为现在社会缺乏信任，更重要的是因为我们对人类社会未来发展模式所面临挑战的认知，世界日益全球化、网络化，人类生存环境的复杂性、模糊性、不确定性和快变性不断提高，在这样的世界里，要想单枪匹马地成就一番事业几乎是不可能的，无论生活还是学习、研究和工作，合作已成为常态。对于知识工作者和创新活动来说，因其行为和活动信息不对称程度很高，故合作及合作者间的信任更为关键。由此我们不难理解，DRIFT是西浦文化的核心理念，也是西浦实现其基本追求和和谐目标的必要保证。

为了让西浦文化的理解真正上升为西浦人的文化，即变成西浦人的自觉行动，我们首先将这种核心理念以显性的方式展现在校园里。如基础楼和中心楼间东侧的一组球形雕塑上，就有 GRIFT 的身影，寓意着全世界的学生和老师加盟西浦，经过学校文化的熏陶，最后扮演“世界公民”的角色；中心楼与基础楼东侧置放太湖石的池边石头上也篆刻着西浦教育理念、育人模式、文化要素等。另外，我们还致力于将这些理念融入校园的设计，如南北校园整体特征的东西文化对话、校园的开放和国际氛围、各建筑的绿色、环保和可持续、校园设施布局便于交流与合作、整个校园都是博物馆的概念等。更重要的是，我们将这些理念落实在制度的制定和组织体系的构建中。例如，为了提升知识工作者和知识组织的效率，我们放弃了传统高校普遍采用的官僚层级式组织架构，探索形成了由四个服务中心无缝连接的网络化和扁平化的组织体系，强调服务。最为重要的是，这些追求和理念会通过各种活动和方式融入西浦人的血液，体现在他们的言行及产品上，如容易从学校各种活动、媒介、师生员工的行为和研究成果中体味到西浦的追求、精神或文化。

文化的经典解读是“根植于内心的修养，不需要提醒的自觉，以约束为前提的自由，为别人着想的善良”。我们希望西浦“自觉”加在身上的“探索适合未来发展趋势和需求的教育以及新型大学的运行体系、以影响中国教育改革和世界教育发展”的历史使命，能在一批批有修养的西浦人前赴后继的努力下，借助其善良的心态、自由的创新，得以有效践行。

第二部分　关于教育的对话

把握时代教育发展脉搏，建设一流中外合作大学

让大学回归教育本质

教育是把学生的能量和智慧释放出来

让大学回归平静的心态

大学精神回归的守望者

中外合作大学需要清晰定位和长期战略

闯出来的一条“西浦之路”

西浦不止于回归大学本质

让一般的学生成为不一般的“世界公民”

未来的出路呈现多样化，不一定要读“名校”

研究生教育：国际化与本土化

探路未来大学

探索新媒体时代的全新教育模式

《中外合作办学条例》的践行与反思

突破和变革，永远有约束

把握时代教育发展脉搏，建设一流中外合作大学

（这篇文章是 2015 年 6 月《世界教育信息》杂志记者与席酉民教授的访谈录。）

一、特色与品牌体现学校的文化

《世界教育信息》杂志记者（以下简称“记”）：您认为应该如何打造一所大学的特色和品牌，特别是对于新兴大学来说，积淀形成自己品味和文化关键点在哪里？

席酉民（以下简称“席”）：当一个学校缺乏自主权或市场竞争时，不会关注特色和品牌。特色是一个学校的社会价值定位，即以什么样独到的办学方式贡献社会；品牌则是这种实践的长期结晶，通过其学生、教师、研究和社会服务释放出来，并由口碑得以传播。特色和品牌最本质地体现了一个大学的文化。

大学文化看不见摸不着，但能感受到，也就是说，当理解了一个大学，或进入一个大学，或与其师生员工有所交流，就可以感受到这个大学的文化。文化的外延弥漫在这个大学的校园里，渗透在其追求、氛围、行为和产品中。

文化的积淀需要时间，对于历史较短的西浦来说，其文化还在孕育和成长的过程中。但从精神、制度、环境三方面而言，已具雏形，就产品来说，也可逐渐从其身上发现西浦文化的影子。

西浦的核心理念是“幸福生活，成功事业”，其根本目标就是提高生存能力，其核心价值观是“多元、规则、创新、自由和信任”。为使我们的理解和追求变成西浦人的自觉行动，上升为文化，我们不仅以显性的方式将这种核心理念展现在校园里，而且将这些理念融入我们的校园设计，更重要的是还将这些理念落实在我们的制度制定和组织体系的构建中，并通过各种活动和方式融入西浦人的血液里，体现在其言行及产品上。

二、多举措配合区域经济发展

记：西浦所在的苏州工业园区是中国和新加坡两国政府合作的最大项目，其区域规划对城市发展的作用堪称国际范例。您认为西交利物浦大学在哪些方面可以促进苏州工业园区的发展？

席：西浦地处号称“世界经济发动机”的长三角地区，它与苏州工业园区已经形成了共生共荣的良性互动关系。因西浦落户苏州工业园区，目前来自50多个国家的600余名各类国际专家（两三年后将增至1 000多名）聚首园区，初步形成了一个连接全球的国际创新生态圈，一个可整合世界科技资源和参与国际创新合作的网络，一批基本成型亟待扩大和释放能量的研究平台，一种已显端倪连接社会各界的创新生态。基于这种人才、科研和社会生态，威尔希尔、IBM、汤森路透等世界级金融和技术公司纷纷落户园区或在校园设立了最新技术实验室。西浦也借助这种趋势，针对苏州生物医药、新材料、城镇化和金融等战略新兴产业和经济增长点以及经济社会未来发展的热点领域，正在发展和建设生物制药、可持续发展材料和环境、城镇化、老龄化社会、智慧与绿色城市、领导与教育前沿、金融、大数据与行为分析、经济一体化、卓越运营和供应链、工业设计与3D打印等11个研究院，以及国际技术转移中心和国际创新港，以助推苏州经济转型和产业升级。具体来说表现在以下三个方面：第一，西浦已成为展示苏州工业园区国际化的一张名片。西浦每年在全球市场招聘上百名高端人才，因此每年有数千名国际专家及其家庭成员因申请西浦岗位而深入研究苏州，并最终有上百名专家落户苏州；每年有数万名学生和家长因求学西浦而研究和访问苏州，按照学校发展战略，要招收 2 000 名海外生，每年将有数以万计的的海外学生和家长会关注和研究苏州；数以千计的人会来苏州学习和研究。西浦还因其大胆创新和探索吸引了国内外众多学者和同行关注苏州、造访苏州并开展合作；因为西浦，每年有众多国内外学术会议和活动在苏州举行；西浦以其示范效应助力“国家级高等教育国际化示范区”落户苏州科教创新区，并为国内高校开展了对校领导、教育管理者、教师、支撑人员的系列培养；等等。第二，西浦有助于苏州工业园区经济社会的转型升级和持续增长。实际上，西浦除对苏州工业园区的品牌提升外，还在智力支撑、科教生态、对外交流、社会发展上对苏州打造创新国际生态圈具有不可或缺的作用。来自 40 多个国家的几百名世界一流专家、众多国际一流实验室、上万名本科生和研究生、大量与企业和社会的研究合作和成果，使西浦在苏州这块热土上成为一个世界专家聚集的高地、一个高水平人才培养基地、一个具有世界水准的研究群落、一个激励创新与创业的平台、一个国际文化和社会风气的引导者、一个每年吸引数万人关注和访问的亮点，她带给苏州的不仅是教育机会、人才、专家、研究成果、国际文化、新风尚。当西浦达到发展规模后，每年还会带给苏州 10 多亿元的现金流，数千万元的税收，大量间接收入，更重要的是世界的关注和交流，以及使苏州在世界上更加亮丽和有吸引力，更具发展动力和活力。第三，西浦的育人、研究和服务将为苏州工业园区的社会进步做出积极的贡献。西浦积极与社会各界合作，争取早日打造成广泛联结社会的科学社区，共同探讨人类面临的严峻挑战，助推社会经济的全面发展。例如，为了深入研究中国教育改革乃至世界高等教育发展，西浦和国家教育行政学院建立战略合作关系，共同成立了“领导与教育前沿研究院”；为了强化对高等教育国际化的研究及政策影响，西浦与独墅湖国家级高等教育国际化示范区合作成立了“高等教育国际化研究中心”，以自身的国际化优势带动区域教育的国际化，并通过国家级高等教育国际化示范区扩大在国内外的影响；在中国经济社会发展转型的关键阶段，为了探索以人为本、集约高效、绿色智能、四化同步的中国特色新型城镇化道路，全面提高城镇化质量，西浦已与江苏淮安合作成立了“城镇化研究院”、与吴江合作成立了“苏州吴江太湖新城研究院”；针对中国转型升级时期经济、社会、金融等管理问题，西浦国际商学院（IBSS）将从人才培养、研究、咨询等方面积极服务社会；为迎接中国老龄化社会的到来，西浦正在组建“老龄化与商务研究所”和相应专业，研究解决老龄化社会面临的问题；西浦还与有关企业和单位联合建立了医药、蛋白质、金融、新能源、社会安全、电子电器、计算机等合作研究中心或实验室，促进企业研发和自主创新。

三、中外合作大学应探索新的教育模式

记：西交利物浦大学作为中外合作大学的翘楚，大学民营体系的典范，您认为应该实施怎样的策略才能避免与公办大学同质化发展？

席：西浦创建于全球反思教育、重塑教学、再定义大学的时代，这给了西浦与国际一流大学站在同一起跑线进行办学探索的机会，而且具有站在前人经验和知识积累的基础上、没有历史包袱、一张白纸好绘宏图的后发优势。另外，西浦起点高，站在世界平台上整合资源和探索办学模式，给了西浦在教育和办学上超越对手的机会。因此，战略上西浦试图在三方面实现跨越，以做出自己的贡献：第一，根据未来发展趋势和需求探索新的教育模式，影响中国高教改革和世界教育发展。第二，探索适合知识工作者和知识组织的新型组织管理模式，提升大学管理有效性。第三，探索网络时代新型的大学与社会互动关系，以人才和研究促进人类生存质量的改善和社会的发展。

面对未来社会的发展需求和趋势，不拘一格的大胆创新、从运行机制到全面发展的国际化定位、脚踏实地地专注于教育使大学回归本质的努力，使西浦在教育探索和大学重塑上独领风骚。

四、获取资源的方式多元化

记：西浦一直在强调自己的研究导向，引进了一批世界级的学者，并设立了众多的科研项目，但作为一所中外合作大学，获取资源的难度要大于那些985 大学，在这方面西浦采取了哪些措施来保证？

席：仍处于创业期的西浦相对于那些 985 高校，在获取资源（尤其是政府资源）方面的确面临一些挑战。然而，西浦也具有传统大学所不具备的一张白纸好画图的后发优势。为了获取更多的资源，西浦人本着勤奋踏实的原则，在育人模式、教育管理、教学研究、社会贡献等方面办好独具特色的大学，力图通过自己的深度探索和有效实践在教育领域产生尽可能大的直接和间接影响，以此获得更多的支持。此外，西浦还积极向政府献计献策，希望通过纳入省市共建的高校序列，获得地方政府政策和资金上的支持。例如，西浦向苏州市教委提出了省市共建高等教育的主要项目：第一，针对苏州高校特点，有选择性地给予政策和经费支持，使其成为国家新一轮高等教育改革的引领者，使苏州成为某方面的示范基地。例如，苏州工业园区科教示范区已经被教育部命名为国家唯一的“高等教育国际化示范区”，通过共建，可获得经费投入与政策支持，使苏州真正成为高等教育国际化的领头羊。又如，西浦在大学治理和管理、教育探索上的创新已引起国内外高校的高度关注，已经在为其他高校培养领导和管理者、教师，并在全国推广“以学生为中心和以学习为中心”的育人模式，一定力度的支持可使苏州成为高等教育最优实践的展示基地。第二，在切合经济社会发展需要的特色专业建设和学科发展上给予政策和财务支持。例如，针对正在到来的老龄化社会、中国通过一路一带等战略举措形成的全球整合经济及其带来的全球治理、新一轮城镇化和生态环境治理、生命与医药科学、“互联网＋”与未来社会设计、新金融与金融全球化等重大课题，积极支持建设特色专业，培养特需人才。第三，针对苏州高校特点和相对优势，在高校建设一批国际级的研究院，以吸引世界级人才和企业界人才落户苏州，使苏州在未来创新型社会建设中具有后劲和创新动力。这些研究院应具备国际级的研究专家、国际的合作网络、国内和当地的合作网络、具有国际水准的研究课题、有国际水平和实用价值的成果及咨询服务。当然，除了经费上的适度支持外，在人事与社会保障制度等方面须有相应配套，尤其是外籍高层次人才的引进及其在苏州生活、工作条件的完善。第四，支持高校建设技术成果转移平台、创新创业技术指导和服务平台，以支撑大众创业、万众创新的健康发展。例如，西浦正在与国际高等教育和研究机构合作，以苏州为基地，打造一个技术集散（成果集聚与转移）、国际研究合作、技术咨询和服务的技术超市和企业问题解决中心，以强化大学利用其国际网络整合全球资源服务于当地经济社会发展的功能。第五，对于具有极强社会外溢价值但又成本较高的人才引进、研究、科研平台建设给予支持。例如，对高端国际人才引进、博士生和博士后培养、前瞻性研究、具有共享意义的科研平台建设予以支持。第六，针对学校的一些特殊性，在基础设施建设上给予支持。例如西浦的主要收入是学费，但其合作母体学校已经决定将其建成非营利性大学，根据中国的非营利组织法，其建设的校园和所有资产归社会所有，所有参与者只是在苏州创办一番事业，没有任何利益诉求，国内其他地方对这类高校在校园和科研基础设施建设上都给予了大力支持，西浦也希望苏州市政府能将它当成苏州自己的大学，与其他学校在发展上给予同等的关注和支持。

另外，随着教育改革深入，本着教育公平等原则，作为公民教育的重要组织部分，非公立非营利教育机构应该逐步享有国家给予教育的基本支持。

五、以“中国教育梦”带动世界一流中外合作大学建设

记：请您结合西浦的办学实践，来谈谈自己的“中国教育梦”。

席：西浦诞生于全球重塑教育的时代是一种机遇，给予了西浦人在教育和办学上超越的机会。经过近 10 年的发展，西浦已经具备了起飞的基础。10 年前，这的确是一个梦。现在，从家长和学生的热切选择、国内外同行的积极反

应、西浦的理论思考和实践总结中，我们真真切切地感受到了西浦教育梦的可能性，西浦已经在路上。

如果要问我的“中国教育梦”，我真心希望，在社会各界的大力支持下，当中国成为世界的强国时，我们的教育也应该相应强大，甚至在某些领域成为领导者。经过我们的共同努力和各界的爱护及帮助，当人们议论世界上心仪的大学时，他们会自豪地提到有一所在中国，这就是位于苏州的西浦！

让大学回归教育本质

（这篇文章是 2012 年 6 月《中国青年报》记者与席酉民教授的访谈录。）

中国的家庭已经在对中国的高等教育“用脚投票”，2009 年，应届高中毕业生中有 84 万人放弃高考，占总数的近 1/10。有数据显示，这 84 万名弃考生中有 21.1％选择了留学。

2010—2011 学年，中国留美学生总数达到 15.7 万余人，比上一学年激增 23％。中国已超过印度，成为美国海外留学生最大来源国。

优秀学生的流失尤其明显。2011 年，北京 4 名高考状元全部选择了香港高校。同年香港大学录取了 17 名状元，包括 11 名省级状元和 6 名市级状元。

与出国留学潮相呼应的是，国内中外合作办学呈风起云涌之势。资料显示，截至 2011 年年底，仅上海就有中外合作办学机构 39 个，合作办学项目 181 个。

然而，在中国的家庭“用脚投票”的同时，国内高校却仍然因为行政化、官僚化、衙门化、学术泡沫、学术腐败等流弊，使得声誉一直未能得到大的改观。

中国高等教育该作出怎么样的改变，才能挽回声誉，重拾信心？

“我所做的一切工作，不过是为了让大学回归教育的本质，探路网络化和国际化环境下的新大学。”席酉民这样总结他的观点。

一、学术权力臣服于行政权力，传统大学难出教育家

《中国青年报》记者（以下简称“记”）：您一直强调西浦的办学要影响中国高等教育改革和发展，您对中国传统高校有何看法？

席西民（以下简称“席”）：传统大学有两大问题一直没有得到根本解决，一是资源配置的问题，二是大学办学自主权的落实问题。

资源配置指钱如何从国家到教育部再到学校和师生的教学科研活动上，应该说，现在过大比例的经费以项目制配置导致了众多问题。

第一，虚耗了大学领导和教授太多的时间和精力。为了应付一个个项目，领导和骨干教师们把大量时间和心思花在了制造项目、跑关系、填表、答辩等活动上，无暇考虑教育改革、教学科研深化。为了得到项目，甚至不惜包装和弄虚作假。

第二，校内行政权力与学术权力界限不清，资源配置中过多的行政介入强化了大学的行政化体系，因权力影响资源配置，不少高水平的教授乐于进入行政体系，进而导致各个项目投资大部分落入院长、副校长、校长、院士所在的学术团队，这又进一步强化了高校行政权力的地位，造成学术权力臣服于行政权力的格局。

第三，过多地依赖项目而不是规范透明的机制配置资源也影响了高水平科研成果的产生，究其原因，一是由于项目设置评审验收等诱导了短期行为，甚至扭曲了科研行为，浮躁、急功近利之风盛行，使不少学者忙于争取项目和应付结项；二是导致科研特别是大学科研不再是兴趣导向，过分的项目制容易造成学术泡沫。

大学办学自主权的缺乏不是说现在大学书记和校长权力不大，而是说应该归于大学自主决策的事项没有交给大学，如招生指标、专业设置、教师职称、学位授予等权力尚未完全回归大学。

就招生而言，招多少学生和设置哪些专业学校应有权决定，但现在招生指

标要批，像西浦为解决中国学生选择专业的盲目性，给学生一年时间了解自己和专业，在一年后选择自己所喜欢的专业，但根据目前的招生制度，必须在高考时把每一个学生招到某一个专业里。

又如，各校间教授和学位水平差异很大，应将学术职务和学位授予权给学校，让市场竞争提升大学品牌意识，但我们目前实行的依然是名义上的国家教授和学位授予制度。

记：现在的一个普遍感觉是，传统大学很难再出教育家。请问是什么在阻碍？

席：理论上讲，传统大学还没有从政府附属机构完全剥离出来，成为独立的法人主体，参与市场竞争。例如，国立大学现在缺乏严格意义上的大学组织法，尽管教育部安排大学制订章程，但在没有法律基础的情况下，大学很难形成自主和强烈的探索及品牌意识。另外，由于缺乏严谨的法律规范，传统大学领导团队的责权利界定不清晰，在很多高校，党委领导和校长负责的责任及权力缺乏明晰界定，他们领导学校的成效往往取决于相互之间关系的融洽程度，实际上却经常因权限不明确而产生内耗。

我国从学术出色者中选拔领导的传统无可厚非，但现代高校，只有学术造诣远远无法驾驭，校领导岗位除需要学术造诣外，更强调领导才能、管理经验、治理能力。许多校领导在上任之前一直埋首于科研，缺乏必要的管理经验和训练，所以他们当了校领导之后，既做不好科研，也管不好学校。

大学作为现代社会的一个复杂机构，无论是教育和学术发展，还是外部资源争取和市场竞争，抑或理顺内部管理机制，都有其内在规律和规范，需要站在哲学、社会、教育、科技、管理等高度研究和探索。如果校领导和学校主要教授学者只是沉浸在浮躁的氛围里，走在跑项目的路途上，教育家怎么能诞生？

二、“去行政化”不是“去行政”，学术与行政应并行不悖

记：大学以学术活动为中心，行政体系的职能是支持和服务，行政体系存

在的最大价值，就是为学术活动创建高效便捷的支撑服务体系。但是现在看来，高校的行政化倾向非常明显。您如何看待高校“去行政化”的问题？

席：首先要明确一个概念，就是“去行政化”不是“去行政”。行政权力是现代大学运行的重要支撑，有效的大学运行离不开行政权力，因此，准确地说，应该是大学要明确学术权力和行政权力的边界，让两者各归其位，把学术判断交给学术权力，把学术支持交给行政权力，并使二者有效互动。传统大学的问题是行政权力与学术权力界限不清，前者对后者干涉太大。

在高校治理中，首先要清晰界定哪些属于学术权力，哪些属于行政权力，然后明确制度和流程，以此保证各自权力的有效实施，并处理好两者之间的协调与监督关系。

在西浦，涉及学科建设、学术评价、学术违纪处罚等事务均由专门的学术组织处理，行政权力不得干预。如果有人对学术组织的处理结果不满，他们可以向行政部门申诉。但行政部门只考察学术权力决策所依据的事实和程序，如果事实成立，程序合法，行政部门将驳回申诉，并不干预学术权力的判断和独立性。

正因为清晰界定了行政权力和学术权力的边界及两者的权责，所以在西浦，学术与行政实现了相互协调，并行不悖。

三、反思教育和校园价值，让大学回归教育本质

记：当前的高等教育广受诟病，大学的发展与应有的轨道背道而驰，您觉得大学应该如何回归？

席：要让大学回归教育本质，就是要让事物以它本来的面目出现，不要被扭曲和异化。

大学最重要的工作是知识的传承和创造，知识的传承是培养人，知识的创造是科学研究。在现代环境下如何育人和研究是一个很值得重新思考的问题，甚至21世纪的大学的价值、意义、形式都需要重新思考和定义。

清华大学民国时期的校长梅贻琦先生说，“所谓大学者，非谓有大楼之谓也，有大师之谓也”，认为教师是教育之本。现代许多大学校长会说，大楼和校园也很重要，所以建设了很多大而豪华的校舍。在我看来，网络环境和国际化使得知识的学习和传播非常容易，大师和大楼虽然重要，但其在好大学创办过程中的相对地位正在降低。现代大学需要反思其育人理念和哲学，造就一种整合世界教育资源及支持教授和学生参与到国际教学和科研活动中的友好平台和支持系统，营造有利于造就有素养、有能力、有知识、参与国际竞争的“世界公民”的大学文化。

在西浦，我们看重的是如何将平均来说高考成绩一般（超过高考一本线不多）的学生培养成不一般的“世界公民”，这实际上是一个非常复杂的转化过程，通过大学理念、支撑平台、文化氛围、教学相长、学校引导，把学生从孩子转变成年轻的成人、从被动学习转变成主动学习、从盲目学习转变为兴趣导向学习，从而释放师生的潜力和能量，造就以学生健康成长为根本、以学习为中心、以兴趣为导向的大学环境。这样，师生会专心致志地互相砥砺，心无旁骛地切磋琢磨，学生毕业时，不仅掌握了必要的知识和技能，更重要的是拥有了独立人格、责任、视野和境界。

我觉得，国内大学要回归教育本质，必须从资源配置和大学治理上让大学宁静下来，专注于教学和科研。否则，浮躁的氛围，科研的泡沫，学术的腐败，一定会造成“劣币驱逐良币”的效应，大学教育仍会被异化，学生培养质量仍然堪忧。

记：从自身的长远发展来说，学生该如何面对和怎样度过大学生活？

席：中国社会成功观念的单一化及社会选拔体制的趋同化导致学生的应试倾向严重。他们将十几年的青春时光花在不断练习、死记硬背、考好成绩、进入名校的厮杀中，扼杀了自己的兴趣和创新精神，导致缺乏独立思考能力和挑战精神。很多学生进了大学，虽然生理年龄成熟了，但心理年龄和社会年龄严重不成熟。

作为大学，西浦鼓励学生将入学看成自己的成人日，从此学习自立，承担起自己的责任，告别那种饭来张口衣来伸手的依赖习惯。同时，帮助学生树立独立思考和决策的能力，遇到问题首先自己设法去解决。另外，发现人生兴趣，大胆梦想，规划未来，释放自己的潜力和能量；进一步培养他们主动学习的能力和挑战精神，挑战已有知识和权威，大胆创新；鼓励他们学会合作，训练执行能力和成就一番事业的能力。

为此，西浦建立了四个导师体系和全方位的服务支撑体系，帮助学生完成转型。

进了西浦后，学生是不分班的，很多学生不理解，家长更不理解。他们觉得，没有了班级，就没有集体的温暖，失去了组织，这是因为中国学生从内心深处一直有被管、被控制的服从意识。但我们强调学术社区和多元互动，打破行政班级的概念，让学生接触不同专业、不同年级的同学和老师，再加上各种社团和俱乐部活动，不仅形成学术上的相互碰撞，更形成更加多样的同学和同伴，用现代术语讲就是多姿多彩的社会网络。

记：中外合作办学能促使国内传统大学作出改变吗?

席：现在社会上对国内大学的怨言和怀疑很多，说明现行教育体系需要改进的地方很多，也表明中国大学改革的空间很大。

中外合作办学只是在中国高等教育这池水里放了几条不同的鱼而已，究竟是不是鲶鱼，还取决于这些大学的办学成效。只有真正办出了水平并获得了社会的认可，探索出了中国高等教育的新模式，才能影响中国高等教育的改革和发展，西浦六年多的实践在国内外已经形成一定影响就说明了这一点。

我相信，随着一系列新模式、新架构高校的出现，以及它们对生源的争夺和对社会的冲击，国内传统大学一定会受到影响。

教育是把学生的能量和智慧释放出来

（“大学的 2.0 是什么？教育的 2.0 是什么？什么是下一代的大学？”2012 年 12 月，《中国青年报》记者采访了席酉民教授。）

作为中国当代中外合作办学极具标志性的学校，西浦一直声称要以办学实践影响中国高等教育改革和发展。在席酉民校长看来，未来社会，能力、素养、智慧比知识更重要。大学里，通过学知识培养的是学生的能力、素养和智慧。

目前在中国，说到大学理念，谈起创新型人才培养，人们通常会想到“钱学森之问”。席酉民认为，这个时代想出现传统意义上的大师，既不可能，也不需要，需要的是形成一个平台，让所有有智慧的人到那里去碰撞，产生出超越大师的智慧，这就是这个时代的逻辑。

要形成这样一个平台，席酉民认为有三样东西很重要：首先要建立起一个管理体系或者说一个网络体系，让所有的老师和学生能够整合全世界的资源，参与全世界的活动。此外，大学要建立起相应的文化和环境，让师生进到这个大学里面，就会发现不一样，会有种“我要不一样”的感觉。还有比这两者更重要的，就是一所学校的育人理念和育人哲学。学校的大楼、重点实验室固然重要，但更真正重要的是办学理念。

在西浦多年的办学实践中，席酉民一直在探索这所学校的独特性是什么。他经常挂在嘴边的一句话就是：你要让别人干一件事情，一定要给别人一个理由。比如，当你要吸引老师的时候，一定要给老师一个理由，让他知道为什么要加盟你，为什么要选择你，这就是独特性问题。经过探索，席西民觉得，一所大学的独特性应该表现在育人模式、组织架构、办学理念、管理方法和校园文化五个方面。

对于学生来说，大学四年是人生最重要的阶段之一，席西民希望学生在大一时就知道自己的人生目标、人生兴趣，知道自己应该用什么样的态度、方法实现人生目标。为此，西浦专门成立了一年级教育委员会，旨在让学生实现三个转变：第一个转变是从孩子变成年轻的成人，再转变为“世界公民”；第二个转变是从被动学习到主动学习，再到研究性学习；第三个转变是从盲目学习到兴趣导向，再到人生规划。

“高中之前，几乎所有的学生都是为家长学，为高分学，很少有人为自己学，我们希望学生现在能够为自己学，知道自己想要什么，给学生选择的机会。”席西民说，学校提供一套体系来帮助学生，并专门开了一门课，叫做“自我管理和个性发展”，让学生制定合理的人生规划，形成正确的世界观、价值观以及对这个社会的判断，对社会复杂事情的判断。

“中国学生不差基础，差的是创造性，差的是发自内心的动力，差的是正确的态度和行为。如果大学能把这些东西释放出来，中国学生在世界上一定是非常有竞争力的。我们做的事情，就是把学生的能量和智慧释放出来。”席西民说。

作为一所中外合作大学的校长，席西民在教育改革方面的探索让不少同行敬佩和羡慕。不少传统学校的校领导跟他交流时，常常会说：“你可以这样想、这样做，但我们不行，由于体制的问题我们没办法。”但席西民并不这么看。他认为，体制虽然会对大学产生严重制约，但现有体制下依然有很多管理架构的问题、教学模式的问题可以解决，问题的关键是办学者想不想变。

席西民给高等教育界的同行提了几点建议：第一，不要把体制作为自己不行动的理由；第二，体制确实制约了很多，比如资源配置，但体制内的每个学校都有大量管理效率的问题可以解决；第三，技术问题（比如教学技术改革等）跟体制并没有太大的关系，完全可以去做。不要以体制做托词，丧失很多教育改革的动力和机会。

资料来源：《中国青年报》，2012－12－31，11版。

让大学回归平静的心态

（这篇文章是2015年4月《中国青年报》记者对席酉民教授的采访笔记。）

西交利物浦大学执行校长席酉民坦言，最近他参加了一个顶级全国教育改革与发展会议，会上提出的教育综合改革方案及大学负责人热议的话题基本集中在当前大学内部的管理问题上。

在他看来，虽然这次改革呼声很大，但并没有抓住中国高教最要害的问题。他认为，很多教育者已经意识到风险和挑战的严峻性，可是在教育改革的重大会议上，却很少有人触及和深入讨论。

席酉民认为，如果能够解决大学发展中的根本问题或要害问题，许多内部问题或自动消失或迎刃而解。如果只是纠缠于眼前头疼的问题，头疼医头脚疼医脚，忽视或不重视背后的根本问题，只会按下葫芦起了瓢。

在西浦，席酉民一直在思考和探索：在网络化、数据化、国际化的社会，什么样的人才在未来具备竞争力？什么样的教育理念、学习方式、培养模式、大学氛围才能培养出这样的人才？以知识为导向的传统大学能否教出适应当今社会和未来竞争的学生？如果不能，那么新时代的育人理念和教学方法是什么？面对这样的新的教育理念，需要什么样的新型的大学模式？

一、把学生当成年轻的成人

一直以来，我们习惯的是“相马”式的人才选拔，确定各种标准和选择流程，从而导致在中国各种考试特别是应试教育的流行。“这不仅扭曲了教育，而且可能因标准的扭曲，造成培养出来的或选出来的人才也是扭曲的。”席西民说。

实际上还有另一种用人机制，即赛马机制。不在于有没有人去选拔你，而在于你有没有能耐脱颖而出。这样的机制重在建设公平、公正、透明的社会环境，不仅会推动人们的素养提升和能力训练，而且会释放其潜能和动力，促进人才辈出。

目前，从幼儿园到大学，国内教育大多以知识和内容为导向，而不是以素养和能力为目标。比如幼儿园的考核，很少有人（包括家长）去考察如何培养孩子的健康态度、阳光心态、正确的行为方式，却多去计较孩子识几个字、会几位数的算术。

席西民说，中国大学大多把学生当成孩子，什么都管，西浦则把学生当成年轻的独立的成人，只是因为年轻，才需要去引导和帮助。

“老师让做什么就做什么，这样不可能青出于蓝。”席西民说，真正的学习是学习者行为和思想的永久改变，尽管学习始于课堂，但主要发生在学习者将知识应用于实际环境的过程中，并最终改变其价值观。老师和学校要努力创造这种环境，因此，学习的评价就不仅仅是考试了，考试只是一个环节，更重要的是看学生在学习和知识运用过程中的成长，所以肯定是过程考评。

席西民说，教育是让人发现自我，释放潜能，帮人成长的过程。“只有改变灌输知识的传统教学模式，才有可能使学生青出于蓝而胜于蓝，才可能激发他们更大的创造力。”

二、从教师主导到以学生为中心

席西民认为，学习者天生具备创造力和自我导向能力，教育者应扮演指导者和资源提供者的角色。所以未来高校要考虑的是，如何真正将以老师为主导的教育转变成以学生、学习为中心的教育。

席西民认为，大学不是学知识的地方，而是帮助学生健康成长、学会学习的地方。“过去教育主要是消除无知。”如今，人们很难无知，难的是准确地判断知识的真假，并且利用好这些知识。当代教育不仅仅是简单传授知识，更多地是帮学生对知识作出理性和独立的判断，有能力系统地整合和运用从多元渠道获得的知识碎片，并学会持续性学习。

作为学校，就是要创造一种平台和环境，让学生有兴趣、动力去学习，有机会把学到的知识运用于实践中。比如，西浦提倡研究导向型学习，老师和学生从现象和问题出发，学生会满怀好奇去观察、搜集资料、分析和判断，进而解释现象和解决问题。在这个过程中，学生学到了如何观察或发现问题、怎么收集信息和相关知识、怎样把学到的知识运用到实际问题中、怎样跟别人合作、怎样来表达自己，等等。“这个时候你就会发现，学生不仅记住了知识，更重要的是人真正成长了。”

三、让大学知道自身定位，关注品牌建设

关于目前高等教育的改革，在席西民看来，最根本的是三个问题：高教资源配置、权力制衡关系和如何建立新的大学形态去适应新时代。

席西民认为，国内以工程和项目去配置资源的形式，让中国大学不得安宁，处在关注上级意图、一味追求指标和排名的浮躁状态，而不是以学生为中心。“按照大学的类型，构建规范、透明的资源配置体系，会诱导大学有清晰的正确定位，静心于育人、研究和社会服务，而不是制造形形色色的名堂工程、跑部钱进。”

“其次，应进一步理清政府和大学的关系，确立大学的法律地位和办学自主权，学校的质量、人才的培养要靠市场去检验，这样大学便会专注于自己的核心使命、关注品牌建设，而不是永远陷入浮躁的无奈中。”

席西民说，资源配置体系和独立法律地位会让大学静心于自己的核心业务，但不可能保证大学获得成功。从未来的角度看，大学还需认真根据未来社

会的发展趋势和需求反思教育、重塑教学、再定义大学，找到适应未来的大学形态，才可能健康发展。

四、大学应告别工分制

席西民说，大学是最典型的知识组织和知识工作者聚集地。现在绝大多数大学的管理模式依然是层级（官僚）结构，这种注重专业化分工和直接监控的模式既妨碍合作又影响效率。

“知识工作者不可能被监控。比如说老师或者研究生，坐在实验室里对着电脑屏幕在思考，谁也不知道他们在思考什么。”

席西民说，对知识工作者而言，一定是让人知道做这件事情的意义。大学需要提供平台让他们能够有条件去做那些他们认为有意义和价值的事。

遗憾的是，现实中各个大学都在用一些简单的指标“算工分”，限制了合作、阻碍了深度研究，制造了很好看的数字，却失去了大学的精神，这是个很大的问题。“大学一定要扁平化、网络化、社区化，要有文化氛围。”席西民说，“大学要给每个人提供活动空间和自主控制权利，而不是跟在背后算工分。”

大学精神回归的守望者

（这篇文章是2012年8月《国际教育交流》杂志记者对席酉民教授的专访笔记。）

一、西浦语录：一切皆有可能

席校长认为，“大学的使命是培养人，教育工作者的使命是让大学精神回归，唤醒学生内心的力量。”他相信，学生的可塑性和潜能是巨大的。“我喜欢‘一切皆有可能’这句话。许多人觉得差等生和优等生之间存在一道不可逾越的鸿沟，要实现这一跨越简直是天方夜谭。但没有什么是一成不变的。没有永远的差等生，只要你有目标、有动力，并付诸实践，你会发现，其实两者间的距离并不遥远。”事实证明，此言不虚。回首建校之初，一大批学生几乎都是踏着一本线进入西浦的，但这些在高考中并不出色的学生，经过在西浦四年的磨砺和熏陶后所取得的成绩，却令人刮目相看。席校长介绍说，“我们的前几届毕业生中有15%左右进入全球排名前十位的世界名校”，在这些学生中间就有曾在网络引起上广泛讨论的“最牛女生宿舍”，“同一间宿舍的四人中有三人被剑桥大学录取，一人被帝国理工大学录取”。更令人不可思议的是，因应试教育而被迫成为文科生的一些西浦学子，在校期间发现自己对计算机、电子电器更感兴趣，学校帮他们响应心灵的呼唤，他们有的拿到了世界计算机学科的最高奖学金，有的拿到了两个理工专业的博士生录取通知书，赴牛津等世界名校攻读博士学位。

二、西浦使命：倾心打造“世界公民”

席校长认为，学生是大学存在的根本，学生的健康成长是学校发展的重要使命。为此，西浦致力于将学生从孩子转变成为拥有素养、能力和知识三大体系又具有国际视野和竞争力的“世界公民”。此外，他认为，西浦致力于发展成为中国土地上的一所国际化大学。在西浦，国际化有着更为丰富的内涵：不只是国际化的师资、一定规模的国际学生、先进的国际教材、国际化的教学与科研合作等简单的表象指标，还需要探索并发展符合世界发展趋势和需要的教育理念、办学模式、育人体系和大学文化等，更重要的是让西浦及其学生、老师在未来的国际事务和世界竞争中发挥作用、产生影响，对民族、国家和世界有所贡献，这才是中国成为世界强国应有的姿态。为此，学校非常重视培养学生的国际视野和竞争力，提出了关于人才培养的“三个体系”，即素养体系、能力体系、知识体系。席校长介绍说，为了让学生拥有这三个体系，西浦整合东西方文化精髓、世界管理智慧以及最优教育实践和模式，形成了包括五个方面的综合教育策略和由五个子系统构成的支撑体系。因其全部都由五个五角星示意表达，所以西浦的育人模式被概括为“五星育人模式”。

席校长说，一名合格的“世界公民”必备的首先是境界、素养，是社会责任感。因此我们的“五星育人模式”不但强调对学生知识体系和能力体系的培养，更注重对学生素养体系的提升。这里的素养体系涵盖社会责任、奉献精神等元素。为培养学生的社会责任感和公民意识，西浦为学生参加公益和社会活动积极提供平台。据了解，在学校的支持和引导下，由学生自发组织的乐美慈善社、青年志愿者协会等公益团体积极参与社会活动，充分发挥“一束光”的作用。例如，西浦手语社是目前在苏州市乃至江苏省都非常有特色的学习手语和关爱聋哑人的公益性组织，学生们聘请专业的手语教师来教手语，并定期与聋哑学校学生开展交流活动，这种行为得到了社会各界的一致好评。又如，该校的12名学生和4个学生团队于2012年4月创办了“校园慈善商店”，把人们捐赠的闲置物品以低廉的价格出售，为本地草根公益项目筹集善款，同时开展低碳环保活动。值得一提的是，学校还通过各类学生组织，如青年志愿者协会，参与国际大型活动志愿服务。在2010年上海世博会、2011年西安世界园艺博览会等国际舞台上都能看到西浦学子的身影。2012年暑假期间，西浦还有同学参与到了伦敦奥运会的志愿者服务工作中，此类事例不胜枚举。

三、西浦旗舰：师资梦之队

秉承“西浦特色、教育情怀、全球视野”的原则，席校长认为，西浦取得的点滴成绩与学校的育人理念密不可分，更与学校“教师梦之队”的努力休戚相关。西浦按照世界知名大学标准选聘师资，其中80％为外籍教师。专业课教师均拥有国际知名大学的博士学位和丰富的教学与科研经验。从2011年起，西浦通过国际顶级教育猎头公司面向全球选聘高端人才，以英国蛋白质研究协会主席David O’Connor教授为代表的世界级学者陆续全职加盟西浦。为了强化学生的语言能力，适应全英文教学，目前西浦构建了世界上最强大的大学语言中心，有150位拥有语言学硕士或博士学位的教师，其中95％以上为外籍，他们持有国际认可的TESOL或ESOL教学资格证书，为学生营造了良好的语言学习环境。

人们常说，大学不怕没有大楼，就怕没有大师。席校长对此的见解别有一番深意：“在现代，大师和大楼在教育中的相对地位在下降。从某种程度上说，这个时代可能是一个大师陨落的时代，不可能出现那么多传统意义上的大师。当前我们身处‘世界互联’的信息时代，每个人都拥有一些知识和智慧，而恰恰是这些人的互动和整合可以产生出超过任何大师的创新和智慧，这可能是网络时代的模式或逻辑。因此，面对全球化时代发展的大势，创新性办学理念、开放式校园文化、致力于营造能够整合全球教育资源并融入国际学术共同体的学术和支撑平台显得更为重要，运用集体和全世界的智慧去碰撞交流，可能产生远胜于大师和大楼的价值及贡献。”

在席校长看来，大学的特征是“结构性的无政府状态”，自主活动、自由探索、静心研究，学术体系与行政体系的共同目标是：以学生的健康成长为出发点，倾心打造一个“无形的、友好的、无障碍沟通的”支撑平台和学术共同体以及能够体现教育理念的校园氛围。在西浦，让学生获取文凭并不是最重要的，重要的是帮助学生理解自己及其需求，教师引导学生发现其兴趣，改变和提升课堂的教授方式和价值，给学生一个相对自由的空间，让学生以兴趣为导向，激发学生自主学习的动力和释放其无尽的潜能。显而易见，在西浦，学生和教师是学校的主角，而行政员工乃至校领导则成为搭台的人。

四、西浦国际化：冲破东西方思想的高墙

任何一所大学都需要清晰的愿景目标和使命，西浦也不例外。这所中外合作大学致力于成为一所“研究导向、独具特色、世界认可的中国大学和中国土地上的国际大学”。席校长说，这里的国际化，指的是用全球化的思维去看世界、看国家的发展和文化的多元性。伴随着全球合作的日益紧密，人才必须面对不同文化、不同市场的竞争，这种现状必然要求大学的研究和教育资源，以及培养出来的学生能够在全球市场上有竞争力。大学必须利用国际资源来改变传统的教育模式，提高教育质量，走向国际化。但是国际化不是简单地照搬牛津、剑桥、哈佛、耶鲁等世界名校的办学模式，而是要立足本土，将东西方文化的精髓有机结合，探索出一整套具有“西浦特色”的教学和办学模式，为中国乃至世界高等教育的发展做出积极的贡献。

在全球化的大背景下，一所有中外合作办学背景的国际化大学必须站在时代的潮头，不仅能吸收东西方最先进的文化营养和知识内核，而且必须具备强烈的自我更新意识和强大的自我反省能力，这样才能在全球化的大潮中立于不败之地。西浦作为一所年轻而睿智的大学，没有传统的思想包袱，在前瞻性的思想与和谐管理理论的指导下，在广大师生的共同努力下，有希望成为未来的教育巨人，并恩泽苏州工业园区这方风水宝地，为中国教育和社会发展带来一股新风。

五、西浦学子：与世界同行

席校长介绍说，“让大学精神回归，为学生营造一方促使其健康成长的乐土；让曾经扭曲的心灵能够恢复灵性；使每一个鲜活的个体在没有围墙的大学里，独立思考，张扬个性，快速成长，实现自我和社会价值”，这是西浦最大的心愿，也是社会殷切的期待。

在西浦，除了课堂教学，学生有机会参加丰富多彩的课外实践活动，他们的独立自主精神、大胆创新意识被唤醒，责任感和自我管理能力大大提高。学校各类学生组织和社团总数达 150 多个，所有这些都为学生磨砺人生、提高综合能力等提供了广阔的平台。学校提倡“学生自治，学校服务、支持与引导”的工作理念，并成立专门的团队帮助和指导学生。比如，在支持学生组织发展的探索中，西浦整合中外知名高校的实践经验，通过“社团理事会”来实现学生组织的自我管理，通过搭建多层次的“平台”为学生的自我发展提供更多的锻炼机会，通过构建不同维度的“社区”来实现对学生正面的、积极的熏陶和浸染。知识在学习、素养在熏陶、能力在训练，这些丰富多彩的活动和管理训练不只是让大学生活充满乐趣，更重要的是承担着大学育人模式不可或缺的责任，陶冶情操、培养能力、践行知识。

“以兴趣为导向”是学校开展各类学生活动的基本出发点。在西浦，学校鼓励学生提出自己有创意的想法，然后支持和引导他们通过努力将梦想变成现实。西浦学子在国内外重大赛事上取得的成绩已充分证明了这种培养方式的可行性。

“身为一校之长，您的人生梦想是什么?”我问席校长。“做一个对社会和人类有价值、有积极影响的人。”面对如此朴素的答案，我有些怅然若失。“那么您对学生的期望呢?”“在我看来，大学是西浦学子新的人生起点，而不是终点，我希望每个学生不仅在大学的文化熏陶中探求真知、健康成长，而且在他们学有所成离开校园时，能为社会和人类的进步留下点什么。”席西民校长如是说。

中外合作大学需要清晰定位和长期战略

（这篇文章是2015年10月财新网记者与席酉民教授的访谈录。）

在中国，短短十几年，中外合作大学从无到有，成长迅速。2003年，借“入世”的“东风”，国务院颁布《中华人民共和国中外合作办学条例》（以下简称《中外合作办学条例》）。此后，在“引入国外优质教育资源，推动教育国际化”的目标下，地方政府邀请外国知名大学与中方合办大学渐成风气。

时至今日，中外合作大学仍处于起步阶段。全国已有10所具有独立法人资格、拥有独立校园的中外合作大学，在我国2 845所高等学校中，占比仅为0.35%。其中具有本科招生资格的有7所，分别是香港中文大学（深圳）、温州肯恩大学、昆山杜克大学、上海纽约大学、西交利物浦大学、北京师范大学-香港浸会大学联合国际学院和宁波诺丁汉大学。前3所均创办于近3年内，历史最长的宁波诺丁汉大学也才建立11年。

但近年来，中外合作大学的招生规模不断扩大，招生门槛逐渐提高，社会认可度亦不断提升。

其中，西浦成立于2006年5月，由西安交通大学和英国利物浦大学共同在苏州创办，是中国第一所以理工管学科起步、在本一批次招生的，具有独立法人资格的中外合作大学。在英国知名教育研究机构QS发布的“2015年金砖五国大学排名”中，西交利物浦大学进入了前200名。

西交利物浦大学执行校长席酉民认为，一所崭新的中外合作大学要在中国立足，起决定性作用的是机会、生存模式、合作多方的治理架构；长远的成长、发展则取决于管理团队和其所处的环境。

一所新型的国际化大学如何在中国生根？在中国办一所中外合作大学，会面临哪些困境与挑战？和中国、国外的本土大学相比，中外合作大学的独特性是什么？作为较早成立的中外合作大学，西浦的办校经验或可为来者之镜鉴。

一、“真正的资源是机会”

财新网记者（以下简称“记”）：在中国办好一所中外合作大学，最重要的因素是什么？

席西民（以下简称“席”）：起决定性作用的是机会、生存模式、合作多方的治理架构。有了这几方面的保障，就能产生一个好的组织。此外，学校能否“长大成人”，还取决于领导、管理团队。而要能长久地茁壮发展，还取决于学校所处的环境。

记：办校面临的资源或资金问题是否严峻？

席：事实上，真正的资源是机会。这个时期是否需要中外合作大学？答案是肯定的。中国在国际上的地位越来越重要，随着全球化的深入，提供给不同主体的合作机会越来越多，包括教育、研究等领域。国家间的差异也提供了合作的机会——学习国外的经验，改变中国的教育现实。

记：具体而言，西浦建校时的机会是什么？

席：当时的大背景是，中国“入世”后，教育市场的保护期已过，必须开放，因此国务院颁布了《中外合作办学条例》。对西浦而言，还有更大的机会：一方面，中国的教育体制和质量饱受诟病，有改革的需求；另一方面，全球教育也处于重塑期。

西浦的成立则归因于很多偶然因素。学校所在的苏州工业园区迫切需要理工科强大的人才和学校，以支撑研发、工业化，有发展的需求，希望邀请西安交大到苏州办学；英国利物浦大学当时的校长具有国际视野，希望把利物浦大学办成国际化的学校；同时，西安交大也在寻求合作，且两校有一定联系，双方校领导一拍即合。

二、中外合作大学可持续发展需清晰的长期战略

记：对中外合作大学来说，如何把握这一机会？

席：现在各地“蠢蠢欲动”都想办学，这当然是好事，但想办好很难。就像办企业，一个成功企业的背后往往有无数失败的案例。成功取决于学校是否发展出了适合自己的商业模式，或者说生存模式。这与存在的意义和价值有关，可以说这也是一种资源。

就我们目前的观察来看，国内的一些中外合作大学需要进一步明晰生存模式和长期发展目标，防止跟风和赶潮流。一个地方的领导想要发展，提供一定的条件，这些资源当然可加以利用，但需考虑，长期而言大学如何生存？

例如，某中外合作大学的校长在被问及该校未来的发展时说，“作为管理者，我当然必须关注当下的发展，但作为学者，长期来看我认为这个模式是有风险的”。作为新兴的中外合作大学，要想长期健康发展，需要清晰的愿景和长期可持续的发展战略。

西浦在规划长期的生存模式时，既考虑了整合全球教育的优势、未来发展趋势，也考虑了中国市场和国际需求，以确保长期的发展空间。例如，西浦努力整合中国教育的重基础、美国教育的灵活性、英国教育的质量保障体系等相对优势，建立自己独特的教育模式。

又如，网络技术可能会颠覆传统教育。2014 年哈佛的某教授预言，现有的教育模式如果不重塑，15 年内一半的美国大学会面临破产。西浦也在尝试利用网上资源为学生提供更大的价值。

西浦面临很大的机会，且没有历史包袱，同时又有国际平台和全球整合资源，还有体制上的灵活性。

具体而言，西浦有四大理想。一是探索未来的新教育；二是创建网络时代大学和社会共生的新关系；三是探索网络时代的大学管理体系；四是通过上述

几种探索来影响中国的教育改革乃至世界高等教育的发展。现在全球大学的运作大多还是基于官僚层级和专业化分工协作的体系，这很不适合知识组织、知识工作者和当代的网络环境。德鲁克先生在20个世纪已经警告过，21世纪管理的挑战是如何改进知识组织、知识工作的效率，大学是典型的知识组织，但现在的管理方法还是适宜于传统生产制造类企业的管理方法。

记：*如今各大高校大量存在的中外合作项目在这方面做得如何？*

席：不少中外合作项目（包括中外合办的校中院）仍需认真研究其战略和运行方式。这些项目在设立时希望它们能像特区一样，进行试验，并有外溢效应，影响学校的其他部分的发展。但据我了解，目前这些项目对办学母体的影响和促进需要被强化，并需防止被孤立。

记：*一般而言，中外合作大学的中外双方的合作模式是怎样的？*

席：《中外合作办学条例》对合作模式有明确的规定。就独立办学实体来说，由中国和外国合作主体共同发起，形成一个法理上独立的大学。形象地说就是，合作双方是父母，生出的孩子要独立去发展。

现实是，已建立的中外合作大学在定位上有一定区别，有的希望保持国际母体高校的教育体系，复制它的教学模式等，实质上成为国际母体高校在中国的分校或教学中心，有的会在国际母体高校的基础上根据中国情境作出改进。

西浦即试图利用合作母体高校的支持，探索在中国建立一所适合未来的国际大学。西浦和两所母体学校在教学上有借鉴，更有创新，在研究上有合作，在法律上是平等的。按照《中外合作办学条例》，双方共同组成董事会，在战略上指导学校发展。

记：*在教学和治理学校方面会更多地借鉴外方学校吗？*

席：因为西浦承诺授予学生西浦和英国利物浦双学位，所以学术体系上需要同时满足双方的基本要求。但由于全球的高等教育都在重建、改造，因此我们在学习借鉴的基础上进行了持续改造。

决定中外合作大学发展的第三个重要因素是合作多方有效规范的治理架构，包括各自的投入，各自角色关系的处理。

《中外合作办学条例》的规定是董事会领导下的校长负责制，董事会负责任命高层管理团队、决定预算、战略规划等。条例的规定很清楚，但实际操作会存在问题。若没有共识，董事会成员就可能成天打架；若无投入热情或实质合作，有的合作方的作用就会大打折扣。同时，在外部治理方面，还需有国家法制、教育制度、政府服务，包括区域社会发展环境的支持等。

三、软环境同样重要

记：在实践中，管理一所中外合作大学和你此前管理中国高校相比有何独特之处？

席：领导、管理团队非常重要，治理和管理是互动的。前面提到的三个因素决定了一个好组织的产生。而要使它长大成人，则取决于管理。对中外合作大学来说，重要的是如何达成共识、形成认可。

大学的校领导资源是稀缺的，尤其是中外合作大学。老师、学生来自不同的国家、教育体系、文化背景。管理层既需要多元文化的理解力，教育国际发展趋势的前瞻性，还需了解国情和中国文化等，要让大家形成共识，并乐于接受新东西，共同探索创新。

对于中外合作大学，特别要注意对国内本土文化和情境的理解，不是把国外的模式简单在中国复制。

记：您是出于何种考虑出任西浦校长的？任职后您面临的最大挑战是什么？

席：我以西安交大具体负责人的身份参与了西浦从最初的谈判到创办的整个过程，并且是董事会的成员。学校创办两年后，面临发展的挑战，我接受英方邀请和董事会任命，于 2008 年成为西浦的执行校长，同时辞去了在西安交大的所有党政职务。此前，我也有一些机会可以去国内别的大学担任校长，但考虑到发展空间等问题都没有去。对于自己放弃其他机会全职来西浦的原因，我在教育部和中组部的人事领导与我谈话时给出的解释是：西浦有国际平台、全球整合资源、较宽松的运营机制，有可能利用全球重塑教育的机会，在中国建立一所新型的在世界上有影响力的大学。他们表示理解。

记：您和陶文铨校长是如何分工的？

席：《中外合作办学条例》规定，校长必须由中方人员担任，陶校长是由西安交大推荐的西浦法人代表，董事会成员。与英国的体制类比，陶校长相当于英国大学的 Chancellor（名誉校长），我相当于 Vice Chancellor（执行校长），学校的日常运作和具体发展由我负责。

记：您一直强调学校所处环境对学校发展的影响，对中外合作大学来说，这一点如何体现？

席：长远来看，学校要茁壮成长，所处地点和属地经济社会生态环境很重要，这包括经济社会发展、国际化程度、生活环境等。如果其他条件都不错，但环境欠佳，也很难健康发展。

西浦很幸运，选址于苏州工业园区，这里有上千家企业，包括近百家世界500强企业，是工业重镇，有利于研发与合作以及学生实习，便于进行学术生态的建设；同时，苏州的人均地区生产总值比一般发达国家的人均 GDP 还高，有很强的经济实力，可以给予我们坚实的支持；另外，这里受新加坡文化的熏陶，形成了服务型政府；更重要的是，这里社会的国际化程度很高，生活环境优美，有利于国际师生的生存，如医疗、基础教育、接警、服务等细节均已达到国际化的水平。

三年前，我去中部的一个城市谈中外合作大学。当地的一个官员听了我对国际化环境的描述后说，别说政府的基础设施和资金，只说医疗、基础教育、生活、服务等软环境，再过十年当地都难做到。

四、相比于资金，无形的阻力是更大的挑战

记：在中外合作大学的发展过程中，面临的最大挑战是什么？

席：最大的挑战是目前中国社会制度的改革进程，教育发展的进程，法律

的规范。例如，虽然出台了《中外合作办学条例》，但中国尚没有大学组织法，对各类学校本身的定位和法律规范还不清晰，如自主权、税收管理等。例如，西浦是非营利机构，按理应享受非营利组织税收政策。但按目前的法律和财政政策解释，我们的运行就会遇到一些政策上的困惑。所以，我们期待法律、国家政策、各类制度在深化改革的过程中进一步规范、系统和便利。

此外，中国社会对教育的认识、选人用人的文化、僵化的人事制度等也对教育变革形成了无形的阻力。在这样的文化下，不少学校成为考证机构，大学的教育方法也永远把学生当孩子看，没有给予其应有的发展空间。

在我刚加盟西浦时，朋友就对我说，“席校长，您首先要改变中国的家长，才能改变中国的教育”。我们一直在努力。例如，为了改变学生学习英语的习惯和有效性，我们坚决放弃参加英语四六级考试，但这样一来，毕业生就业时在报考政府公务员或应聘国立体系企事业单位职位时就会遇到一些问题，即使他们的英语能力已经很强。

记：和一般大学不同，中外合作大学基本以学费收入为主，缺乏财政投入是不是学校的困境之一？

席：当然，资金永远是发展的必要条件，但不是充分条件。如果学校有了好的生存模式、治理架构和卓越的表现，相应的资金和多方支持也会随之而来。

就学校的政策支持而言，我认为，国家用纳税人的钱给予中国学生和留学生的补贴也应该将非营利性的中外合作大学纳入体系。现在一些中外合作大学已经从当地政府获得了一些类似的补贴，我们希望国家在下一步教育改革过程中，针对不同性质的学校，建立更科学规范的资源配置体系。西浦目前还没有享受这种给予学生的补贴，只能靠自身的发展和管理智慧去争取更多支持，建立自己可持续的财务模型。牛津的校长对我们的财务模型一直很感兴趣，我开玩笑地告诉他们：这是我们的秘密。

记：中外合作大学的学费普遍较高，外界多称其为“贵族学校”，对此您怎么看？

席：对西浦来说，这句话说对了一半。我们确实希望培养有“贵族”精神的人，如社会责任感、规则意识等。因考试制度和招生指标限制，西浦的录取成绩逐年提升，我们的学生既要学习好，也需要学生的家庭有一定的经济条件。

为了获得更好的职业发展，绝大多数西浦学生本科毕业后不满足于直接就业，而选择出国或留在西浦继续研究生学习。因为他们和他们的家长明白，要真正在未来社会立足，需要强大的国际视野和全球竞争力。

目前，西浦的学生学成后大多会回国就业，当然也有一部分会继续闯荡世界。例如，去年我们组织了一次长三角金融行业校友聚会，当时我们只有 4 届毕业生，令我吃惊的是居然来了四五十位校友，且几乎覆盖了长三角地区所有国内外著名的金融机构。

闯出来的一条“西浦之路”

（这篇文章是2013年5月《高校招生》杂志记者与席酉民教授的访谈录。）

一、独墅湖畔好读书

《高校招生》记者（以下简称“记”）：席校长您好，非常感谢您能接受我们的采访。我们知道，2006年西安交通大学与英国利物浦大学合作成立了西交利物浦大学。学校是在什么样的背景下建立的？当初又是出于怎样的考虑，而选择了到苏州办学？

席酉民（以下简称“席”）：西浦实际上是中国经济全球化和教育国际化大时代背景下的产物。为适应中国加入世贸组织和承诺开放教育市场的需要，2003年3月，中国政府颁布了《中外合作办学条例》。21世纪初，借这一机会，早有合作的两所大学的领导者共同意识到，创办一所联合大学将是两校实施教育全球化战略的一个重要组成部分，并基于条例和苏州市政府领导对到苏州办学的大力支持，探讨联合办本科教育的可行性以及在苏州合作办学的构想，最终成立了现在的西浦。

当初选择苏州也是一个契机，可以说是天时地利人和。首先，我觉得是这里需求旺盛。苏州位于长三角经济圈，经济高速发展。另外，苏州工业园区拥有上千家国际合作企业，这些企业对生产、研发等理工科专业人才需求较大，然而苏州本身缺乏具有理工特色的大学。因此，当西浦选址苏州时，得到了苏州市政府的大力支持。其次，苏州是中国传统的书香之地，苏州市政府对人才的重视及对教育的支持都吸引我们将学校建在此地。如果没有这样一种需求，也没有这样一个大的环境，学校是很难办起来的。

记：据我了解，席校长您之前曾担任西安交通大学副校长多年，从一座古城（西安）到了另一座古城（苏州），您觉得这两座同样古色古香的城市带给您哪些不一样的感受呢？

席：其实我很早就对西安与苏州两座城市做过比较。20 世纪 80—90 年代，我们在做经济社会发展战略研究的时候，研究西安这座城市时经常会选择与苏州作对比。因为二者都是古城，也都是旅游城市，都有着深厚的文化历史底蕴。不过由于二者所处的地理位置不同，我们又能看出它们的文化差异。就拿西安和苏州的地方戏曲来说，西安的秦腔粗憨狂放，至于苏州，有朋友告诉我，评弹和昆曲的差别是，描述女子上一个楼梯的心理过程，评弹要唱一天，昆曲要唱一周，从中足以体会到南方人的细腻和情调。除此之外，两个城市的人文风俗、自然环境也各有不同。

当时西安已经是中国的十大城市之一，而苏州还只是一个小城市。但是经过这几十年的发展，苏州可以说是突飞猛进，城市面积越来越大，市容越来越现代化，经济总量也跃居全国前列。

从发展进程来看，中国与新加坡合作建设的苏州工业园区推动了苏州发展的国际化，所以苏州更接近市场经济。优美的自然环境、充满生机的发展态势，苏州给人的感觉更加现代化。我常对国外友人讲，想看两三千年前的中国，一定要去西安；想看两三百年前的中国，一定要去北京；想看二三十年前的中国，一定要去深圳；想看两三年前的中国，一定要去上海；想看两三个月前的中国，一定要来苏州。这就说明了苏州现在变化的一种节奏感。所以我觉得苏州是朝气、向上的力量和宁静、自然之美的融合。苏州人有一句话叫“在独墅湖边读书；在金鸡湖边发展经济；在阳澄湖边养生”[①]，既有生活，又有

① 苏州工业园区内有三大湖泊，在当地方言中，独墅湖谐音“读书湖”，金鸡湖谐音“经济湖”，而阳澄湖则谐音“养生湖”，各自的功能可顾名思义。

学问，还有雄厚的经济支撑，这就是苏州的独特性。

二、做世界认可的中国大学和中国土地上的国际大学

记：作为一位管理学家，我看到您喜欢用“挑战与机遇并存”这样的表达。听说您曾有升迁晋职的机会，却毅然放弃，来到西浦做起了执行校长，这是不是就是您所说的“挑战与机遇”？能聊聊选择担任西浦执行校长的初衷吗？

席：其实升迁的机会并不是我来到西浦前才有的，之前也有很多。但是我个人的观点是，一个人应该有自己的理想和抱负，也就是你这辈子想要过什么样的生活，实现什么样的理想。如今这个社会可以给一个人提供实现各种各样理想的机会，比如升官有升官之道，发财有发财之门，想要实现自己的抱负也有很多路可以走。例如升官，它可能给你提供一个机会和平台去实现自我，但一定要明白这个“官”是否和你的理想一致，是否背离你的初衷。

我觉得自己应该算是一个有理想和抱负的人，虽然在如今这个社会谈理想与抱负似乎有点老套，但我还是想坚持实现自己的想法。当然，我们不能要求每个年轻人一踏入社会就有远大的理想，这些理想也是随着年龄的增长而逐渐清晰的。在这个过程中，我也做出过很多选择，早在十二三年前，我就有一次去某大学担任校长的机会，七八年前我又有一次担任更高级别职务的机会，但是都放弃了。因为我分析，要是去了，我可能做得不错，能够让那个地方有所改变，但是那个体系不能让我充分释放自己的能量，完成我想做的事情。直到再次有了担任西浦执行校长的机会，我觉得时机成熟了。一是因为西浦是一个国际化的平台，拥有国际的资源，将会成为国际的玩家。二是因为西浦是一个鲜活的新生命，没有旧体制的束缚，所有的规则都可以由我们自己来书写。虽然来这里担任执行校长没有级别，资源也有限，但它是一个机会、一个平台、一个资源整合的过程，这个过程可能会让我们在未来十年、二十年间，在中国的土地上形成一所独特的大学，而这所大学将有可能对中国的高等教育产生某些影响，甚至影响到中国的基础教育和世界的高等教育。因此，我希望西浦能

成为中国高等教育改革的“一只麻雀”，成为新时代高等教育的探索者。

记：贵校给我最大的震撼是没有围墙，这在国内其他高校很难见到。摆脱围墙是否也是贵校尊重个性、崇尚多元的一个侧面体现？

席：围墙是中国一个很大的特色，中国人习惯于保护自己，围墙可以给我们带来安全感。即使没有实体的围墙，心里也有一堵“墙”。这堵厚厚的墙在带来安全感的同时却实实在在地“孤立”了思想和发展空间。西浦不建围墙有多种原因。第一，当时规划西浦所在的这片高教区时就有一个理念——资源共享，所以没有围墙也是为了便于资源共享，“不在所有，而在所用”。另外，我们后来在扩建校园时，不仅不刻意去垒砌围墙，甚至连校门也不希望突出，这其实是西浦独特教育理念的体现。我们认为大学校园是一种多级生态：一是“自然生态”，应该很美、绿色、可持续发展，同时还有利于师生与社会的互动和交流。二是“知识生态”，学校作为一个学术群体，要让师生乐意走到一起分享知识、交流思想、探讨学术、相互启迪，所以校园里面不仅能放松、惬意地进行这些活动，而且应该有强大的网络和基础设施支撑这些活动。三是“社会生态”。大学是社会的一部分，社会也是大学的延伸。大学只是为社会提供一种持续学习的机制，是社会发展中的一个环节。因此我们希望大学能够走出去，社会能够走进来。当然，我们在实际操作中也遵循了这一原则。学校经常举办一些论坛，这些论坛会给大家提供一个很宽泛的话题，由社会不同领域的人来表达自己的观点。比如，以“水”为话题，化学界可以从水的分子结构等方面入手，环境学界可以从水污染方面入手，社会学界和工业界可以从节水、节能着眼……当各种观点碰撞之后，我们可能会对“水”产生一个新的概念，这样学生对于“水”就有了一个更高层次、多角度的认识。

然而，要是“关上”校门，就无法实现许多互动创新。因此我希望西浦不仅没有围墙和校门的限制，甚至没有国界的限制。我们要将科研、教育延伸到世界范围，享受世界的资源。

记：西浦本身是以中外合作办学为特色的，您刚才也提到了学校要“享受世界的资源”，所以报考西浦的学生就会有一个期望——享受一个与国外相似的学术严谨、思想自由、课余生活丰富的大学环境。西浦能否满足他们的愿望？

席：我曾经也做过这样一个比较，与国内传统大学相比，西浦的优势何在？首先，西浦是在本科一批次招生，学生进校门时具备与其他学校学生一样扎实的基础、一样的勤奋。其次，西浦的特点在于，把每个踏入校门的学生当作年轻的成人看待。当一个学生踏进大学，他就是独立的，他要有责任、要有抉择；要积极、要主动。西浦在最初的英语语言课上就要求学生每周有话题写作，每周有小组活动，每周有观点阐述和交流，再加上课外各种各样的俱乐部活动，可以使学生的独立思考能力和交流表达能力得到训练。经过一年的英语语言学习之后，大二采用全英文授课。这些都使得西浦的学生在语言能力、组织能力、主动学习探索能力等各方面都比其他大学的学生要强，并且我们的学生拥有更开阔的国际视野。这些过去我们认为仅是国外大学的优势，现在西浦也同样具备。

记：那与国外学生相比，西浦学生的优势何在呢？

席：和国外大学的学生相比，我们的学生也有自己的优势。除了前面提到的独立学习能力和英语语言能力外，西浦的学生还拥有中国学生扎实的基础与勤奋好学的精神。这样看来，前两者我们不比国外学生弱，后两者又强于国外学生。因此，无论是和国内学生竞争，还是和国外学生竞争，我们的学生都有一种相对优势。并且，西浦每年申请进入世界著名大学继续深造的学生很多，在未来的十年、二十年间，西浦及其学生将会拥有来自世界名校和各地的庞大校友资源。

三、“名牌”的价值就是“一次机会，三个月时间”

记：看得出来，西浦确实在某些方面强于国内其他大学。那么您觉得，社会公认的“名牌大学”毕业生和贵校毕业生的发展潜力孰强孰弱？

席：我常开玩笑地问：“名牌”是什么？其实“名牌”在现代社会中越来

越不值钱了，它可以作为你进入某一领域的“敲门砖”，也可以给你三个月时间证明自己，然而三个月之后，如果你无法证明自己的能力，也只能离开。所以说，“名牌”的价值就是“一次机会，三个月时间”。而在西浦，你可能收获终身的机会和能力。所以说，想选择响亮的“牌子”就去那些名牌大学，毕竟西浦在短期内的“牌子”确实比不上国内老牌名校。但是要想选择孩子一生的成长，就可以来西浦。因为我们努力将一般的孩子培养成一名健康成长、独立思考、具备国际视野和竞争力的不一般的“世界公民”。

四、“五星育人模式”，打造院校特色

记：西浦近几年都采取大类招生，并且入校后的一些培养方式也与国内其他大学有所不同，这些好像不单纯是学习国外大学的模式。听说学校有个很有特色的“五星育人模式”，这个模式对中英两所母体学校的优势有哪些借鉴，您能简单介绍一下吗?

席：大类招生并不是单纯学习国外大学的模式，其实国内现在也有很多高校采取大类招生的模式，但是国内高校大类招生的弊端在于，学生完成了大学第一年甚至前两年的通识教育后转专业难度大，而西浦的大类招生模式可以让学生自由地选择专业。在西浦，大学一年级的课程大致相同，多是一些基础课程，学生可通过这一年的时间了解每一个专业，寻找自己的兴趣所在。入学之初和一年级末，学校都为学生组织详细的专业介绍，再由学生自行选择，以利学生在自己心仪的专业学习。

至于“五星育人模式”，则是西浦经过探索形成的独特的育人模式。我们把学生当做年轻的成年人，强调自主学习、团队合作，培养学生的健全人格，让他们能够“成功学习，快乐生活”，这些都是五星育人模式的核心理念。

根据国际化、现代化社会发展的实际需要，我们认为具有国际视野和竞争力的国际化人才应该具有素养体系、能力体系、知识体系。素养体系包括以“幸福生活，成功事业”为核心思想，以“创新和贡献”为核心价值观，以

“提高人类生存能力”为核心目标，以“和而不同”为核心伦理原则，以“全球视野与练达”为核心世界观；能力体系包括参与国际竞争的能力，扎实的整合与运用知识的能力，主动的态度和坚实的执行力，积极探索与创新精神及终身学习的能力，互动合作的精神与行为能力；知识体系包括：哲学与智慧，实务与经验，艺术与技巧，科学与知识，技术与工具。为了帮助学生构筑这三个体系，西浦又把东西方教育模式进行整合，形成了包括五个方面的综合教育策略和由五个子系统构成的支撑系统，因其由五角星示意表达，所以被概括为“五星育人模式”。

五、独特的教育模式远比“两个学位”重要

记：贵校是唯一一所同时授予中英两国学位的中外合作大学。要获得这样的学位，学生在学业方面有什么特殊要求，会不会比国内其他高校的课业更重呢？

席：因为我们要满足两个学位的要求，所以要将这两个体系尽可能地融合起来，借助我们独特的教育理念和学习方式让学习永无止境。学生需要去主动学习，完成一门课程仅是打好了基础，课堂之外还需要自己去掌握更多的东西。因此，西浦的学生本科四年会非常辛苦，这种辛苦并不是来源于学校课程设置过重，实际上我们的课堂时间比国内其他大学少三分之一。我们认为课堂上只是引导和帮助学生如何去学习，学生真正的学习时间在课堂外。学校为学生提供一个学习的场所、一群授业解惑的良师、一个研究创新的氛围、各类教育研究资源，而学生要充分利用这些资源去主动求学。

应该说，西浦的学生在每一年都有不同的挑战，大一时要面对成长和学习行为的转换，还要理解自我，确定选什么专业。大二时英语水准和学习方式面临挑战，因为在经过第一学年的英语听、说、读、写训练之后，所有课程都使用全英文授课，尤其是专业课程中的各类英语专业词汇以前也许根本没遇到过，另外老师的教学进程也非常快，学生还需要去适应这种引导式的授课方

式。大三时则纠结于要不要继续研究生学习和出国留学。大四时，与国内其他大学的很多同学一样忙于申请研究生和找工作，但不同的是西浦大四的课程安排得很多，还要做毕业论文。我曾经告诉我们的学生，如果大四才开始准备找工作，那就有点晚了。实际上西浦在学期间有各种各样的实习、社会实践和活动等，优秀的学生应该已在这些过程中让别人看到了他们的潜能，靠自己的为人和能力赢得了那些用人单位的青睐，很多人在没毕业时就已被圈定。比如西浦为大三、大四学生配备校外导师，这些导师多由社会成功人士担任。在学生与校外导师学习、互动时，有很多导师就直接给学生发了一份口头录取函，学生往往还没有毕业就已经被很多单位“号”下了。这才是一个学生应该展现的，他要用他在大学以及之前已经训练好的素质与能力去征服别人。

记：西浦授予的中英两国学位证在学生求职时的含金量有多高?

席：我刚才也提到了，所谓的“名牌证书”只是一次机会，三个月时间。西浦现在颁发两国学位证其实是为了适应国内学生、家长与社会的需求，这只是一个符号。学校希望向社会展示的是在西浦这种独特的教学模式下毕业生在世界上的优秀表现。这种重国际视野、重视素养、重视能力、重视知识的整合和运用的教育体系远比“两个学位”重要。由于要颁发两国学位，所以学校必须满足两个体系的标准，很多人即使不了解学校本身，也觉得融合两种体系的学校必定有它的长处，这就是“两国学位”最初的价值。而其真正的价值是我们在整合世界最优教育体系的情况下所培养出的与众不同的人才。

记：学校已有数届毕业生，学生申请到国外名校继续深造的比例远高于国内其他高校，原因何在?

席：申请成功比例高的原因有两个：其一，学生都愿意去申请，他们希望走出去接受更高层次的教育，所以申请基数大。其二，我校教育模式培养出的学生在申请留学方面障碍不大。学生在毕业时所具备的知识基础、语言能力等都得到了很多国际名校的认可。可以说再过四五年，西浦在国际上的影响可能会比国内还大，因为很多世界名校中都会有众多来自西浦的毕业生以其优异的表现展示着西浦的风采。比如，近年来西浦每年都有 60～100 名学生进入英国帝国理工大学学习，也有数十名学生进入剑桥大学、牛津大学。学生自己的勤奋，再加上在西浦训练获得的自信、语言水平、能力和国际视野，这些因素融合在一起，就增强了他们申请国外大学时的整体实力。

六、不去迎合观众，而去赢得关注

记：回首西浦这些年走过的探索之路，作为执行校长，您最大的感受是什么？

席：我最大的感受是：处在变动的中国文化环境下，即使大家都认为有这样那样的不合理、不可改变的地方，我们依然可以按照自己的理想去做，去改变。

简单来讲，比如说建校伊始，很多人都在观望，前两届学生选择西浦的时候，大部分是赌一把，是没有办法才来报考的。但是我们很庆幸地看到，现在很多学生、家长不管考多少分就认定西浦了，因为这个学校不仅仅是给学生两个文凭，更重要的是为孩子的健康成长打下了好的基础，这个基础体现在素质、知识、能力、视野等方面。同时，我们很荣幸地看到，很多面向全球招聘的外籍老师，三年过去，即使不再享受减税优惠，他们依然愿意留下，因为他们认为西浦是在进行一个积极的尝试，进行一种有价值的探索。

社会的肯定、家长的肯定、学生的肯定、我们队伍的肯定、世界同行的肯定，让我们备受鼓舞。如果说最初的西浦是“摸着石头过河”，闯出了这条“西浦之路”，那么这几年的发展给了我们更大的信心，即使我们遇到各种各样的社会、文化和环境的困难，但只要你下决心去做，照样可以做一个不错的东西出来。我们不需要去迎合各方观众，只需要用实力去赢得关注。这也是我们希望传递给学生的：只要进入这个学校，你就会喜欢她；你喜欢她就可能成就你，甚至成就你的一生。

西浦不止于回归大学本质

（如何评价西浦的发展历程？如何应对日益激烈的挑战与竞争？如何汲取可持续发展的源泉与动力？如何看待大学教育的终极意义？如何定义西浦特色的教育理想？为了找到答案，华禹教育网记者于2012年4月专访了西浦大学执行校长席酉民教授。）

一、大学真正的发展，不是简单地看师生数量、校园设施

华禹教育网记者（以下简称“记”）：西浦的一系列成果和进步让人充满期待：校园建设快速发展，教师队伍逐步壮大，一系列高水平的科研成果纷纷涌现。越来越多的家长和学生关注西浦，选择西浦。您如何评价西浦过去的发展？

席酉民（以下简称“席”）：一所大学在短短数年的时间内能够体制健全、初具规模，其学生在全球范围内广受认可，这让西方朋友和同行觉得不可思议，他们觉得这是一个奇迹。国内家长和关注我们的各界友人，也都认为西浦取得了快速的发展。但是从办学者的角度来看，我们依然觉得这样的发展还不够快。

一所大学真正的发展，不是简单地看师生数量、校园设施，更重要的是要看它有没有形成一套完整的关于未来发展的构思，它的组织架构体系是否已经建立，学生学习、教学和研究活动是否已经规范，毕业生和在校生是否有上佳

表现，办学和育人模式是否已经形成，独特的大学校园文化是否已具雏形且符合大学未来发展的趋势，教学和研究成果是否纷纷涌现且得到广泛认可。就西浦而言，我们已经基本形成了清晰的发展愿景和使命、明晰的发展理念和模式、比较系统的“五星育人模式”、规范有效的治理结构、独特创新的网络化组织架构、国际一流的教师和支撑团队、现代和先进的校园及设施、多元和谐和国际化的校园文化，师生及其教学科研成果不断涌现且受到国内外广泛赞誉。

在过去的几年中，西浦不仅收获了令人瞩目的开局，而且为进一步更深入、更扎实地扩大和发展奠定了良好的基础。

记：西浦未来的战略重点和发展规划是什么？

席：西浦总体上会延续已经形成的发展模式和指导思想，比如我们的愿景在未来几十年之内可能都不会有太大的变化。但在工作重点和发展规模上显然会在一个更高的台阶上起步，例如，在一两年内完成校区建设；加强研究生教育；加大与政府和其他国内外机构的合作，建设若干国际一流研究中心；进一步深化师生员工对“五星育人模式”的理解，用大家发自内心的行动使之生根开花；持续提高留学生和交流生比重，不断强化校园国际化和学术社区氛围；等等。

数年后，人们将会欣喜地发现，一所受世人尊敬和认可、对中国甚至世界高等教育有重要影响的新型国际大学屹立于苏州这块风水宝地，届时，13 000多名来自世界各地的学生在这里学习和寻梦，2 000多名研究生与其导师一起在这里挑战科学难题，近1 000位世界级科学家在这里开展研究和传道授业解惑，400多名支撑人员在这里打造一个独特的大学运营平台和支撑体系，数十个新兴专业和十多个世界级研究中心在这里助推教育、科学事业以及经济社会的蓬勃发展，一座既带有苏州园林特色又呈现异国风情的现代校园已经全部建成，一个充满国际化氛围的联结社会、企业和研究机构的科学社区在这里形成，一个创新、多元、开放的学术共同体在这里开花结果。

二、“让大学回归大学”只讲了一半

记：数字化、网络化时代的到来让人们开始重新思考教育的本质和大学的意义。在您的眼中，大学教育的终极意义和目的是什么？

席：在国际化、全球化的和网络化的背景下，人们的生活方式、学习方式和社会活动方式发生了很大的变化。大学的主要使命是培养人，是研究和引领社会文化。如何在新环境下完成这种使命，是每所大学都需要思考的。

关于这个问题，我们首先要分析：21 世纪或者未来社会需要什么样的人才？21 世纪社会活动最主要的问题是什么？什么样的人才能够适应这样的社会生活？只有把这些问题搞清楚了，我们才知道大学应该怎么做。

社会呼吁“让大学回归大学”，我认为这只讲了一半。“让大学回归大学”，在批评现有大学浮躁的同时，并没有说清楚未来的大学是什么，要成为什么样的大学。

西浦诞生于这个需要重新思考和定义大学的新时代，其生存和发展必然伴随着对大学精神的新探索。与其他大学相比，西浦缺少历史积淀，但这也正是我们的优势。在重新定义大学的转型时期，西浦完全可以在继承和整合全球高等教育模式及其最优管理实践的基础上，用一张白纸探索和描绘 21 世纪大学之蓝图。

西浦提出要把一般的学生（就高考成绩而言）培养成不一般的“世界公民”。为什么要培养“世界公民”？原因在于，即使在中国的土地上，我们的学生参与或者成就自己的事业也必须具有国际视野，必须参与国际竞争。而要成为“世界公民”，必须具有国际视野和公民意识，对社会负责任、对社会有担当。“不一般”强调的是希望通过西浦的培养，我们的学子在国际竞争中表现不俗。这些年来，西浦的毕业生和在校师生已逐步展现了他们“不一般”的精彩。

那么，怎样培养这样的人才？我们必须整合全球的资源。一所大学除了先进的教育理念和教育模式，还必须有一套创新的、能够整合全球教育资源的管理支撑系统和网络体系，让全球资源汇集在一起来训练学生，让学生有机会通过我们搭建的网络参与全球的活动。这是新型大学必须具备的。

除了育人理念、全球的资源网络以外，新型大学更要强调怎样融合到社会中去。人类正面临很多挑战：资源的挑战、环境的挑战、知识的挑战、国际上多元文化的冲突和挑战，在这样的情况下，一所新的大学怎样塑造一种文化，并使得这种文化适应和应对这些挑战，这也是我们在努力的。

所以，我认为要从五个方面看 21 世纪的大学：未来世界需要大学培养什么样的人，未来大学的育人哲学和理念是什么，怎么样的大学形态和育人模式才能培养这样的人，什么样的大学文化和生态能够孕育这样的校园生活。当然，同时也要建构能够支持这些活动的大学校园和组织管理及支撑体系。

三、大学最重要的是让学生转变

记：西浦的育人目标就是把学生培养成能够参与全球竞争的“世界公民”。具体地讲，西浦将通过什么样的方式，把学生培养成这样的“世界公民”呢？

席：让一个学生从长期被父母呵护、长期习惯了应试教育体系的孩子转变为具有国际视野和公民意识的“世界公民”，这个过程是非常漫长和艰苦的。

从西浦的角度来讲，我们觉得大学最重要的是让学生转变。学生的转变包括很多方面，比如世界观、视野、行为方式、学习方式等。中国的学生很勤奋，他们承受了高考前十多年来自家长和各方面的社会压力，积累了比较好的基础。如何让中国的学生把这些良好的基础和他们的勤奋等放大，是西浦最需要做的事情之一。

我们的具体做法是：第一，从入学的那天起，就让学生和家长改变对学生的看法，学生不再是孩子。西方大学视学生为成人，你想怎么做就怎么做，你完全有权决策。中国的大学，大部分把学生当成孩子，看着他、管着他，不松手，不给他们空间。

西浦把学生看成年轻的成人。所谓年轻的成人，是指你必须以成人的身份出现，但同时你可能因为长期被呵护，没有成熟，所以需要一定的帮助、指导或服务，学校会提供这样的指导与服务。我们让学生从入学的那一天开始就意识到，他们已经是成人，应该有独立的责任、独立的决策。这是第一步，也是非常重要的一步。

第二步，要让学生成为独立的成人，肩负责任，这不是简单的一句话，而是要靠校园文化的熏陶。例如，围绕这样的育人理念，我们实施的是学生自治、学校引导和服务的学生工作体系。就学生个人而言，鼓励学生遇到任何事情先学会自己处理，当遇到困难和问题的时候，自己设法去解决——去研究怎么获得学校资源，怎样解决问题，而不是习惯于“饭来张口，衣来伸手”。我经常讲“让家长朝后退一步，让学生自己向前走一步”，就像一个孩子跌倒了，不是马上跑过去把他扶起来，而是鼓励他自己爬起来。如果他的问题确实比较严重，我们再伸出帮助的手。

与此同时，我们还建立了相应的指导和帮助体系，比如导师制。每一个学生有学科导师，有学友计划，高年级的时候我们邀请社会成功人士做学生的校外导师；另外，为了加快这种转变，我们还专门成立了一年级教育委员会，综合协调各类活动，帮助学生实现这种人生最重要的转变。

为什么我们认为一年级教育非常重要？因为我们发现，大部分中国的孩子要到大三大四的时候才明白大学生活应该怎么过。这个时候对他们来讲，可能已经晚了。西浦试图让学生把三年级的顿悟提前到一年级，以拥有更有效和更丰富多彩的校园生活，把潜能释放出来。一年级教育委员会就是通过协调文化教育、基础课教育、英语教育、校园活动等，帮助学生树立成人和责任意识，改变认识、价值观、态度、行为方式等，掌握有利于终身学习的知识、经验、技术和资源网络。入学以后尽快转变为拥有独立人格和必要技能的成人，用对自己、对社会负责的态度去学习、生活，这些必要的行为态度和技能将有助于在未来几年甚至整个人生中释放他们的能量和潜力，帮助他们茁壮成长和长期健康发展。为此，我们还专门增设了一门必修课程——“自我管理和个性发展”。

实际上，为了帮助学生形成健康正确的学习和生活行为，我们在在整个学习阶段还贯穿了很多做法，比如上课的时候，我们鼓励学生改“被动学习”、“应试学习”为“主动学习”。我们通过项目、团队活动、实地调查等方式培养学生的团队意识和合作精神，鼓励大家学会表达和与别人沟通，组织大家通过过程考察、案例教学和项目或研究课题进行研究型学习。为此，老师可能会向学生提出很多开放式的问题，通过研究型教学，帮助学生学会研究型学习或探索性学习，让他们不仅获得知识，而且将传统大学里灌输的那些知识碎片针对问题或现象进行整合，进而去解决问题或解释现象。在这一过程中，学生就学会了学习和研究。

所以，学生在这里不仅能够学到怎样从孩子转变为成人，而且能学到一个有责任、有视野、有境界的成人应该具备的东西。这些训练和熏陶是全方位的，它体现在我们的学生活动中，体现在学习、教研以及师生的互动中，体现在学校的管理过程中，体现在学校的国际化和多元、规则、创新、自由、诚信的文化中，甚至体现在学校的环境中（包括物理环境、开放式教学环境）。

四、选择西浦，就选择了快速从孩子转变为有境界、有视野、有能力的人

记： 那么，学生在主动学习和自我成长的过程中，在西浦是不是会比在传统大学更辛苦一些，或者说更痛苦一些？

席： 应该讲，学生选择了西浦，就选择了快速地从一个孩子转变成为一个有境界、有视野、有能力的人。这个转变是让自己有了一个很高的定位、很大的梦想或者理想。要实现理想，痛苦是不可避免的。

在西浦，学生每年都有不同的纠结和痛苦。第一年，学生要面临怎么样从孩子转变为成人的问题。很多同学告诉我，他们的同学在别的大学还在重复高四、高五的生活，而他们在西浦必须以一个独立的有责任的成人的方式开始真正的大学生活，不仅要改变学习习惯，还要学会独立，学会负责任，要考虑过

去由别人做的事情自己该怎么去做。对几乎所有的学生来说，这都是他们人生的一个重大挑战。

经过一年级的成长和转变，虽然不断自立和成熟，但二年级迎接他们的是能力和学习方式上的更大纠结和挑战。简单用英文阅读是一回事，用英文听课、交流、做研究是另一回事。特别是在缺乏专业英文术语和词汇的情况下，要迅速从习惯的“听、记、考”的被动学习转向主动性和探索性学习，许多学生面临巨大的压力。西浦的教学和传统大学的教学不一样，传统大学可能一堂课只教一个知识点，老师讲得很具体，很细。西浦的教学环节大致由大课教学、小课辅导、项目研练或团队合作、导师指导和个人自学相结合等组成。大课一次会讲授一个完整的知识体系或者其重要的构成部分，一节课可能就是一章、两章的内容，涉及的教材和参考资料有好几十页，还要用英文写论文，做项目和报告。对二年级的学生来说，他们会碰到很多陌生的词汇，甚至老师说英文还带有浓厚的地方口音，如果课前不好好预习，课堂上可能完全听不懂，就算愿意认真预习或课后复习，一页书可能要看一小时、两小时，课后还有很多团队合作、项目需要去做，他们遇到的挑战可想而知，以致很多学生抱怨在西浦比高三还要累。但是这两种累是不一样的，高中是应试，在西浦是你必须学会学习，自己去学习，不努力可能就跟不上。所以才会出现把帐篷搭在自习室里的西浦“帐篷哥”。

艰苦的二年级尚未结束，还要确定是留在西浦继续完成学业，还是选择2+2去利物浦大学或其他大学交流，随之开启了三年级的纠结。学生们开始考虑人生规划了，选择将来继续深造读研究生，还是毕业后直接就业。这也是人生的一个考验，必须学会独立决策，必须去比较各种可能性。没有选择不痛苦，有选择就会有痛苦。不仅仅是他们痛苦，甚至家人都跟着一起痛苦。

第四年，更痛苦了。很多传统大学第四年学生基本“放羊”，让学生们去找工作。但西浦不仅有毕业设计，还有很多专业课安排在大四。有的大四学生问我：“席校长，能不能把实验室的开至晚 12 点甚至改成 24 小时开放?”因为他们要完成毕业设计。无论考研还是就业，大四的西浦学生都不轻松，一方面有学业上的巨大压力，另一方面又有重大的人生抉择和准备。

大家可能会问：在西浦念书，每年都需要这么大的转变，要有这么大的困难和挑战去应对，如此辛苦，是不是有意义？

我认为这种辛苦恰恰体现了一个人的成长体验，外人看来是辛苦，本人感觉到的可能是历练、进步、提升，乐在其中。成长就是在一个个的挑战中成熟起来的过程；人的能力就是在一个个问题解决过程中得到训练和提升的；人就是在一系列的选择和困惑中成熟的。所以，西浦会通过四年艰苦的学习和训练，让一般的学生在毕业以后变成不一般的人，让他们能够赢得世界知名大学，特别是全球排名前十的大学的青睐，获得素来选人严苛的世界 500 强企业等组织的认可。

一些欧洲名校特别规定，除西浦和国内 985 大学的学生外，不受理其他中国大学的学生申请。有学生很自豪地告诉我，他们看到了一些欧洲名校有关表格对中国大学的排序：北大、清华、中科大、西浦和其他。我们的学生通过在西浦的四年学习，他们不一般的表现让这些世界名校认为他们的母校应该被关注。

当然这仅仅是西浦的开始，当西浦有十届毕业生的时候，它可能让世界感到惊奇：这个学校是如何把一般的孩子变成具有参与世界竞争能力和公民意识的生力军的？这里面有很多东西，再过十年大家会来总结的。

五、教育就是要释放人的潜能和创造性

记：很多学生在西浦从优秀走向了卓越，很多人在接触过西浦的学生之后，会觉得西浦的学生确实不一样，西浦校园里也出现过类似“诚信哥”、“犀利鸟”等各色各样甚至有些“出格”的学生形象。也有学生通过微博或者邮件向您提出挑战。很多人担心，西浦的学生太难管了，这样的学生以后走向社会可能会和社会既定的规则发生冲突。您怎么看这个问题？

席：这个问题是在传统观念下提出来的。首先，学生已经从孩子转变为成

人，他们有极强的自我管理能力，为什么还要管呢？

在接待一位国内著名大学的副校长时，我发现他很难理解为什么西浦有那么多学生，但学校并没有像传统大学那样设置很多的辅导员、班主任。他询问我西浦是怎么管学生的。

我告诉他，西浦实行的是学生自治、学校引导和服务的体系，他很难理解。其实，尽管学生在心理年龄上还不够成熟，但作为生理年龄上的成人，他们应该尽快学会承担相应的责任和具备相关的能力。学校只要通过各种途径让学生理解自己的定位、目标、前进的方向和正确的行为规范，他们自己会去管理自己，为什么要学校来管？

当然，学生在选择方向并朝这个方向努力的时候，一定会遇到很多挫折和困难，这个时候我们要做的事情是引导他们、帮助他们，在他们遇到难处的时候伸把手。为此，除了各类导师之外，学校还设立了学生一站式服务中心，有很多渠道供学生与老师和学校沟通。每一个人都会释放其聪明才智，释放出隐藏在内心深处或者被我们的传统教育体系和家长压抑了很久而无法释放出来的自我成熟感。

学生在大人们眼中永远是孩子，他们好像永远需要人照顾，其实不然。是我们控制了他们能量的释放，控制了他们能力的发挥。西浦可以让学生的天性得以解放，让学生的潜在能量释放出来。西浦之所以会出现一系列个性化的人物，如“帐篷哥”、“犀利鸟”、“诚信哥”等，实际上正是因为西浦的人文环境助推了这些人之天性的释放。

我们为什么要把每一个个个性鲜明、有不同追求的人塑造成相同的人？世界是多样的，人也是多样的，西浦在制造一个平台，一个服务体系和引导体系，让人的天性、让人追求自由的精神能够得到充分的释放和展示。

如果一个人在法律允许的范围之内能够设计出创新和意义独特的东西，产生更多全新的技术和想法，对很多社会问题提供不同的解决方案，那她/他对社会的贡献会更大。这恰恰是教育要鼓励的。

中国人很纠结，嘴上常说“三百六十行，行行出状元”，但由于社会习惯和一些制度体系让成功的概念趋同化。大家都走一条路，千军万马跑一条道，这怎么能适应未来世界的竞争？西浦认识到教育就是要释放人的潜能和创造性，提升人类的生存能力，于是创造了一种开放的文化、和谐的环境和友好的辅助指导体系，让学生们的能量和聪明才智尽可能地得到释放，所以才出现了那么多不同的、有特色的、让人感觉到稀奇的故事。

西浦的教职员工也是独特的。比如，我们有“老外劳模”，有跪在地上回答学生问题的“最敬业的老师”；我们有“贴心的保安”，自己拿钱去买气筒、扳手给师生自行车打气、免费修自行车；我们有在校园开诚信商店的“诚信哥”学生；我们有“慈善商店”、环保组织、各类公益社团，等等。我们的校园文化塑造了这些东西，我很高兴在西浦的这样一种氛围里看到善良人性的回归。我们久违了的一些美好的品质在这里慢慢涌现出来，这是大学文化所追求的东西。

我特别强调职业精神。老师跪在地上，是为了更好地教学，他觉得这是一件再自然不过的事情：学生坐得比较低，站着很难回答，跪在地上既舒服也便于交流；学生把帐篷搭在自习室里，是为了更好地学习。因为他中午可能不回宿舍，晚上可能学习到很晚，困的时候休息一下，并没有违反校纪校规。通俗地说，“做什么像什么”就是一种朴素的职业精神，只不过在浮躁的社会，这些本应自然流露和展现的精神与行为变成了稀罕物。西浦的文化在诱发其慢慢回归，并以此感染我们的学生，熏陶其职业精神，增强其公民意识。

当我们营造了文化、搭建了平台，人们的创新精神和多样的天性自然会得以释放。这时很多人会关注另一个问题：西浦的学生能不能适应社会？实际上这又是我们从惯性的角度看待社会的一个局限。

这个社会的各种弊病之所以受到来自不同层面、不同角度、不同国家的人的批评，恰恰说明人们有极强的愿望去做出改变，有极强的让我们的生活更丰富多彩、让我们的社会更加纯洁、让我们的生活品质更美好的渴求。西浦试图培养的就是这样的人，他们要有理想去促进改革，可以引导社会中的隐藏力量去释放——虽然他们不可避免地在一开始会遇到一些挑战，遇到传统和习惯的障碍。

我们培养的学生要有正义感，要有推动社会进步的责任感和公民意识。但同时，也不只是有意识、有想法，还要有团队合作和调动社会资源的能力。当遇到障碍的时候，他们应该知道用什么办法去克服。即使遇到的阻力暂时超越了他们拥有的资源和当下的能力，他们也会进行自我保护，学会运用策略迂回地解决问题。

所以我坚信，西浦的学生，在他们的个性、理想、正义感遭遇一些落后的观念或者习惯，甚至一些不符合时代发展潮流的制度和政策体系的时候，不会在这些问题面前退却。因为我们训练的不仅仅是他们的正义感、责任感，还有能力、智慧和策略。

六、西浦不仅仅要在中国办一所国际化大学

记：我们希望西浦的师生能够在社会的大舞台上持续绽放光彩，希望能够在西浦的校园里看到一些更美好、更新奇的事情。我们发现，西浦陆续引进了一些世界级的学者，开启了很多重要的科研项目。西浦一直在强调自己的研究导向，为什么？大学未来如何确保这样的一个研究导向继续向更深广的一个层次上推进？

席：为什么西浦要坚持研究导向？为什么西浦要引进世界一流人才？这跟西浦的办学愿景和使命有关。

西浦不仅仅想在中国办一所国际化大学，我们的目标是通过整合全球资源，探索未来大学该怎么办，闯出一条影响中国教育改革甚至世界高等教育发展的路，这是我们有点狂妄的野心或使命。

什么样的大学才能不辱这样的历史使命？它一定是一所高水平的、有国际竞争力的大学。这也正是西浦的定位："中国土地上的国际大学"和"世界认可的中国大学"，这个愿景和定位注定了西浦要具有高水平。

高水平至少体现在两个方面。首先体现在教育的高水平，培养出来的学生

能够适应未来竞争——不仅仅是在中国竞争，而且是在全球竞争。要参与全球竞争，必须从全球引进最好的教师资源来参与这样的教育探索和教学过程，这就是我们要引进高水平老师的原因。但高水平的老师如果不做研究，可能会脱离社会主流的科学领悟和科学前沿，这样的老师也不可能培养出能够在主流学科领域奋斗的一流学生。仅从教育质量本身来讲，我们需要高级人才，而高级人才需要高水平的研究。

同时，大学本身是创造知识、发明创新的地方，大学不仅要引领科学潮流，而且要用它的科研成本去造福社会。所以为了教育要研究，为了社会的美好未来、大学的责任也要研究。这就是为什么西浦要求老师必须是世界级的老师，要求老师在进行高水平教育探索的同时也必须从事高水平的研究。

记：您曾经说过西浦是不可复制的，现在是否还坚持这种判断？如何理解西浦的不可复制性？

席：有人可能误解了我所说的西浦的不可复制性。西浦的探索是为了影响高等教育改革和世界未来高等教育的发展，所以其他大学可以从西浦的很多探索中获取经验或者做法、甚至是教训。西浦在办学思想、办学理念、育人模式、教学方法、教学技术、学校活动、学生管理、大学文化、组织体系、管理技术等方面都可作为一面镜子，供其他大学参考、效仿、学习，甚或批判。

我所说的“不可复制”，意思是西浦在诞生之路上有很多随机因素，例如西浦是中外合作的理工科大学，这一点很难复制。大多数合作大学的目的是挣钱，办一所研究导向型的理工科大学是没有利润可图的。我们刚好有两个合作母体学校，不想通过办学获得利润，而是希望在高等教育的新模式上进行探索，这种情况出现的概率很小。同时，西浦坐落于重视和支持教育的苏州，其重视教育的历史和文化、位于长三角经济发展战略区域的地理优势、苏州工业园区有大量国际合作企业可以为大学提供纵深发展腹地等独特条件是较难寻觅的。

另外，办一所学校要有明确的定位、良好的治理结构、优秀的管理团队、很好的生态环境。苏州的需求，中国教育和世界高教发展的挑战，两所合作母校的个性，西浦独特的定位和模式等，使得西浦在时间、地点、模式、管理上都有了偶然性，从这一点来讲，它很难复制。

西浦发展过程中的很多偶然因素导致了它今天的定位和模式，如果想以盈利或者不明晰的定位办成这样的大学，是很难做到的。我想我的观点经得起时间的考验。

我认为，即使再过五年十年，中国的很多中外合作大学也很难走到这一步。目前，我接触到的很多学校和项目都存在潜在风险，比如说大学的定位问题、治理结构问题、管理问题、资源和办学定位的配合问题等，甚至很多大学的办学动机都有潜在问题。

以上是我说这句话的背景，希望大家不要误解西浦的不可复制性，不是教学的探索、教育的探索、大学的探索不可复制，而是这个过程中的很多因素不可复制。

七、可持续性已经不是西浦目前关注的主要问题

记： 我们看到现在中外合作大学暗潮涌动，有人说中外合作大学的竞争在未来若干年里会越来越激烈。有人说中外合作大学是体制外大学，作为体制外的中外合作大学、特别是西浦，如何在资源获取等方面保证大学的持续发展？

席： 中国的大学和企业一样，也是多元互补的，有国有、民营、国际合作等类型。中外合作大学有它的优点，比如社会普遍批评和不满的很多高等教育制约因素，它们面临的要少一点。但是，它们同时也有弱点，例如不像国立大学那样能够拿到政府给予的很多补贴，特别是政府近些年来对教育的大力度支持，如生均教育拨款从过去的几千块迅速升到上万块，研究生补贴也从几千块到几万块。国立大学从政府拿到了更多纳税人的钱，让它们的办学条件更优越。

作为中外合作大学，西浦目前还无法拿到政府给予教育的支持——我们希望未来可以拿到。由此，西浦的理工科和研究导向的定位，必然引发对其可持

续发展的担心，这是很多家长、也是社会各界普遍关注的一个问题。

我可以坦率地讲，在我们规划未来的五到十年发展的时候，可持续性已经不是我们关注的主要问题，尽管教育的资源永远是不够的，但是已有的资源和各方面的支持足以让我们实现既定的战略和愿景目标。

我们希望能够办成一所百年老校。我一直在讲，在社会组织中有两类是寿命很长的，一类是宗教，一类就是大学。大学很少有破产的——当然，如果不规范地去办，一些大学应该破产。

西浦怎样成为一所百年大学？从体制上，我们有合法的地位和规范的治理结构；从办学方向讲，我们必须确立其可持续发展的定位，构建足以支持长期发展的机制。中国教育改革的道路是艰难和漫长的，我们极不愿看到这样的事实，但现实却赋予了西浦生存的空间和更重的责任。西浦能够在中国土地上整合全球教育资源和最优实践，按照世界标准和未来趋势创建一所全新模式的大学，不仅可以拓展其生存空间，而且会扮演好"羊群中的狼"以及"改革的麻雀"这样重要的角色；从物理空间上讲，西浦南北校园可容纳 1.3 万～1.5 万名学生，达到我们规划之规模。

教育定位没问题，物理环境有保证，大家可能还关心我们的师资队伍。成为世界一流大学，一定要有世界一流的师资。

到目前为止，西浦已经有来自世界近 50 个国家的 800 多名教职工加盟。大家可能感到疑惑，国内不少大学在国外招人很难，为什么会有这么多国际学者关注西浦？而且西浦的申请者不只是留学归国人员，大部分是国外大学和研究机构学科领域的教师或专家。是什么东西在吸引着他们？

在面试的时候，我曾问过类似的问题，他们选择西浦的基本理由是：(1) 蓬勃发展和具有潜力的中国；(2) 西浦独特的定位和令人惊奇的快速发展；(3) 在其积累基础上开创新事业的空间和挑战；(4) 在西浦平台上践行他们新想法的冲动和激情；(5) 苏州的环境及其地处长三角的独特地理位置。

当然，很多人更关心西浦财务上的可持续性。坦率地讲，在可预期的时间内，西浦在财务上是没有问题的。但要谋求百年发展，我们不能满足于短期无风险，必须形成机制来保证大学的长期可持续发展。为此，我们正在打造西浦的“五根支柱”财务支撑体系：第一，学费。第二，研究经费。我们的老师逐步从国内外获得科研基金，如国家自然科学基金，国家863项目，与企业界、政府、研究机构的合作课题等。尽管目前很多国家基金或项目外国人是很难申请的，但我很高兴地看到，西浦的老师陆续逐步入围。第三，我们设立的教育发展基金会，吸引热爱教育、关注教育的有识之士捐资教育，吸引未来有能力的校友捐资办学。假如我们能把这个非营利的教育基金会规模做大，通过专业人士的运作，在为社会创造财富的同时，也可以为学校的长期发展起到财务上的重要支撑作用。第四，由于西浦已逐步成长为地方经济社会发展的人才高地、研究高地，对促进苏州科教、研发以及社会文化生态的发展发挥着重要作用，地方政府会给予我们一定的支持，包括校园的基础设施建设、研发平台的构建等。第五，随着促进教育公平的教育资源配置的改革，我们期待着政府支持教育的阳光也能照到西浦的身上。

尽管西浦的历史很短，大家已经看到了我们的探索，看到了我们学生的进步，社会从我们的快速发展中感受到了一股教育领域的新风，这股新风不仅影响着已有的教育体系，也向大家展现了未来教育的轮廓。

我相信，有我们自身的持续改进、有来自方方面面的认同和支持，随着中国社会的进步和教育改革的推进，西浦将会以一个崭新的教育改革探索者的形象影响未来大学的发展。

西浦已经崭露头角。有人说，我们的梦想太大，但我们认为没有梦想就没有现实，何况我们的梦想是建立在理性分析和实践基础上的。

让一般的学生成为不一般的“世界公民”

（成立不到十年，凭借中西合璧的教育理念和方法，跨越式的发展速度，西交利物浦大学已经成为中国高校的翘楚，毕业生已在各领域崭露头角。这所高校到底有什么秘籍让学生如此出色？为了一探究竟，《中国青年报》记者于2015年6月专访了西浦大学执行校长席酉民教授。）

《中国青年报》记者（以下简称“记”）：西浦提出把一般的学生培养成为不一般的“世界公民”。这个“一般”是指哪方面的一般？

席酉民（以下简称“席”）：我们在说这句话时指的是高考成绩。我们的学生和高考状元们相比，其高考成绩肯定很一般，刚开始时西浦学生录取线刚过一本线，这些年来逐年提高，甚至不少高分学生只选西浦，但绝大部分学生的高考成绩与985高校还有差距。

另外，从教育理念上讲，我们认为，除智力有残障者外，所有一般的学生都是可塑之才。那么为什么有人卓越，有人落伍呢？除机遇外，基本上是后天教育的结果。学校、家庭不当的教育，社会选拔机制的扭曲及浮躁文化的影响，会阻止部分学生成才。例如，把学生变成“考生”，成为考试机器而不是健康发展的人，硬逼着他们去学自己不感兴趣的东西，甚至扭曲他们的性格，等等，使一些本可成为卓越人才的学生甚至沦落到比一般的孩子还糟糕的境地。

在西浦，我们在努力尝试，如何使这些高考成绩一般但从教育上讲都是可塑之才的孩子转变成不一般的学生，这其实是教育的意义和价值所在，就是通过教育让一般的可塑之才变成真正的人才。

记：那么“不一般”指的是什么呢？

席：“不一般”是指区别于一般或超越一般，简言之就是卓越，具体讲是指在一些人生发展的能力或素养方面超过一般。就西浦的教育来讲，我们从理论和实践上努力探索如何让西浦学子不一般，换句话说，就是帮助西浦学子在能力、素养和知识体系等方面具备超越同龄人的明显竞争优势。

理论上讲，与国内其他大学的学生相比，西浦的学生至少有两个相对竞争优势。第一，在四年全英文教育和国际化的学习环境的熏陶和浸泡下，他们使用英语的沟通能力普遍较强。更重要的是，在西浦，英语教学的理念与国内大学有很大的不同。现在中国许多大学的英语教学强调的是语言技巧，即使通过了四六级考试，还是不会说、不会写，只会考试。西浦对待英语的态度有所不同，视英语为语言，当作学习和沟通工具，强调使用，学生们首先要会读、会听、会说、会写、会用，在这个基础上再不断提升自己语言的艺术性和造诣。第二，西浦把学生视为年轻的成人，具有独立的人格和责任，培养学生的独立精神和责任感，帮助他们学会学习，训练他们发现问题、解决问题、主动学习以及跟别人合作的能力。因此，学生们的自主精神、综合素养、综合能力和责任感（平均水平）要高于其他学校的同龄人。

与国外的学生相比，传统上我们认为中国学生的英语能力和综合能力相对较弱。但经过四年西浦学习的学生，在这两方面已有长足进步，具备了与国外学生同台较量的基础。但我们的学生又有两个比较优势，第一是中国学生的基础知识比较扎实，第二是中国学生更加勤奋用功。具备这样的竞争优势，在国际舞台上较量时，我们的学生就很可能成为佼佼者、优秀者，成为能对世界和人类社会做出更大价值贡献的人。

从实践中看，西浦学生在理论分析方面的相对优势已逐步展现。到 2015 年为止，西浦已有 6 届毕业生，他们在国际舞台上有非常令人惊奇的表现。大家都知道，世界顶尖高校选人不是简单地看分数，而是看重综合能力和未来潜力。西浦学生在世界顶尖高校中已成为一道亮丽的风景线，每年有 10%～

15％的学生进入世界排名前10的顶级大学，不少学生还拿到了高额的奖学金。这几年，50％以上的本科毕业生进入世界排名前100的大学攻读硕士和博士，一批毕业生进入世界500强企业工作。以金融行业为例，去年我们组织了一次长三角金融行业校友聚会，只有寥寥数届毕业生的西浦校友，其就业几乎覆盖了长三角地区国内外顶级的金融机构。成功的个案不胜枚举，如2010届毕生生黄宗严通过竞选担任了剑桥大学中国学者联谊会的主席，2009届毕业生吕骋先后拿到300万美元的天使投资和1 500万美元的风投资金在北京和硅谷创业，2011届毕业生吴相书创业搞智能家居，获得了1 500万元的创新基金，等等。

记：*怎么才能把一般的学生培养成不一般的人？*

席：要帮学生筑梦，并帮他们铸就追梦的翅膀，然后给学生创造全面的发展空间和机遇，激发他们的潜能和兴趣，给他们提供优越的资源和国际化的学习环境，让学生有更丰富的人生经历，在更多的尝试中自由发展和生长，不能对他们限制太多。青年人就是在梦想和寻梦的摔打中成长的。

不少家长一有机会就来学校，我总问：“你们怎么又来了？”我当然希望与家长多沟通，但更希望家长能“远离”孩子，不要太近距离地去“观察”和呵护孩子。如一个家长来校的目的是劝说孩子放弃一个人去非洲参加志愿者活动，认为风险太大，为此还跟孩子闹起了别扭。后来，孩子退了一步说去印尼，她还是认为有风险，不同意。我跟这位家长说，这个世界上什么没有风险？待在家里都有风险，吃东西有风险，下楼走台阶也有风险，人就是在一系列有风险的活动中成长起来的。实际上，西浦每年都有单枪匹马随国际组织赴非洲的学生，每年都有上百名学生利用假期赴世界各地参加各种各样的项目或活动。当然，我们要帮助学生学会筹划、风险控制、能力训练和自我保护。

过分的溺爱，过分的关注，不仅不能让孩子充分享受到丰富的人生成长过程，还可能限制他们的发展空间，扼杀他们的潜能、机会、兴趣，本来可能是优秀的，最后成为一般甚至更糟；本来可以不断提升抗御风险的能力，结果越来越不敢面对风险，抗风险能力不断减弱，丧失了应对各种不确定性和诱惑的能力，最后甚至难以健康地生活。这样，一个原本具有不一般潜力的学生就会变成连“一般人”都不如的人。

我们整合世界教育最优实践，根据未来发展趋势和需要，已初步拥有先进的育人理念和教育模式，有一套创新的、能够整合全球教育资源的管理支撑系统和网络体系，让全球资源汇集在一起来训练学生，让学生有机会通过我们搭建的网络参与全球的活动。教学从过去简单的知识灌输转变为学生的主动学习。现在我们正在全面提升研究导向型学习、教学和工作，以学生健康成长为中心，以兴趣为导向，充分释放师生员工的能力和兴趣，让大家一道筑梦和追梦。

海燕要在海面上飞翔，一个人必须在全世界范围内闯荡，才可能成为真正的有国际竞争力的“世界公民”。

记：“不一般”的教育理念有什么不同呢？

席：第一，我们一入学就把学生当年轻的成人看待，让他们认识到自己有责任面对这个真实的世界，必须自己解决问题，做出抉择。很多学校的教育依然把学生当孩子，要集体出早操，要在老师的监护下学习生活，怕学生出事。当然，我们不会拔苗助长。虽然学生的生理年龄已经成人，但他们的心理年龄和社会年龄依然不够成熟，所以我们建立了学友、学术、年级、外部四大导师体系，帮助他们迅速健康成长。

第二，给学生一个真实的世界。大部分学校设法让学生生活在一个理想的社会中，只看光明的、红的东西。而西浦让学生面对一个真实的社会，有光明、有红，但也有黑、黄、白等。我们努力帮助受教育者学会正确地去面对一个真实的世界。教育的本质是什么？就是帮助人们有能力积极健康地在现实中生存，在风雨中成长起来的人和在温室中成长起来的人是完全不一样的。

第三，教育方法是不一样的。我们鼓励学生主动学习，提倡研究型的学习方法，学习不仅仅是记知识，更要保持好奇心，善于观察和提问，并学会学习，善于应用知识，长于解决问题，能够跟别人交流与合作，并注意不断提升自己的领导力，等等。所以，西浦的学生在学习能力和成长能力上是优秀的。

第四，创造一个国际化的学习环境。在这里可以碰到世界很多国家的人，见识多元文化，在这种环境下培养出来的人，他的境界、视野和生存能力一定比接受单一传统文化的人强。西浦的许多重要活动是由学生自己组织的，以给他们机会整合他们所学知识，锻炼他们的组织才能和领导力；西浦也创造了很多机会和条件，让学生有更多的直接参与各类活动的机会。比如，每年暑假有上百名学生在世界各地做志愿者或参与各种项目；在学校假期研究基金 SURF 的支持下，有数百名学生留在学校做研究；有的学生走向社会参与各种各样的社会实践，也有大量学生进行假期实习；等等。这些实践活动内容丰富，形式多样，离社会更近或直接融入社会。

记：为什么要培养“世界公民”？

席：“世界公民”不是一个法律上的概念，而是一个行动上的概念。国际化和网络化日益促进全球一体化，先进的通讯和交通工具让世界越来越成为“地球村”。未来无论你是哪个国家的公民，都必然受到世界发展的影响，或有可能直接参与世界活动。即使你在中国的土地上生活，为了应对国际的影响和竞争，成就自己的事业，也必须具有国际视野和参与国际竞争的能力。所以，从我们的行动范围来讲，每个人都应该是“世界公民”。

而要成为“世界公民”，当我们面对国际竞争时必须具有国际视野，当我们做一个有责任、有担当的公民时必须有公民意识。只有具备“世界公民”境界、素养、能力和知识体系的中国人走向世界的时候，我们才可能得到全世界的尊重和欢迎，才可能在世界事务中有发言权，中华民族和中国才可能真正屹立于世界。所以，要实现强国梦、中国梦，实现世界的文明，必须培养和造就“世界公民”。

作为教育工作者，应努力建设新兴的国际大学，我们希望能把学生培养成一个个健康、积极、有素养、有能力的国际玩家。

未来的出路呈现多样化，不一定要读“名校”

（2014 年 12 月 7 日，由搜狐网、搜狐教育主办的“聚教未来：人文与科技”年度盛典在北京举行，西交利物浦大学执行校长席酉民在此间表示，在中国未来的出路越来越多样化，没有必要一定要上“名牌”大学，即使不上大学也可以有辉煌的未来。这篇文章是席酉民教授的讲话记录。）

一、学生应完成多维度转变，教育的目的是让他们学会正确对待人生和社会

席酉民表示，我们讨论大学、中学和小学的时候没有把一个人连贯地来看。我们的中小学教育更偏重教知识，所以有一种开玩笑的说法，“小学把中学的课上了，中学把大学的课上了，那大学干什么呢？补幼儿园和小学的基础文明课”。他表示，应该转变学生的学习观和行为，从教知识点、记知识点、考知识点、忘知识点的被动学习转变为主动学习。根据西浦的经验，这个过程至少需要一年半以上的时间，从中我们不难看出中小学教育和大学教育之间的关系。

第一，从做人上看，西浦试图把孩子转变成年轻的成人，再把一个年轻的成人转变成有责任、有能力的“社会公民”；第二，从学习行为来看，西浦试图帮助学生从被动学习转变为主动学习，再转变成为一种研究导向的学习。如果没有一种好奇心，没有对社会的关注，你可能很难形成研究导向型的学习行为，很难学到整合的知识体系。第三，中国的学生，特别是从小学到高中，一

直忙于考高分进名校，忘记了自己的兴趣，所以西浦帮学生从盲目的学习转变成兴趣导向的学习，再进一步关注他们的人生规划。这就是西浦让一个人从知识的获取者变成一个真正的人、真正对社会有责任感的人的三个维度的转变。

“大学生在生理上已经成人，应承担起自己的责任，但很多学校依然假定学生是孩子，始终在给学生制造一种理想的社会。实际上，我们应该让学生去理解一个真实的社会。教育的目的是让学生在一个有黑、有红、有白的真实社会里，用正确的态度和正确的方法去对待社会。这就是我们从教育的实践过程中观察到的，怎么让人真正转变成有责任的社会公民的一个体会。”席西民说。

二、目前的教育深陷应试泥潭，应首先让教育恢复正常

席西民说，前几年在深圳的一所小学开展过一个公民教育的活动，即给两会代表提建议。有个小学生提了一个很重要的想法，他建议把小学课程中的语数外变成副科，音体美变成主科。是似童言无忌，但是仔细想想，这是不是一个很有价值的意见？为什么现在的小学生会厌学？我觉得我们今天对于“什么是好的教育”这样的问题需要认真反思。

席西民觉得，中国没有经历过思想解放，后来中国教育重新回到了 20 世纪 50 年代的轨道，这就是我们直到今天依然徘徊在应试教育的泥潭当中走不出来的重要原因。另外，我们现在关于中国教育目标的口号越来越响，花样翻新，但是从很多日常的教育行为中不难发现，也许我们首先需要的是让教育恢复正常——让校长像校长，学校像学校，孩子像孩子。这是第一位的。

三、教育问题是社会问题，所有学生都是可塑之才

席西民说，教育的问题绝不仅仅是教育系统自己的问题，更是整个社会的问题。我们在西浦进行了很多教育的改革，但有几位大学校长朋友对我说，席校长，如果你把家长的观念改变了，你的教改就成功了。可能在座的很多家长不同

意，家长会说不是我们的观念改不了，如果把社会的观念改变了，你就成功了。想一想，为什么学生要去拼高考？为什么有那么多学生进了大学后不去好好地学自己该学的东西，而是去考证？为什么那么多企业、那么多国家部门要用一些死杠杠（如985或211学校毕业生、英语四六级证等）去简单地选拔人才，而无视他们的实际水平？由此可见，中国的教育改革任重道远，可能不是某一个方面的改变，而是整个社会的价值观念、文化和体系的不断进步。

我们当然需要呼吁教育讨论，不仅教育从业者要呼吁，而且全社会都要呼吁，要行动，改变中国的应试教育，将知识和内容导向的教育转变为为全人教育。从西浦的经验来看，所有的学生都是可塑之才，所以西浦的理念是把一般的孩子变为不一般的“世界公民”。实际上，即使高考时不是状元，甚至成绩达不到一本线，学生依然是可塑之才，努力把他变成一个有价值、有责任的人，是教育的使命。这也是西浦对教育的基本观点。

四、未来出路呈现多样化，不上“名校”也能有辉煌未来

席西民表示，西浦坚决反对应试教育，反对简单考证。大学不是一个帮助学生考证的地方，而是一个帮学生学会成长、有能力健康成长的地方。但有些家长和学生可能会来挑战我们，说孩子到国有企业，包括一些公立单位去，没有某个证（如英语四六级证），连网上报名都无法完成。我给他们讲了一个简单的道理：如果有些单位还是用简单的成绩或证明，而不以实际水准去选拔人，这样的单位你千万不要去，因为这样的单位再过几年可能就要倒闭、关门。这就是我们的态度。

席西民说，自己的呼吁很简单，未来的出路越来越多样，家长、学生以及社会应该明白，没有必要一定要上“名牌”大学，特别是那些不重视教育的“名牌”大学，因为“你即使不上大学，也有机会学习和成长，也可以有辉煌的未来，关键是你能不能成功地做人，学会自我学习，学会终身学习，把自己的生活搞得很健康，这样不管你有没有‘名牌’标签在身都能生活得很幸福”。

研究生教育：国际化与本土化

（在中国读一个国际化学位已经越来越受到大学生的青睐。西交利物浦大学自开展研究生教育以来，申请者一路飙升，如2015年，有来自中国、美国、英国、德国、奥地利、印度、泰国等52个国家的1 000多名学生申请读研，其中还有一些是从国外留学回来的中国学生。

如何借鉴国际化经验、结合中国国情开展研究生教育？西浦是如何进行探索的？2015年7月，《中国青年报》记者采访了西浦大学执行校长席酉民教授。）

席酉民介绍说，西浦试图融合中外优势，开展独特的研究生教育。例如，英国教学型硕士生学制一年，常受到国人质疑，但中国两年半到三年的硕士生学制也因太长而正在被很多学校调短。西浦采用18个月的学制，学生学习期满合格后，可获得中国教育部认可的、由英国利物浦大学颁发的硕士学位证书和西浦自己的学位证书。西浦还在培养过程上进行了一些新的尝试。

一、培养以就业为目标的硕士

席酉民介绍说，英国硕士一般有两种：授课型硕士和研究型硕士，学制大体是一年，前者大都以直接就业为导向，后者主要为博士研究做准备，学制视情况可略长。

国内研究生一般是两年制或三年制，近年来，中国的硕士教育也进行了改革，现分为专业型硕士和研究型硕士。专业型硕士是以就业为导向，研究型硕士是为更深入研究做准备。且学制大都相应缩短，很多学校的研究生不再是过去的三年，而是两年或两年半即可毕业。

西浦的硕士研究生学制为一年半，兼具中英两国硕士培养制度的优点，在课程设计和培养模式方面更具科学性和合理性，既符合国际标准（如国际认证，包括土木工程、电子电气、建筑设计、会计等很多专业学位的国际职业认证），又贴近中国本土实际，如强化中国学生的英语能力、外国学生的中文训练，并利用学校位于苏州工业园区和长三角的地理优势，加强与企业和实际部门的互动与合作。

席酉民教授说，作为一所中外合作大学，西浦参照英国的体系，将硕士分为研究型硕士和教学型硕士。根据学生职业发展需求，教学型硕士数量相对较多，同时，针对中国具体国情，学校对英国教学型硕士的课程设计进行了一定程度的改革。尽管绝大多数教学型硕士以直接就业为导向，但对那些想继续深造的学生来说，也有报考国内外大学的博士的机会。

计算机科学与软件工程系 2014 级研究生吴剑青认为，在国内读一个国际学位性价比更高，既能得到国际上的认可，又能充分了解国内行业发展形势。

在此之前，他本科在英国曼彻斯特城市大学主修计算机专业，在做了一番比较后，他选择到西浦读研究生，目标是继续攻读博士学位。

学生们发现了一个有趣的现象，西浦的老师和学生来自世界各地，大家之间的沟通都离不开英文以及英文邮件，所以这里有一个多元文化学习环境。而在国外，因为中国留学生扎堆，除了上课，留学生们大多数时间也还是跟中国人在一起，并没有完全融入当地社会。

二、在实践中培养学生解决问题的能力

西浦国际商学院 2013 级研究生张帆从来没有想到，为了一份报告他的导师会这么认真。在企业战略分析课的考核中，有一项是做一份商业报告。导师

带他们坐火车去到山东的一个造纸厂参观，了解行业的真实情况，并与当地企业高层进行一系列的交流。在教授的指导下，他们完成了长达54页的全英文商业报告。

张帆感受到的另一个不同是考试。西浦的考试没有选择题、判断题，多数是论述题和案例，没有标准答案。很多科目的考试都是给出5～6个题目供学生选做。他认为，这样可以综合地考查学生对于知识的理解，让那些想要靠考前死记硬背或靠运气取胜的学生无机可乘，从而促使大家在平日里认真学好每一门课。

张帆感慨地说，这让我学会了独立、辩证地思考问题，系统性地分析问题，领会到知识不能只停留在书本上，要更多地把学习方法和辩证的思维运用到实际工作中去。

“在整个学业过程中，除了紧凑和严格的教学外，我们更强调问题意识、研究规范和实践能力的培养。”席西民教授介绍说。由于学生来自世界各地，考虑到他们的背景、语言水平、想融入中国的实践环境和未来的职业生涯规划需求，西浦最后确定教学型硕士的学制为一年半。

其原因有三：第一，为帮助他们实现全球性就业，中外学生需要在此期间强化其沟通能力和英语/汉语的能力。第二，除了上课以外，学生需要亲身实践，加强与企业或研究相关问题的部门的合作，开展相应的研究项目，完成硕士论文。做项目和论文，不仅有利于学生找到发现问题、分析问题、解决问题的方法，提升实践能力，更有利于学生整合所学知识，将其运用至实践，形成一个完整的知识体系。第三，通过开展项目，学生与企业的关系也更为紧密，不仅有利于研究问题的发现、好奇心和兴趣的提升，让学生把自己的学识贡献给社会，还有利于学生的就业和职业生涯的发展。

三、和世界500强企业一起培养硕士

坐落在长三角最前沿的制造基地——苏州工业园区，西浦在培养以就业为

目标的研究生方面有天然的优势：学校附近就有上千家高新技术企业和国际合作企业，包括上百家世界500强企业，其产业发展和研发水准国际一流。

这所没有围墙的大学，血液中流淌着开放的基因。除了严格的学术训练和国际一流师资队伍的指导外，学校为了加强理论与实践的结合，在一些专业性很强的专业专门聘请了一定数量的实践教授或副教授，这些教授大都是横跨学界、业界的一流专家，他们既有学术功底，又有国际企业多年工作经验或创办企业的经历，与企业有最直接的联系。另外，在当地政府的鼓励和资助下，学校还从企业直接聘请合格的兼职教授。所有这些措施，都是为了鼓励和支持师生"做有实践的理论"，如果就业，"做有理论的实践"。

席酉民教授认为，整合全球教育资源发展起来的现代国际大学，身处号称"世界经济发动机"的长三角，有类似美国硅谷美誉的"东方慧湖"，以及经济转型和社会升级的前沿，这为师生更好地融入实践和营造理论联系实际的学术氛围提供了环境条件。同时，西浦与园区跨国企业及政府的紧密联系与合作，不仅加强了研究生的学术敏感性，更为师生融入社会提供了一个绝佳的机会。例如，汤姆斯路透与西浦合作设立了全球实时数据金融研究中心，IBM与西浦合作设立了大数据分析中心，等等。2015年3月4日，全球领先的国际金融服务巨头——美国威尔希尔公司在苏州宣布成立中国分公司。当日，威尔希尔还与西浦国际商学院签署了合作备忘录，双方将密切开展校企合作，共同培养新一代的投资人才，探索并在未来建立威尔希尔-西浦国际商学院的高水准的国际研究中心。在签约会上，公司领导强调，之所以落户苏州，是因为看到了西浦国际化的师资队伍以及优秀的学生资源，由此不难体会到，一种可以促进学生研究和发展的知识生态环境已经形成。这直接让西浦的学生从中获益，当时正在西浦国际商学院读研的计琼就获得了在苏州威尔希尔投资咨询有限公司实习的机会。

在西浦的全英文学习经历让计琼在实习期间毫无语言障碍，并且将课堂学习的理论基础运用于实际工作中。

据该公司总经理徐亦涛介绍，威尔希尔希望吸引那些接受过专业教育，工作积极性高，并且具有国际思维的金融服务型人才，西浦的毕业生恰恰可以满足这些用人需求。公司刚成立时招聘的 10 个员工里有 9 个毕业于西浦，剩下的一个毕业于美国哥伦比亚大学。参加面试的总裁 Sandro Fusco 笑称：“西浦的学生太优秀了，你们就是中国的哥伦比亚大学！”

据了解，以金融会计领域学生为例，目前已经毕业的三届硕士毕业生中，学生就业的单位包括四大会计师事务所、威尔希尔、知名投资银行等机构和世界 500 强企业，当然也有部分毕业生赴清华大学、香港科技大学及外国名校继续攻读博士。

近年来，西浦陆续成立了 10 多个研究院、1 个国际创新港和 1 个国际技术转移中心，这些机构及其与国内外研究机构和企业的合作，会促使一个国际级的研究创新群落在西浦迅速崛起，为西浦硕士研究生和博士研究生的高质量发展提供了难得的平台和环境。例如，研究院的成立标准是：有国际一流的学者、有国际的研究合作网络、有国内的合作网络、有国际级的研究项目以及可以提供服务经济社会发展的国际水准的研究成果和咨询服务，这将极大地助推西浦的研究生教育的蓬勃发展。

探路未来大学

（从 1977 年恢复高考制度以来，中国的高等教育可谓发展迅速。大学越来越大，越来越富。然而，近十年来放弃高考并选择出国留学的学生却逐年增多。这首先是缘于富裕家庭的增多，但更主要的原因恐怕还是国人对中国大学以及整个教育越来越多的失望。

随着知识获得的日益容易和廉价，人们不得不重新思考在新技术面前大学课堂和校园的价值和意义。从“钱学森之问”、“刘道玉批判”到“杨福家质疑”，中国高等教育一直受到诟病。中国大学究竟该怎么办？高等教育改革路在何方？带着这些问题，《中国经济报告》记者于 2013 年 7 月专访了西浦大学执行校长、英国利物浦大学副校长席酉民教授。）

一、一流大学靠什么

《中国经济报告》记者（以下简称“记”）：屡屡出言抨击中国高教弊端的杨福家，曾是复旦大学校长，是唯一一位担任英国名校（诺丁汉大学）校长的中国人。前总理温家宝曾约杨福家教授到中南海谈心，征求他的意见。杨福家对国内高校的“造楼热”提出了尖锐的批评。建立世界一流大学靠的是造大楼吗？

席酉民（以下简称“席”）：我不知道杨福家教授批评的背景，也无意评论国外大学聘任他为 Chancellor 的用意，仅就大师与大楼之争谈点个人观点。首先，我不赞成做事喜欢贴标签的行为，也反对拉大旗做虎皮的现象，而喜欢实事求是和科学深刻地分析。一流大学靠什么？其实国内外教育家早已有过对话，且争论很多。最典型的是清华老校长梅贻琦先生的“大学者，乃大师之谓也，非大楼之谓也”之说，言下之意很明显：一流大学是大师主义，而非大楼主义。遗憾的是，有条件的大学大都设法从政府拿地、从银行贷款建大楼、建校园。在我看来，就现代大学而言，大师和大楼在高水平大学的发展中，其相对地位或重要性正在下降，取而代之的是，一些其他发展要素变得更为重要。

未来社会中，随着通讯和网络技术的飞速发展和普及，“大规模在线开放课程”迅速崛起，如非常流行的慕课，美国麻省理工学院和哈佛大学联手创办了非营利在线教育平台 edX，很多世界一流大学也纷纷行动起来。今年 5 月，清华大学和北京大学加入了 edX 平台，并将分别推出面向全球的在线教育课程。于是，随时随地学习成为可能，知识的获得变得日益容易和廉价，人们不得不重新思考在新技术面前大学课堂和校园的价值和意义，是对传统教育的替代，还是对其教育方式的革命？无论何者，校园和大楼虽对教育有重要价值，但在决定高水平大学的因素中，其相对地位在下降。大学靠大师，这里除了指著名大教授外，可能还指大学的师资。现代社会，像牛顿、钱学森这样传统意义上的大师越来越少，也越来越难出。现在的发展逻辑不是指望一个学者多么厉害，而是能否造就一个平台和氛围，让大量一般人相互碰撞与合作，产生出比大师更伟大的创造。所以说，办大学，大师、老师固然重要，但其相对重要地位也在下降。

那么，现代大学到底什么最重要？首先，在这个需要重新思考和重塑大学与教育的时代，明确符合时代需求和发展趋势的新的教育理念和哲学很重要，因为它直接决定了办学的方向和育人模式的正确性。例如，过去大学是学习知识的地方，但现在，尽管社会发展的知识含量越来越高，但知识很容易获得、分享和淘汰，终身学习成为常态，因此在大学学习知识便成为一种手段。要通过学习知识学会学习，学会做人和提升能力和创造性，以便终身受益，这种理念将彻底改变大学的育人模式和教学方式。其次，大学能否形成整合世界教育资源并帮助师生融入世界学术活动的平台、机制、网络体系和基础设施变得日益重要，同时，要创建全球化、信息化背景下与教育理念相配合的新型校园文化。现在的大学文化应是开放的、融入国际的、鼓励全世界互动的。

记：一年一度的高考结束了，每到学生选择报自愿的季节，我们发现，像北京四中毕业的优秀学生，会放弃报考北大、清华，更愿选择美国耶鲁大学等。目前中西方教育的差距是什么？中国的大学就培育不出像钱学森那样的世界一流大师吗？

席：其实，不同国家和文化有不同的办学模式，各有其优缺点。放眼望去，各国的教育模式大体可分为三大类：美式教育具有较强的灵活性，给学生自我设计的空间；英式教育有很严格的质量控制体系；中国和前苏联的体系非常强调教学习的知识面和深度。可见东方更重视知识尤其是内容的教育，试图让学生打下坚实的知识基础，而西方则更强调互动式教育，提升学生的能力，训练学生积极主动学习。中国虽然历史悠久，古代也不乏大教育家，如孔子，但现代我国教育中普遍采用的灌输知识和被动学习的教学方法严重阻碍了学生能力的提升，面对社会发展的新挑战，其问题更加突出。因此，与西方教育相比，中国教育在教育理念和方法上明显落后，当然还有比较浮躁的文化和校园环境。

记：在国际化和信息技术的冲击下，全世界都在探索新的教育模式，校园将发挥什么作用？能给学生提供什么价值？老师和课堂的意义和价值何在？

席：尽管西方发达国家现代教育的历史比我们长，在实践中比我们有明显优势，但面对现代社会和技术对教育的冲击，在全球即将到来的反思和重新定义大学、教育、教学的大潮面前，所有大学都站在同一起跑线上，这也给了我们一次难得的赶超或引领国际教育的机会。

为了抓住这样难得的机遇，我们必须挣脱体制、现存问题的羁绊，大胆创新，勇于探索。从上面我对大师与大楼的分析中不难看出，我主要从以下几个方面判断未来大学的强弱：除了传统的校园和老师外，更强调大学教育理念和哲学；整合世界教育资源并能使师生融入世界科教活动网络体系和平台，以及顺应新时代特征的大学文化。从这些方面不难发现，在网络环境下，传统大学需要重大变革，不是对传统教育的简单改进，而是教育的革命性转型，大学和教育需要升级到一个更高的版本。我在西浦所做的一切，就是在进行这样的努力，是为了让大学回归教育的本质，更是探路网络化和国际化环境下的新型大学。

二、努力解决“大学毕业就失业”的问题

记：据统计，2009—2012 年，中国应届高中毕业生放弃高考的人数累计已经超过 300 万，接近报考总人数的一成。有人质疑，大学生在学校里学不到什么，走出校门后就业难，今年是有史以来最困难的一年。有专家认为，中国的大学是带围墙的花园，学生们毕业后做不了任何事。您认为呢?

席：有这种担心和顾虑很正常。强调机械被动学习和应试的中国教育体系很难培育出适合 21 世纪知识经济发展需要的灵活思维和创新能力。

在传统的体系下，老师将完整的知识体系分割成知识点，很详细地教给学生，学生们则习惯于被动学习。上课时老师讲知识点，学生记知识点，考试时老师划重点，学生背知识点，考完忘知识点。学习是为了考高分，考高分是为了进名校，进入名校才发现不知道为什么学习和学习什么，第一年放羊，第二年静心，第三年刚知道该怎么学但时间不多了，第四年为找工作到处奔走。这样的大学生活，怎样能培养出有竞争的人才？学生毕业后走出校园，很难适应社会需求，不具备应变和创新能力，工作能力不强，专业技能不过硬，就业自然较难。

当然，中国的问题比较复杂，大学生就业出了问题，是整个社会观念、制度和文化、经济增速趋缓、产业结构调整等因素导致的综合性问题，不单纯是教育的问题。教育和教育部不应把责任全揽到大学和教育的头上，但我们确实需要剖析教育自身的问题。

记：常听人抱怨，社会上需要的专业没有，有的专业不合理。大学的专业

设置存在问题吗？选择海外大学，专业设置就合理、就业情况就会好转吗？

席：这涉及教育理念和科学体系问题。大学是不是一定要设专业呢？专业、学科领域的设置是为了研究、教学的方便，而不完全是为了就业方便。现在有西方大学也在探索，不分专业，而是按行业或产业去组织课程和教学，在大学的有限时间内，让学生学到基本、系统的就业技能。

中国人都说英美教育好，但英美受过教育的学生失业率高于中国。这是大学的问题吗？不完全是。选择海外大学就能保证就业吗？很多海归也一样会成为“海待”。当然我们不能因问题综合就无视教育的问题。首先，在专业设置上，我们依然实施审批体系，限制了根据市场调整专业的灵活性，比较僵化，且滞后于实践。美国等西方国家实行备案制，大学可根据市场自行设定专业，有利于快速应变。另外，当下社会不少国有企业和政府单位的用人体系很僵化，重学历、重证书而不重实际能力，逼着学生在上学期间不是重视全面素养和能力提升，而是把大量的时间用在形形色色的考证上。还有，我们的应试和知识导向的教育模式不利于培养学生的主动学习精神，不利于学生能力和素养的提升，常常导致高分低能，适应能力差，等等。因此，就大学和教育者来说，我们的育人理念、教学模式亟待变革。

2012 年 10 月 11 日，教育部发布了新修订的《普通高等学校本科专业目录（2012 年）》和《普通高等学校本科专业设置管理规定》，大学的专业设置自主权有所扩大。今后，在国家颁布的专业目录内新设国家控制布点以外的专业，由审批制改为备案制，这是一个进步，但教育体系的变革，以学生和学习为中心的办学理念的形成，教育职业精神的回归等却是一个漫长而艰苦的过程。

三、教育改革与探索

记：据了解，南科大的录取分数采取 6∶3∶1 的方式，高考分数不再成为决定考生命运的唯一参考。教育开放的亮点是合作办学，请结合西浦实践谈谈。

席：考试制度如何改进是一个很复杂的问题，但简单来说，有一些急迫而关键的任务：

首先，在教育理念上要改变我国根深蒂固的应试教育，不是一切为了考高分、进名校、混张文凭。这不仅需要改变学生、家长的观念，还更需要改变社会的考核和用人体系，更需要教育本身从知识导向转向能力导向，教学从被动转向主动再转向研究导向。

其次，应真正落实大学的自主权，让大学真正关注市场需要，提升育人质量，重视品牌提升。教育部党组书记、部长袁贵仁多次表示，将进一步落实扩大高校办学自主权，凡是地方和学校能够自主管理和决策的事项，尽可能交由地方和学校负责，减少不必要的行政审批和干预。从教育部到高校教育管理，各自都有空间，大学里课堂训练不一样，出来的学生也一定不一样。一切都在改变，只是改得快与慢的问题。

当然，作为中外合作大学，我希望西浦改得更深入一些，跑得更快一些。前面已经提及，我们面临的机会和挑战不是简单的小改问题，而是要在范式转变的过程中重塑教育的革命。既然要将改革与重塑结合起来，就不能满足于拷贝中国或外国大学的现成模式，而是要根据发展趋势和未来需求探索：什么是未来的大学？什么是未来的教育？什么是未来的“学”与“教”？抛弃传统的羁绊，把美国教育的灵活性、英国教育的质量体系、中俄教育的扎实基础等优势结合起来，形成一套符合未来趋势的以学生和学习为中心的新型育人模式。一所未来的国际化大学，不仅会影响中国的教育改革，甚至将影响未来的世界教育，我们应走得更远。

记：从教育产业化角度看，大学教育需要资金投入，有的学校什么赚钱就开设什么专业，浮躁之风甚嚣尘上。陷入盈利模式困境的学校，发生财务危机后的出路何在？

席：高校本不应成为营利性组织，但全球的营利性教育有增长趋势，主要是政府举办或支持的非营利教育做得不够好，给营利性教育创造了发展空间，它们也更适应社会需要。

不同的学校应有不同的发展模式。公立学校依靠政府，民营大学很难得到国家支持，到底是营利性的还是非营利的，各大学应搞清楚自己的定位，从而形成适合自己资源情况和历史使命的发展模式，否则就会陷入发展困境。

中外合作大学也有两类：90％以上是营利性的，考虑财务成本和收益，一般会从办学成本低的专业开始，如语言、人文、经济、管理等。西浦比较独特，因在苏州工业园区办学，结合当地和长三角经济发展需求，以办学成本较高的理工管学科起步，如生命科学、应用化学、环境科学、土木工程、电子电器、工业设计、管理等，并且定位于研究导向型大学，所以必须吸引世界一流学者加盟，建设国际一流实验室。有时我们要吸引一个高端人才，仅为其实验室投资就需要上千万元的资金。正是因为有这样的清晰定位，合作方同意将其建成非营利大学，并遵守中国的非营利组织法，如果有一天西浦不办了，所有的财产归属社会，是公众财产。当然，这样也让西浦容易争取政府的支持。像我们这样的以理工管学科为主的非营利研究导向大学，财务均衡肯定是很大的挑战，所以我们希望从各级政府和社会争取更多的财务支持。

对于国家而言，不管大学是私营的还是公立的，都应区分清楚其属性：营利还是非营利。对于非营利性教育这样的公益事业，国家应有相应的扶持政策，对营利性大学则应采用市场机制和规则来管理。

记：目前政府机构正在改革下放行政审批权，在教育方面，您认为政府应怎么放权？

席：目前，中国大学的体制弊端不少，行政化泛滥、学术权力式微。大家都在批评中国教育“是改革的最后堡垒”，有许多问题，而不仅仅是体制问题。原来的国立大学是政府的附属机构，随着经济社会的改革，逐步与政府脱钩，成为相对独立的实体，但还不是真正的法人实体。民营大学、独立学院、国际合作办学已经有了相应的组织法，但国立大学还缺乏组织法。因此，教育部推动的大学章程制定就成了无源之水，无坚实的法律基础。大学组织法应明确大学如何创办、大学的责任、法人地位、法人治理机构、校长如何选择、大学如何解体等。《中华人民共和国高等教育法》未涵盖大学组织的设立、治理、解体等关键要素。实际上，早在民国初年蔡元培就主持制定过《大学令》，国民政府在民国二十七年颁布的《大学组织法》也是很好的范例，但在我国从计划经济向市场经济过渡的过程中，大学组织法的制定未能及时跟进。《国家中长期教育改革和发展规划纲要（2010—2020年）》提出要“完善中国特色现代大学制度，完善治理结构，公办高等学校要坚持和完善党委领导下的校长负责制”，这一切都迫切需要法律基础。所以，大学组织法的制定应尽快提上议事日程，才可真能正实现自主办学，依法办学。

另一方面，我国的教育投资近些年增幅很大，也有“占GDP4％”的法律规定，但缺乏规范、透明、科学的从中央政府、到教育部、再到大学的资源配置体系。现行的以项目、工程为手段的资源配置体系极易诱发学术浮躁和寻租行为，使学校和大量高级知识分子将时间和精力花在了资源获取的非学术运动上，导致了科技资源的极大浪费，严重地破坏了我国学术生态的健康发展。

另外，中西方教授和学位制度也有较大差异。我国实行的是国家职称和学位体系，许多国际大学实施的是大学教授和学位制度。尽管教育部已将部分教授和学位评审权下放到省或著名大学，但并未改变国家职称和学位的性质，大学有极强的动力设法进入授予权的笼子，而缺乏提升质量和品牌的动力。事实上各大学的职称和学位质量差异很大，如果改国家职称和学位为大学职称和学位，不仅会反映其真实水平，也会促使大学重视质量和品牌建设。

还有，由于大学的独立法人地位未严格确立，自主权必然受到很多限制，除职称和学位的国家性质外，还有很多需上级审批确定的事项，如招生指标、专业设置、招生方式等，这些均应属于学校决策的范围。

探索新媒体时代的全新教育模式

（这篇文章是2014年9月新华网记者对席酉民教授的专访。）

新华网记者（以下简称“记”）：尊敬的席校长，首先非常感谢您接受新华网的专访，为我们提供一个深入了解西交利物浦大学的机会。作为在中国为数不多的中外合作大学之一，西浦对于自身是如何定位的？您认为，这所学校对于中国的教育，尤其是高等教育能够发挥什么样的作用？

席酉民（以下简称“席”）：西浦诞生于世界转型的关键时刻，全球化和网络化及一系列颠覆性技术深深地改变着现行的社会运行机制，以及人们的生活和行为方式，特别是学习方式，使得人们不得不反思和重塑教育。例如，传统的教育主要是传输知识，大学就是学知识的地方，但现在，只要你有一部智能手机，用谷歌、百度就能搜索到你需要的知识，几乎所有的问题都能通过网络找到解决办法；过去教育强调记忆，现在便捷、巨大的存储系统突破了人们的记忆局限。这就导致一个问题，如果中小学，尤其是大学，仍以教知识为导向，教育的价值就会大打折扣，这种以知识内容为导向的教育已经不适合这个时代。哈佛商学院的一位教授预测，今后15年内，美国一半的大学会面临破产。那么，大学课堂应该教什么？到底怎么教？如果再考虑慕课等网上教育产品，大学校园的价值体现在哪里？知识的获取变得非常便捷，但容易产生“知道分子”，使人的知识体系变得浅薄和碎片化。怎样才能帮助学生习得系统的知识？怎样使学生的知识体系具有深度和高度？怎样训练他们整合知识解决问题的能力？等等，是这个时代教育必须回答的问题。中国有几千所大学，全世界有上万所大学，多一所不多，少一所不少，既然诞生在这个时代，就要对得起这个时代，肩负起这个时代的责任。因此，西浦不满足于拷贝现有教育理念和大学模式，而是试图与世界著名大学站在同一起跑线上探索新教育。而且西浦没有历史包袱，一张白纸好绘宏图，它的宏图大志是在四个方面为社会做出贡献：（1）探索适合未来发展趋势和需求的教育；（2）探索新型的基于网络的大学治理和组织模式，为提高知识工作者和知识组织的运行效率提供理论支持和实践经验；（3）探索新型大学与社会发展的合作关系，培养具有跨文化领导力的“世界公民”，开展有助于提升人类生存质量的高水平研究，提供与社会发展有关的咨询服务，影响甚或引领文化潮流，为社会进步作出贡献；（4）通过以上探索，影响中国教育改革甚至世界高等教育的发展。

这就是西浦的理想和期待。可以说，在师生员工的努力下，在社会各界的支持下，经过近十年的努力，我们正在逐步实现这些理想和抱负。

记：您认为根据西浦的上述定位，能够培养学生哪些重要的特质？

席：传统的中国教育试图教给学生更多的知识，但教法有问题，是一种灌输式的、被动的教育，学生学得比较死。在西浦，我们把学知识看成一个过程，目的是帮助学生发现兴趣、学会学习、培养能力、熏陶素养，以实现健康成长之目的。所以，西浦采用的是一种以学习为中心，以兴趣为导向，以学生健康成长为目标的教育模式。西浦视学生为年轻的成人，鼓励学生独立和自我承担责任，并通过学友计划、学术顾问、外部导师、年级导师等体系帮学生构筑梦想、学会成熟，通过“五星育人模式”帮助学生成为具有素养体系、能力体系和知识体系的“世界公民”。

经过西浦的训练和熏陶，西浦的学生与国内其他学校的同学比，在英语水平和综合能力上具备明显优势。与国外的学生比，经过多年训练，他们在英语和综合能力上已经可以与他们同台较量，同时又具有更刻苦、基础知识更扎实的优势。

迄今为止，我们的毕业生遍布全球，他们中的绝大部分在所在之地都有优秀的表现。像通过竞选担任剑桥大学中国学者联谊会主席的黄宗严，就是西浦的毕业生。

记：西浦的学生毕业后的主要去向有哪些？

席：大部分西浦学生不满足于本科毕业就工作，80％～90％的毕业后会继续研究生学习。本科毕业直接就业的学生，有加盟世界500强企业的、也有加盟国企、民企甚或回家打理家族产业的，当然还有自己创业的。为了帮助学生就业，西浦有专门的机构提供全程就业服务和支撑，包括建立企业合作网络、就业技能培训、各类推介活动等。西浦的学生虽然大四依旧学业很忙，但从入学起就有大量社团和社会活动及企业实习，大三、大四的学生可以选择由企业、政府等各界成功人士担任的校外导师，这一切为学生提供了大量与企业和社会联系及展示自我的机会，不少学生在这些活动过程中已被用人单位选中。例如，有学生写邮件咨询我，说自己同时得到了世界顶尖大学的研究生录取函和世界500强企业的工作机会，不知到底该如何选择。

另外，为了加强与校友的沟通，西浦成立了校友协会和校友工作办公室，搭建了校友网站，为校友提供了终身邮箱。我们认为，校友是西浦的重要构成部分，大学就是一个纽带，一个持续学习的地方，一个让学生向往，可为校友持续充电和提供帮助的温暖的家。

记：现在的网络技术发展迅速，由此带来了以慕课为代表的网络课堂，引起了社会更多的关注。您认为在新媒体时代，西浦面临哪些机遇和挑战？

席：如前所述，慕课等一大批新技术会改变教育的形态，包括课堂教学方式、大学校园活动的意义。其实，作为网络一代的学生，他们很容易适应新技术环境，倒是我们已有的教育体系和从传统教育体系中成长起来的老师有较大的行为惯性。如果要说面对新技术西浦发展遇到的挑战，就是如何让师生认识到教育变革的必要性，以及如何变革，并全身心地投入到变革之中。学生要改变从应试教育体系中习得的被动听、记笔记、背重点、考高分的习惯，学会主动学习、研究导向型学习。老师也要研究怎样改变教育方法，帮助学生学会学习，训练学生整合所学知识解决问题的能力，并通过各种活动提升自己的素养以及跨文化的领导力，以适应日益激烈的国际竞争。为此，我们进行了很多探索。例如，为了帮助学生真正能够用英语从事学习和工作，我们拒绝侧重语言技巧的四六级考试，注重改变学生学习英语的方式和提高学生使用英语的能力；课堂上不是简单地讲知识点，而是引导和帮助学生理解有关知识的意义、目的以及如何学习等，学生需要课前自学、做准备，课后做项目和实验、参与小组研究活动、参加实习等，课程分为演讲、辅导课、实验、团队活动、案例研究等，这样课堂上的一个小时就可能带动十个小时或更多时间的学习。

未来的教育面临巨大挑战，好在西浦没有历史包袱，且一开始就拥有清晰的定位和意识。许多老大学在国家正在推动的教育综合改革中，主要考虑的还是内部管理问题，西浦考虑的问题则是怎么创新以适应未来的挑战和需求。

但慕课到底有多大的影响，新技术到底会影响什么，还是值得探讨的。历次破坏性技术的出现，都有一个讨论的热潮，例如电视机的普及曾掀起电视大学的热潮。网络及网络课的发展，也使不少教育家惊呼，教育者该醒醒了，不变革将会破产。新的颠覆性技术究竟能产生什么影响？这是所有大学都应深入研究的问题，大家还在探索中。

但有一个现象是比较清晰的，即便捷廉价的网络知识获取很容易拓展学生的知识宽度，也很容易让人变得浅薄。课堂和校园的互动、研究、实验、交流等方式有利于帮助学生提高学习的深度，增加知识的系统性，并且提升知识的高度，从而强化学生的造诣。问题是我们怎样利用网络和云空间资源丰富大学的功能，使之成为一个超实体的更加友好的学习空间和环境，从而增加大学课堂和校园的价值。这是当代大学面临的无法回避的挑战。在探索中，西浦设法帮助学生拓展其知识的宽度和深度，而且努力提升其知识的高度，即关于知识的知识，换句话说就是智慧，是解决问题的直觉和悟性，包括研究上的好奇心、创新能力和批判精神。

记：*西浦在未来有什么样的发展规划？*

席：西浦将成为规模达一万多人的大学。这个规模不是很大，也不算很小。西浦既然想去影响教育变革，必须首先让自己成为一所有竞争力的大学，一所独特的、新型的、国际化的大学。在学生构成上，届时将有来自全球数十个国家的数千留学生、数千硕博研究生，1 000 名左右来自全世界高水平的教师和数百位支撑人员，我们的生师比依据专业不同保持在 8～18 之间。

事实上，西浦在成立时就拥有非常清晰的规划：定位于研究导向的国际大学。教育在西浦是最本质的业务，但为了把教育做得更好，我们必须重视研究。西浦提倡的研究导向有三个层次的含义，即学生学会研究导向型的学习，教师提倡研究导向型的教学，工作人员推崇研究导向型的工作。在学科建设上，我们会集中资源和精力，在人类面临严重生存挑战的领域设置专业、开展研究。我们的目标是关注和帮助人类提高生存质量和增强幸福感。

《中外合作办学条例》的践行与反思

（《中外合作办学条例》颁布10多年来，特别是《国家中长期教育改革和发展规划纲要》（2010—2020年）实施3年来，中外合作办学发展情况总体较好，形成和保持了高水平、示范性、快速发展的势头，社会关注度、信誉度、品牌度有所提升，社会影响扩大，在促进教育改革发展、高校学科建设、培养国际化人才等方面发挥了重要作用。

近来，一批中外合作大学相继成立，掀起了一股中外合作办学的新风潮。作为国内中外合作大学的“先驱”，西交利物浦大学在探索高等教育国际化方面积累了丰富的经验，为此，《人民政协报》教育周刊记者于2014年9月采访了西浦大学执行校长席酉民教授。）

《人民政协报》教育周刊记者（以下简称“记”）：您如何看待目前中外合作办学的发展趋势？中外合作办学的最终要义是什么？

席酉民（以下简称“席”）：近几年来，中外合作办学的发展十分迅速，具有独立法人资格的中外合作大学已有近十所，但这并不意味着中外合作办学的发展已经成熟。相反，尽管目前高校和政府合作办学的热情很高，但很多举办者对合作办学仍然没有明确的定位和清晰的战略。由于合作办学高校往往需要当地政府的支持，因此政府和办学高校之间的协调机制也是影响合作办学发展方向的重要因素。可以说，当前在中外合作办学总体的发展定位和举办者之间的治理机制尚不成熟，中外合作办学的可持续发展模式还有待进一步探索。

中外合作只是一种手段，其核心目标是怎样办好符合未来发展趋势、让人民满意的教育。对于西浦来说，作为国内唯一一所以理工管学科起步的强强合作中外合作大学，我们的定位非常明确。西浦不想模仿英国高校的模式，也不想效仿中国高校的模式，而是基于自身高度国际化的平台，整合中西方高等教育的优秀经验，针对未来世界人类生存的挑战和对人才的需求，打造一所独具特色的新型国际大学。其次，西浦试图探索一种新型的大学管理模式，即知识型组织的网络管理模式。我们知道，全世界大学大都采用传统的官僚层级式管理形式，但这种适合于制造工厂的组织模式并不适合知识组织的运行，西浦正在探索如何通过建立一种网络化的组织平台来促进大学内知识的创造、传播和转移。这是西浦试图通过自己的探索影响中国乃至世界的高等教育的两个方面。

记：中外合作办学在教育理念、教学模式、课程设置等方面给中国高等教育带来哪些启示?

席：如果定位清楚、运行顺利，中外合作办学在很多方面可为中国高等教育的改革提供启示。以西浦为例，我们在办学理念上更加注重学生的成长，把学生的学习和健康成长作为学校办学的中心，学校的教学、学生工作等一切事务都以支持和服务学生成长为目标。在学生的培养方面，西浦除了注重传统大学里的知识传授外，还特别重视对学生能力体系和素养体系的促进和提升。

同样，在教学模式方面，西浦努力改变传统大学的教学方式和学生的学习方式，改以“教”为主的灌输式教学方式为以“学”为主的互动式教学方式，对于学生的学习，也特别注重帮助学生改被动的、盲目的学习为主动的、兴趣导向的学习。最后，西浦对大学管理的探索可以给中国乃至世界的高校提供借鉴，特别是如何形成一个提升知识工作者效率的网络式平台。

记：最近颁布的《国务院关于深化考试招生制度改革的实施意见》中提出，为了扭转单纯用考试分数评价学生的做法，今后将把学生综合素质评价作为升学参考，促使人才选拔从只看冷冰冰的分，到关注活生生的人。我们也了解到西浦一直在进行“以学生和学习为中心”的教育模式探索，两者异曲同工。您认为高校教育如何真正回归到对“人”的教育？

席：高校回归到育人的本质，需要在办学理念、教育模式、支撑体系三个方面实现彻底转型。

首先，办学理念要真正落实到“以生为本”或者“以学生和学习为中心”，根据受教育者的成长需求和个性化特征，制定出学生真正需要的、符合教育规律的、清晰具体的育人目标。现实中很多高校脱离了以人为本，很多时候没有把人的发展放在办学的核心，或者没有清晰具体的办学目标来体现人的核心地位。

其次，大学应探索包含一套系统的教育策略的育人模式，通过课堂、课外活动以及实习实践等活动来对准育人目标，切实促进学生的成长。传统的大学主要依靠课堂活动来实现育人功能，而学生的课外管理主要基于控制的思维达到管理者的要求。西浦不仅通过课堂教学的创新培养学生的合作能力和国际视野等育人目标，而且特别重视引导学生在课外的校园生活中培养自己的领导力、价值观和自我管理能力等。

最后，需要建立一套高效的管理和支撑体系来保障教育策略的有序运行。这其中很重要的一点就是如何构建大学的组织架构。西浦采用网络式大学治理结构，由董事会、投资者和社会共同参与治理；学校的高管团队负责学校战略、资源获取、搭建平台和日常运行；学生、学术、行政、信息四大服务中心无缝连接构建成学校的网络化支撑体系，保障教学和科研活动的顺利开展。师生、各教学和科研的组织单元，以及因学科联系形成的学科群在该平台体系上自由探索、有序协作。此外，在“学生自治，学校引导与服务”的基础上，成立了师生联络委员会，学生事务委员会，将学生的建议和意见通过正规渠道送达高管团队，切实保障学生的参与。学校还成立了由社会各界人士组成的工业咨询委员会、校外导师团队、家长联谊会，为学生和学校的发展提供指导。

记：作为中国一位资深的高校管理者，您认为中国教育的体制改革最需要改的地方在哪里，最大的矛盾在哪里？西浦在去行政化等学校治理方面有哪些值得国内其他高校借鉴的地方？如何保证教授治校的权利？

席：中国的高等教育要通过改革真正建立“以学生和学习为中心”的体

系，需要多个层面的合力来共同推进。首先是体制层面的改革，需要尽快建设和完善大学组织法，将大学纳入法制体系；与此同时，规范大学定位和资源配置体系，变教育“跑部钱进”的以工程和项目配置资源方式为科学透明的拨款体系，让大学静心于育人和研究。只要这样，才可能逐步改变中国高等教育的行政导向的教育体系，即行政完全拥有大学的战略控制权和大学领导者的任命权，大学全力完成行政部门设立的指标，大学领导者的主要精力放在完成这些指标上，没有精力和动力关注学生的需求。另外，体制还为大学提供了一种隐性的庇护，只要完成上级关注的目标，大学领导者就不必考虑学生的诉求和成长，也不必制定以学生为中心的战略，因而，大学管理和技术层面上也缺乏建立“以学生为中心”的制度保障体系，更不用说积极主动探索或推广相应的教育方法、技术和路径了。因此，深入推进改革有两个关键点，一是要突破体制障碍激发大学领导者关注学生成长的动力和积极性，二是要帮助大学的管理者探索建立“以学生为中心”的系统方法和实施技术。

记：中外合作办学的教育质量监控面临哪些问题？

席：由于中外合作高校一般会授予国外合作高校的学位，因此这类高校首先需要接受国外质量控制体系的监控，如果合作高校是国际名校，基本的教育质量是有保证的。其次，对于像西浦这样还授予中国学位的高校，同时要接受来自教育部的学位授予权评估和教学评估。这种多种质量体系同时监控完全可以保证质量，但可能对这类高校的发展带来一些挑战，特别是两个体系在理念和操作上有不少需要融合的地方。就西浦而言，因试图大胆探索创新面向未来的教育，我们在办学过程中努力回避中外两个体系中已经落后的要素，致力于融合二者的优势，创造一种更好的质量监控体系。最后，中外合作办学需要更多地接受来自市场的检验，因此会更多地关注学生、家长、企业界以及社会其他个人和组织的监督，这既给它们的发展壮大带来了机遇，也带来了更多的挑战。

记：《中外合作办学条例》已经颁布10余年，发展中面临什么挑战和政策困境？

席：《中外合作办学条例》规定：中外合作办学属于公益事业，属于中国教育事业的组成部分。因此，根据《中华人民共和国教育法》的规定，中外合作大学的学生、教师和法人主体应享有与国立大学学生、教师和法人主体相同的基本教育权利。但就目前运行情况来看，以下几方面的政策需要进一步的改进和完善。

第一，中外合作大学学生应享有平等的受教育权利。

尽管当前在中外合作大学就读的学生享有与国立大学学生相同的升学、就业权利，但在就读期间尚无法享有国家公益性的基本教育经费——生均拨款。生均拨款是国家按照宪法和教育法的精神，保障受教育者基本权利的重要举措，也是体现教育公益性的核心环节。生均拨款与学生接受何种体制下的教育无关，而是一项基本的公民权利，但中外合作大学的学生作为合法公民尚未享受到这一国家提供的公共服务，这是制约高等教育公平性的一大障碍。建议国家对中外合作大学的学生提供生均拨款，保障所有中国公民享有同等的受教育权利。

第二，中外合作大学教师应享有同台竞争公共教育资源的权利。

从本质上看，中外合作大学的教师与国立大学的教师一样，都从事教学和科学研究两项对国家社会主义建设至关重要的事业，他们在为国家培养优秀人才和创新方面与国立大学的教师并无不同。因此，中外合作大学的教师应享有与国立大学教师同台竞争公共教育资源的权利。国家应将中外合作大学纳入各种人才计划统筹范围，给予中外合作大学教师同等的申报权利和资源支持。

第三，中外合作大学应享有教育组织的基本权利。

虽然《中外合作办学条例》规定中外合作大学依法享受国家规定的优惠政策，但当前因中外合作大学的民营非企业法人身份，在税务和财政政策方面仍无法享有和国立大学同等的权利，严重阻碍了这类高校的发展。建议国家按照教育组织的发展规律，严格审查中外合作大学的营利性或非营利定位，对非营利中外合作大学规范注册，使其享有与国立大学相同的税务和财政政策。

突破和变革，永远有约束

（中外合作办学在中国已走过二十余载的旅程，从项目起步，到如今的中外合作大学，它们是中国教育改革进程中的一次大胆实验。如今，这些大学真的如预期一样得到了大众的青睐吗？对于那些入学制度严格但不严苛，教学方式不断创新的新大学，社会似乎没有给予客观公正且宽容的评价。从这些校园里，走出了不少出类拔萃的学生，虽然之前他们可能曾是高考大战里的“中等生”，也曾为错失名校而痛苦。为一探这类大学的生存现状，澎湃新闻记者于2015年7月采访了西交利物浦大学执行校长席酉民教授。）

澎湃新闻记者（以下简称“记”）：来采访您之前，在校园里跟几位西浦的学生聊了聊，感觉他们中的许多人都非常优秀，但言语中能察觉到他们对自己的学校有那么一点不自信。您怎么看？

席酉民（以下简称“席”）：主要是因为学校太年轻了吧。大学是一种信息严重不对称的组织，其名声需要百年积淀，尽管你很优秀，但是要别人认可你的牌子，却是件很难的事情，需要时间的积累。名校大都有很深的积淀和辉煌的传统，例如，就算一个傻子从清华、北大出来，他也是清华、北大的，不是因为他，而是因为有百年的历史来证明他的学校是一所不错的学校。然而对一所新学校，在尚未深入了解的时候，即使来学校转一圈，也只能看到校园美不美、楼盖得好不好。只有当他从他身边接触的人，看到这个学校的毕业生的素养和工作能力，他们的行为方式之后，才会感觉这所学校培养出来的人的确是不一样的。这个认知的过程需要时间，所以用八年时间能做到目前这样，我们已经觉得很满意了。

记：像西浦这样的中外合作大学，在中国的土地上发展，是不是还是会受到一些限制？

席：限制是必然的。因为只要你想做一个突破，一个变革，就永远会感觉到有限制。在中国社会里，要创建一所国际化的大学，自然需要一系列的变革和突破，自然而然会遇到很多显性或隐性的限制，比如说显性制度上的障碍。因为制度的进步往往是滞后于人的认识的，文化实际上是历史行为的积淀。一般而言，人们只有在认识到某件事是对的、实践得差不多时，才慢慢会形成规律性的认识，并用制度把它规范起来。所以，在变革时代，制度一般会落后于我们的探索，常常成为发展的制约。具体讲，如人们热议和探讨的高考招生方式，网络环境下学生的学习和教育模式，如何面向社会变革的新专业的设立和批准，大学而非国家学位的授予方式等，有些已很不适应市场经济的需要，有些可能适合国立学校但肯定不适合我们这类学校，我们这类学校几乎是完全依靠市场机制生存的，目前没有教育部的财政补贴。

当然还有一些隐性的限制因素，比如观念和文化因素等。大家都知道，我们的传统教育有很多缺陷，如应试教育、重视面子、缺乏独立思考和批判精神等。人们深知，应试教育把学生训练成了考试工具，扼杀了学生的兴趣和快乐生活。但仔细研究便会发现，当学校或者老师试图进行改革时，最大的阻力往往来自那些批判他们的人。有些家长会说：“先别改，先别改，等我们的孩子出去了你们再改。”又如，大家嘴上说“三百六十行，行行出状元”，但实际上对成功的理解很单一，上学不一定是上适合自己的学校，而是无视孩子的兴趣和能力，一窝蜂地奔“名”校，扭曲甚至挫伤了学生学习的积极性或梦想。总之，类似的观念的改变很难。很多人心里知道这是不对的，但是当要进行某种变革的时候，他们害怕自己的利益受损，往往就变成了帮凶，一边在抱怨改革有阻力，一边自己却成了改革阻力的一部分。

从文化方面看，中国人对孩子的教育很重视，但永远把孩子看成自己的私人财产，而没有把他们看成是独立的人，不认为孩子应该有自己独立的生活、奋斗的乐趣。所以，父母会将自己的愿望强加给子女，甚至让子女替自己实现梦想，这种观念和文化不仅会严重约束下一代的学习热情，制约他们的成长空间，而且会影响教育的健康发展。但这种情况的变革需要对长期形成的财富观和文化的突破。

记：教育部在关于中外合作办学的规定里提到，我们的合作办学必须是非营利性质的。有些老百姓很困惑：为什么作为非营利性的大学，它的学费标准却在逐年提高？

席：首先，理论上说，这样的学校应该拿到国家的一些支持。比如说，每一个大学生都是中国的大学生，无论这个学生在中国谁家上学，国家用纳税人的钱对教育给予的补贴，他们应该有均等的享受机会。据说，教育部及有关部门正在研究，看看以什么样的方式支持到我们这类学校的发展，因为中外合作大学也是中国大学的一部分。但是，目前还没有。

其次，学费为什么会贵呢？国立大学，校园建设是国家出的钱，教师的工资也是国家出的钱，每年还要给大学各种各样的投入或补贴。所以国立大学学费很便宜，是因为其学费没有跟它们的办学成本完全挂钩。我们这类学校如果定位为非营利的大学，不仅不挣钱，还须遵循国家非营利组织法，如果有朝一日学校停止办学，所积累的校园和各类资产均归社会所有，投资办学人没有索取权。另外，对非营利的中外合作大学来说，因其老师和校园建设的国际标准，运行成本很高，在没有国家补贴的情况下，为了维持运行一定需要高学费，在学校招生未达到一定规模时，即使是现在的高学费也未必能实现收支平衡。当然有些地方政府已经给有关学校的学生一定补贴，但这还只是个区域性的现象，有待国家政策规范化。《中外合作办学条例》颁布时还没有具备独立法人资格的中外合作学校，经过10年多的实践，是进一步修订和完善这个条例的时候了。

我曾经给生物系的学生算过一笔账。我们生物系和化学系的生师比大概不到10∶1，一年一个教授加上实验室及其运行成本平均成本不低于100万元，那么平均到每个学生身上，就是10万元。这当然只是个概算，但从中我们可以体会到这类学校的办学成本。

记：*在教师队伍的考核方面，西浦和国内的学校有什么不一样吗？*

席：在这方面，有很大的不同。

首先，无论多有名的教授，加盟西浦，你必须教书。我们的基本观点是，大学不是单纯的研究所，在这里不应有人只做研究不教书，作为教书育人的教授就是为讲台而存在的。尽管现在教学方式正在发生革命性的变化，但完成教学任务是每个老师最基本的使命。

其次，作为学者，你必须做研究，当然是在完成教学任务的同时进行的。在西浦，每年每一个老师都需要做 PDR（即职业生涯发展评估），不是单纯地填张表格，而是需要认真总结本年度取得的成绩、存在的不足、明年的计划、需要学校的支持等。对于教学评价，既听取学生意见，也有同事评价，还有隶属系院管理者的评价。如果是学术职务提升，其学术成就需放入其研究领域的国际学术圈子中考核，如果你的国际同行认为你可以做教授，在其他合同规定任务完成的情况下，你就可以提升为教授。西浦虽然重视研究，但不会把发表论文作为唯一的指标，我们不拼学术 GDP。外行都是看数字的，但是内行需要看内容和价值。

记：*您期盼西浦的学生未来如何发展？*

席：教育的本质是帮助人成长和获得事业成功，服务于社会的进步和发展。成功有很多要素，如个人能力、天赋、机会等，但是首先要成为一个健康的人。西浦的理念是“幸福生活，成功事业”。所谓健康，就是要有正确的价值观念，积极的学习态度，阳光的心态，正确的行为方式，这样的学生会活得很健康。只要健康，并且努力，一旦有机会，他们就会比同龄人更加有竞争力，成功的概率就会更大。所以，在我们的教育里，事业的成功是以健康的生活为基础的。

我相信，从西浦的校园里，未来一定会走出一大批成功人士。从理论上说，跟国内的同学来比，西浦的学生有两个优势。一方面，平均来说，他们的英语能力一定比同龄人要强；另一方面，他们的独立自主精神和综合能力很强；尽管你现在碰到的部分同学也许对学校的牌子还不够自信，一旦走上社会，他们很强的综合能力就会表现出来，就会变得越来越自信。跟国外的同龄人相比，他们也有一定的优势。中国学生的基础知识相对而言要比国外的学生扎实，加上他们非常勤奋，同台较量时也会具有相对优势。从实践来看，我们过去的六届毕业学生的确表现优秀，无论是在国外很知名的学校里，还是在自己的工作岗位上，大都得到了社会的充分肯定。

第三部分　西交利物浦大学教育探索素描

中外合作办学的可持续发展与追求卓越之路

人才培养模式创新与国际经验借鉴

西浦办学：四个期待

西浦教育：三级融合与跨越

西浦学生：三个维度九个方面的转变

西浦学习：三个融合

西浦管理：三个桥梁

西浦文化：DRIFT

西浦校园：体现东西文化的对话

西浦校训：博学明道，笃行任事

西浦校徽：全球融合与时代跨越

西浦的故事

"教"之凤凰涅槃

博学明道，笃行任事

尝试独立，学会成熟

愿西浦为你们插上追梦的翅膀

我们的角色

"知道"时代拒绝肤浅

世界那么大，怎样属于你

"十岁"万岁

中外合作办学的可持续发展与追求卓越之路

——以西交利物浦大学为例

中外合作办学有多种类型，如项目、校内学院、独立法人机构；独立法人机构也有多种发展模式，如国外合作学校在中国的一个教学中心、一个分校区或者建设一个独立的大学。西交利物浦大学属于后者，是一个具有独立法人资格的独立大学，并正在根据未来发展趋势和需求探讨新的教育模式和办学体系，以影响中国教育改革和世界教育发展。经过十年的探索，现将一些思考和研究心得与大家分享。

无论什么样的合作模式，首先需要分析其可持续发展的可能性，比如，是否有发展的机会？发展的目标是什么？以什么样的方式去发展？该模式在未来是否有生命力？是否有必要的资源保证？是否有合适的治理结构和管理团队支撑？等等。要办好一所大学，这些问题很基础也很重要，如果没有机会或所选模式不适合这个时代，这个模式迟早会死亡。在回答这些问题时，一定要深入分析这个时代的挑战以及未来的发展趋势。

另外，中外合作办学涉及多元文化的碰撞与合作、多种体制与模式的冲突与融合、传统模式与未来发展的争论与衔接、中国现行制度和实践与引进模式的矛盾和借鉴，等等，在整个办学过程中，如何处理好这些冲突与融合也挑战着合作办学者的能力与智慧。他们既需要具备文化的包容性，又要长于在多元文化共处的环境下营造适合办学模式的新文化；既要善于学习他人经验，又要理解本土情景；既要面对源于不同教育体系、成长于传统模式、背景和习惯差异很大的师资团队及其传统习惯，又要展望未来、把握趋势、探索新模式，并使大家乐于一道共同践行；既要探索新的发展趋势，借鉴国际先进教育模式，又要突破中国习惯、制度和各种传统的羁绊。所以，真正办好一所高质量的中外合作大学非常不容易。比如，西浦是中英合作的产物，文化上中国快、英国慢；教育管理上中国松散、英国严酷；我们提倡主动教育，但中国学生习惯于被动学习；我们接受英国QAA认证，但来自美国及其他国家教育体系的老师有时并不熟悉甚或不完全认可英国教育体系；我们探索新的教育模式和大学运行体系，但不少师生员工可能不认为应该改变或不愿意改变他们自己已经熟悉的行为和实践；许多变革和创新还会遭遇改革滞后的政策和人们习惯的方式带来的阻力，等等。积极健康的发展需要消除误解、排除障碍、克服困难、缓解冲突、持续努力，才有可能到达成功的彼岸。

作为一名管理学教授和西浦的具体运行者，通过实践和理论研究，笔者和同事们摸索出了一个中外合作办学的五星模型（见图3—1）：

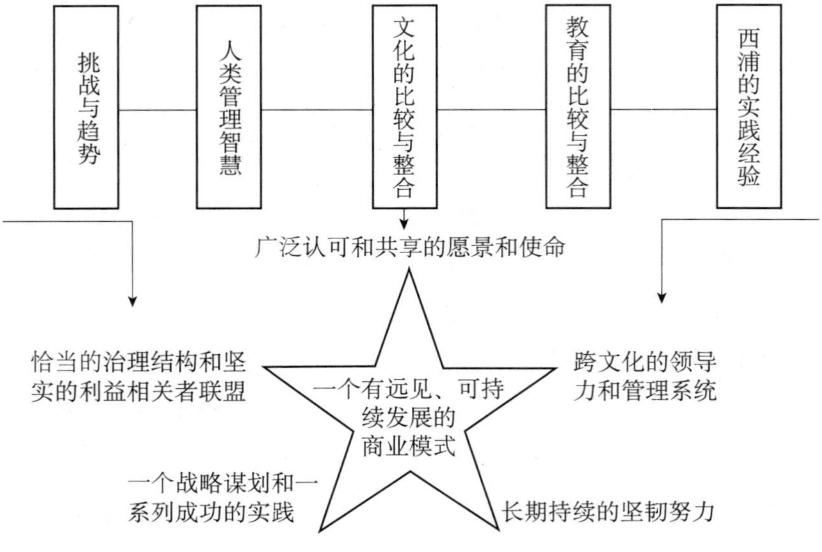

图3—1 中外合作办学的五星模型

一、处于五星中心的是“一个有远见、可持续发展的商业模式”

办学之初，一定要想清楚它在当下存在的意义和价值，以及10年、20年以后存在的价值，假如不能提供任何价值就一定不能办，这是最最根本的。就西浦模式而言，是在中国办一所真正的国际大学，让中国的家长不再不惜代价、不顾风险地把孩子送到国外，而是让孩子们在未成熟之前在熟悉的环境中享受具有国际水准的、高质量的教育；办一所让世界认可的中国大学，在中国深受世界关注的时候，吸引世界各地的学生到西浦学习，他们无须精通中文，但可收获国际认证的学分、英国和中国的双学位、中国文化和潜在的事业发展机会等；整合世界最优实践，独具特色。要有未来，永远不要跟风，只要独具特色，一定会在一些重要领域具有领先地位，影响中国教育改革和世界教育发展。在这个时代，一个公司可以整合全球最优资源开发一门网课，没有一所学校可以就该门课程与其竞争，假如这类公司可以因此而获得优厚的收益，大学却还没有改变传统的教育模式，将可能被逐渐替代或淘汰，大学为防止此番厄运，必须变革并为学生创造出在新技术环境下的校园学习价值。西浦试图站在云端（网络技术和资源之上），打造新模式，创造新价值，以全新的姿态迎接挑战，并以我们的实践影响教育发展。从以上分析，不难理解西浦模式的价值和可持续发展的前景。

二、五星的上面一个角是“广泛认可和共享的愿景和使命”

找到一种模式固然重要，但它只代表这种模式可以在未来存在、有价值，其能否生存还取决于参与者是不是对这个价值的实现形式有共同的认知并乐于追随。中国有几千所大学，多一所不多，少一所不少。西浦要建成上述那样可与网络教育共生、给予学生校园学习价值的新型大学，必须使办学者、师生员工以及家长、教育主管部门等利益相关者都明白和认同西浦的教育梦，我们才可能有强有力的同盟军，得到持续的关注及支持。

三、五星的左边角是“恰当的治理结构和坚实的利益相关者联盟”

大家都明白该做什么，并不等于大家都乐于做什么。在大家理解和认同的基础上，还需要形成相应的治理结构，使所有实际参与者的权力、利益和诉求得到保障，使大家愿意形成一种共同发展的战略联盟。例如，西浦的发展不仅要让两所合作大学的追求和利益得到保证，而且要让家长、学生满意，让教育管理部门和同行认可，让地方政府和社会各界开心。实际上，我们在努力把西浦打造成一个教育与科学生态，以西浦为平台把世界的人才、技术、资源吸引进来，营造一种创新文化和与社会共生互赢的共同体。

四、五星的右边角是“跨文化的领导力和管理系统”

再好的设想或模式，如果没有一个好的领导团队和强有力的管理系统支持也难以成功。例如，在市场上有很多成功的企业，如阿里巴巴、万科、华为等，大家都对成功的案例津津乐道，但是很少有人提及它们身后无数的失败者。其实，并不是只有这几家企业发现了合适的商业模式，而是很多人都知道有这样的机会，但最后只有少数企业因其卓越的领导和智慧的努力获得了成功。因此，一个好的领导团队对中外合作办学的健康发展非常重要，他们必须有能力带领这样的机构快速前进。

五、五星的左下角是“一个战略谋划和一系列成功的实践”

如果设置了一个非常好的愿景，但是经过三年、五年或者更长时间看不到成功的希望，人们便会逐渐放弃。所以在模式、愿景等基础上，一定要有战略的构思，不仅要有重大战役的部署，而且需要短期可看到成果的具体战术，每年每步都要有实实在在的成果出来，人们才会有信心，才乐于跟你一道继续往前走。

六、五星的右下角是“长期持续的坚韧努力”

可以说，一个新生事物的成长，特别是在中国目前的环境下，会遇到太多的阻力、挑战，包括法律、制度、文化、教育理念、社会习惯等方面，每走一步都可能遇到风险和困难，要实现宏图大略，需要专注、坚守和长期切实的奋斗。比如，西浦有的专业淘汰率较高，党的十八大召开前，一些需重修的学生家长通过强大的网络工具迅速形成联盟，声称要上街游行，此事被迅速反映到省市领导那里，给学校带来了很大的压力；又如，为突破学生的英语学习困境，改变学生的语言学习行为，西浦放弃了英语四六级考试，前些年每年都会遇到来自学生和社会各界的质疑。类似这样的问题很多，我们不是简单地妥协或回避，而是分析我们的做法是否符合未来发展趋势，是否正确。如果我们认为是正确的，则坚决坚守，当然在复杂的环境和背景下，还要学会智慧地坚守。

在今天这个时代，做任何一件事情都需要有激情，否则很难做好，因为这个时代挑战太多了。总之，要创新，要成就卓越，就不要怕不被理解，真正可怕的是自己不理解。创新者、探索者、发明者、改革者在未成功前往往都不被理解，因而成功后往往被捧为英雄。完成一项突破当下生存环境、但符合未来趋势和具有前景的事业向来不易，因为这样的事业往往要改变当下人们的观念和习惯，要突破现存环境的约定成俗甚或规范，所以需要坚守，更需要不断反思和智慧前行，但其基础是我们对事业及其生命力的内心认知和充分自信。

人才培养模式创新与国际经验借鉴

今天我将从六个方面概括介绍我们的一些思考和行动。第一，什么是创新型人才？创新型人才能不能培养？第二，在目前的教育体制下，中国的高等教育到底遇到了哪些挑战？需要进行哪些改进？第三，面对未来世界对人才的需要，大学应该怎么做才是正确的？第四，面对现实，我们到底应该怎么去改进？第五，要想真正把我们期待的大学办成功，我们需要做些什么？第六，在我们的心目中，真正的大学并不是一些漂亮的大楼，而应该是一种学术共同体，是一种可以整合全球资源的网络平台、校园文化和环境，那么，怎样塑造这种体系和氛围？

一、人人都有创新能力，教育重在释放人们的创造力

每个人都有创新的欲望和能力，关键问题是如何把我们本身拥有的创新能力释放出来，而不是让它被扼杀掉。

想想千年来，我们一谈到中国人的创新，永远是四大发明，但是近两三百年来，中国在现代科技方面有几项发明和发现是值得在世界上称道的？几乎没有。为什么？人们经常认为，世界上最聪明的民族，一个是犹太人，一个就是中华民族。但是，为什么这么聪明的人总是把才智用在一些小发明或改进上，而没有用在一些大的科技创造上？是中国人真的没有创新能力，还是中国人的创新能力被很多文化习惯甚至制度扼杀掉了？想想我们的应试教育，很多作弊

手段绝对是全世界最先进的。为什么学生要去作弊，为什么那么具有“创造性”地利用各种各样的新玩意儿（技术工具）去作弊？我曾在西安交大组织一个干部教育的考试，居然有一个团队为方便作弊专门架设了（寻呼机）信息发射台，他们的聪明才智为什么没有用在正道上？这是一个很大的问题。

教育能否让学生发现他们的兴趣，释放他们的创新能力，这是值得思考的问题。创新能力并不是简单教出来的，而是要靠教育激发、帮助学生发现他们的兴趣点。试问，现实中有多少大学生在按照自己的兴趣学习专业课程？如果连自己的兴趣都不知道，就不会按照自己的兴趣去学习，又如何释放出创新的动力和学习的积极性呢？有些学校调整一个专业还要收费，少则几万元，多则十几万元，又怎么能让学生释放创新能力呢？

创新需要激励、需要释放，它依赖于制度和文化环境。中国目前的教育制度和文化环境从某种意义上来讲不是在释放大家的创新能力，而是在扼杀大家的创新能力。

二、教育的趋势与中国高等教育面临的严峻挑战

我们要培养出在未来有竞争力的学术人才。只有把抑制创新的教育制度和障碍消除掉，才有可能真正培养出创新人才。请看图 3—2。左侧是工业革命以来的传统教育，右侧是知识经济下的人才教育，从中我们可以了解工业文明以来教育的基本特点和知识经济时代人才培养的新模式。

第一，工业文明以来的教育重点是为工厂培养可控技能工人。工人是生产线上的人，培养生产线上所需要的工人主要是帮他们形成一种行为导向，换句话说就是进行一种职业的训练，教给他们基于专业劳动的知识。但知识经济时代知识获取相对容易，且知识更新速度日益加快，教育不再是简单教给学生具体知识，而是需要提高学生的素养和帮助学生学会学习。大家想想，我们的专业文化课，特别是近几年一直在实行的专业调整，如本科教育的专业化和研究生教育的宽泛化，实际上有很多是违背教育规律的。除高等职业教育外，大学

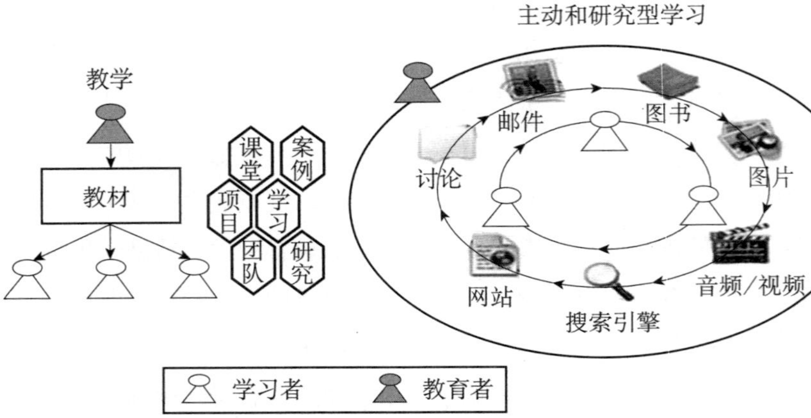

图 3—2 灌输式教育 vs. 学习型、研究型教育

本科的教育应该越来越宽，研究生教育应该越来越专，这是培养目标的需要和市场所需能力的体现。而我们如今把本科教育变成了一个更专业的教育，这些专业划分（包括教育部一些教育指导委员会的设立）实际上是一批学者或者专家在为自己划定地盘，并不完全是按照科学规律在办学。另外，教师们从高中到大学一直都在传授知识点，课堂上把知识分割成很多个碎片，每一堂课老师给学生讲一个知识点，学生记知识点，考试时背知识点，考完试忘知识点。重在灌输，轻视知识整合和运用能力的训练，很少训练学生将所学的知识点无缝连接成一个整体，并运用这些知识去解决一个完整的问题。虽然每节课老师讲得很细、很深，但事实上，学生自主学到的知识非常有限。此外，对于学习的考核，是用一次考试来检测学生所学的知识，而不是通过一系列活动过程和实践去检验。实际上教育最重要的是刺激和帮助学生发现新知，利用已有的知识去创造性地解决新的问题，在不确定的环境下把知识进行整合。无论从教学还是考核，目前的体系都需要进行重大变革。针对中国教育的种种弊端和世界教育的发展趋势，我们必须重新思考教育模式，思考学生在校园里应该学什么，学生怎样才能学到他们需要的知识，学生和教育者各自到底应该扮演什么样的角色。

第二，我们简单地分析一下教育的发展趋势。建构主义教育理论从哲学上将学习定义为行为和思想的永久改变，强调意义获取。换句话说，学习可以定义人的行为和习惯，从而使人对一件事情有新的不同的看法，这意味着学习可以改变人的态度和行为，从而改变人们对社会的认识。从角色上看，该理论认为学习者天生具有创造性，能够自我导向，他不是一个孩子，不需要别人给其定向。因此，教育者也应将自己看成是教育的指导者和资源提供者，而不是学生的设计者。这是教育认识上的重大转变，认为人有自我能动性，可以自我设计，其他人可以辅助他，而不是塑造他。但是很多中国的孩子是被别人设计的，而不是自己在设计自己。

第三，教学始于课堂，但是真正的学习发生在学习者把所学的知识用于实际环境和解决问题的过程中，从而提升他们的能力，改变他们的价值观。那么教师的职责是什么？是制造这样的学习环境。教师主要是营造环境、提供资源、引导学生。因为学习是一个过程，所以对教育的评估不能仅仅关注评价学习的知识点，更要重视学习过程中的评价。

基于这样的基本认识，我们不难发现中国教育面临的很多问题。国外有同行说，中国的教育摧残了孩子，使学生成为被格式化了的一代，读书等于赶考。反思我们国家的快速经济增长，是由教育创新创造的吗？国外的一些研究报告指出，2031 年中国将成为高收入国家，但也将成为世界上最落后的国家，原因是体现国家竞争力的最核心的东西很少。虽然我们并不完全认同这种观点，但是这样的预测至少是一面镜子，让我们能够看到有哪些地方需要改变。比如，中国的学生一般很少说“不”，表现得很听话。他们是真的听话，还是被熏陶得善于听话？这是很大的问题。很多人跟我说：“老师，你讲的这些东西都对，我们也知道，但是你可以做，我们做不了，因为你的体制跟我们的不一样。”我并不完全赞同这种观点。体制确实重要，甚至是一个根本的因素，但中国面临的问题可分为三类：第一类是体制问题，第二类是管理问题，第三类是技术问题。在体制没有改变的前提下，尽管缺乏解决管理和技术问题的动力，但我们仍有很大的行动空间。我可以举出很多例子，所以不要总把体制作为不去解决问题的借口。中国高等教育面临着很大的挑战，也寄托着人们太多的期望。成为世界强国是中华民族每个人的梦想，但要成为世界强国，中国最缺的就是人才、技术、管理，而这三点都与高等教育密切相关。我的研究发现，目前中国高等教育面临如下五方面的挑战：一是，从精英教育到大众化教育，大学的功能定位和管理概念需要调整。有些大城市的高等教育毛入学率高达50%～90%。在这种情况下，中国的大学还都想搞精英教育，没有人静下心来把自己能做的事情做好，很少有大学不跟风，认真思考自己合适的定位。二是，从计划经济到市场机制，大学治理体制和资源配置方式需要调整。现在大学的资源配置方式基本上还是依靠计划机制、通过各种工程和项目进行，由此引致了严重的浮躁氛围和职业精神失范，而且大学的主要学术精力被浪费在非学术的资源争取活动中。三是，从官僚机械组织到知识组织，大学的管理体系及组织方式需要调整。官僚层级结构适合传统的制造企业，不适合以知识工作者为主体的大学。大学过去常采用三级管理：学校、系、教研室三级，现在已经演化为校、院、系、教研室四级。最近几年，为了加强学科之间的交流，不少大学又流行创建大学部，使其管理层级演化到五级。理论和实践表明，作为知识组织的大学，应该彻底扁平化，即所设层级应该越少越好。四是，从知识传播到大学新功能的履行，育人模式和教育流程需要调整。大学培养目标如何定位？不同学校如何形成自己适用的培养模式和教育流程？这方面有很多事情要做。五是，从书斋式教育到实用主义倾向，大学的人文精神与创新文化需要强化。大学到底朝哪个方向发展，每个学校如何走出自己的特色道路，实际上是一个非常严肃和重要的话题。朝哪个方面发展不是哪个人可以说了算的，而应该根据未来世界的需求和发展趋势来确定。

三、未来世界对人才的要求和教育目标的反思

展望未来，方知该如何起步。我们可从未来人才的特质来理解大学的变革方向。

先来看人类是怎么发展的。实际上，人类所走的每一条道路都是设计和演

化并行的结果。那么如何成就一番事业？面对未来不确定的世界，有四条路可以走：第一，在环境相对稳定的情况下，可以通过设计优化实现人类目标，即利用人类已有知识，设计优化行动路线。在这样的情况下，实现目标的关键是执行。第二，当环境具有一定的不确定性时，人类会面临多种行动方案，我们需要做出选择。大家注意，在这个时候仅有知识是不够的，还需要判断、勇气等。第三，如果面临的环境更加复杂，对未来看不透，此时只能摸着石头过河。从教学优化的角度讲，叫做从局部最优达到整体最优。如何保证整体搜索最方便有效？一定要有个方向，即过河，于是可以朝着要到达的彼岸，摸着石头走。第四，如果面临的环境更加恶劣，朝前看完全是两眼一抹黑，什么都看不透，这时候应该怎么办？唯一能把握的就是自己。不管怎么样，都要相信自己会过得去，无论遇到什么情况，都确信自己有能力应对。这才是未来世界所需要的人才，即能够做到相机行事。那么，这种能够应对各种环境的人才需要什么样的素质呢？一是知识，二是能力，三是素养，四是智慧。现在，我们在大学里主要是教授知识，而且教的是死知识。这样的话，如何让学生面对未来？因此，面对 21 世纪的挑战，教育必须反思，怎样才能让学生拥有挑战日益复杂多变的未来世界所需的能力、素养和智慧？

四、面对现实，大胆探索和变革

面对中国应试教育的积习，除了知识教授上的变革外，我们不得不思考：能力是如何训练的？能力不是教出来的，而是通过做事练出来的。老师应该向学生提出更多开放式的问题，让他们在解决问题的过程中去学知识、用知识、创造新知、训练能力。这样，学生不仅学到了更整合的知识，而且学会了学习、训练了能力。那么素养又是如何培养的呢？提升素养最好的方法是熏陶。比如，我在西浦任职数年，最重要的任务就是在明晰办学方向和定位的基础上构建一个新型大学的体系，营造一种激励学生向上和帮助他们认知自我、释放能量的氛围。大学如何创造这样一种环境或氛围？我们在西浦做了很多改革的尝试，如鼓励学生从孩子转变为“世界公民”；给学生认识自我兴趣、重新选专业的机会；减少课堂学习时间，强化项目、团队合作等，让学生在活动过程中学习；老师的教法也不同，虽然课时少了，但告诉学生整体的体系，帮学生通过自学与实践进行学习；等等。至于智慧获取，更多依赖于效仿和感悟，因此要设法通过学校平台和全球的网络环境，让学生站在世界的高度，观察、接触、参与、体悟以致顿悟。

面对日益网络化、国际化的世界，我们的教育该如何适应？现在每个人都被网络化了，在这种情况下，我们的生活和学习方式都发生了很大的变化，几乎每类组织都在研究网络的新形态，如 Web 2.0、3.0，企业 2.0、3.0，因此我们也必须思考：怎样重新定义大学？什么样的大学才是网络时代的大学？在这样的大学中我们需要什么样的学习和教育？仅就学习而言，我们不难发现，正式学习（如课堂、教材、作业等）日益减少，非正式学习（如网上学习、课外活动、社会参与等）的比重不断增加。传统的教育是老师在课台上讲，学生被动地听，学校以老师为主导。现代的学习应该转变成学生是学习的主体，学校提供平台和资源，老师提供指导和帮助。我的一位英国朋友应邀到一国立名校教书，他在忍无可忍的情况下写邮件给我，说许多课程教材版本新，但内容陈旧；老师的精力大都不在教学上；数学和英语的教学水平跟学校的名气相差甚远；学生学习没有目标，动力不足，基础较差，学习被动，缺乏探索精神；等等。我们目前的教育问题真的很严重。如何形成学校以学生和学习为中心，加强团队、项目、案例、社会实践等学习环节，使老师在学生周围帮助学生学习？大学怎样制造这样的学习平台和环境？都是需要我们思考和探索的问题。

目前，西浦根据世界发展趋势和需要，整合世界最优教育实践，正在进行这方面的探索。我们的愿景是建立一所“研究导向、独具特色、世界认可的中国大学和中国土地上的国际大学”。简单地说，很多外国学生到中国找不到合适的大学，很多中国的学生想到国外去学习，但是担心学费太贵和不适应环境。我们给中国学生提供不出国就能留学的机会，为国外想来中国学习的学生创造方便的学习条件。我们按国际标准和未来趋势办学，不简单地拷贝国外大学。为了达到独具特色和世界标准的办学目标，我们必须定位于研究导向的大学，因为没有研究很难吸引高水准的学者加盟，没有高水平的学者也很难成为好大学。但一旦定位为研究导向，我们的压力很大，因为我们是以理工管学科起步的，所以建设投资和运行成本很大。

总体来讲，西浦主要有以下几个特点：一是国际化，二是独特性，三是研究导向。我们建设世界认可的中国的国际大学，在教学模式上把学生当作年轻的成人，以学生的健康成长为目标，以学生的兴趣为导向，以学习为中心，我们的目标是帮助学生健康成长。为了帮助学生实现自己的人生梦想，我们为学生提供转专业的机会，因为在长期的应试教育下，学生入学时并不真正了解自己和明白需要报什么样的专业，西浦鼓励学生通过一年的学习更清晰地认识自我和想学的专业，并帮他们实现理想。另外，在大学里，最重要的是学会学习而不是学会知识，学知识是手段和过程，能力、素养、智慧提升才是目标，知识和文凭只是大学学习的副产品。世界上的教学模式主要有三个，一是美式教育模式，比较灵活，给学生足够的空间；二是英式教育模式，拥有严格的质量控制体系；三是中国的教育模式，注重坚实的基础。我们把这三者结合起来创造西浦自己的教学模式。西浦的教学和工作语言都是英语，学生在专业课学习伊始常常因缺乏英语语境的专业概念而感到压力很大。另外，为了克服中国缺乏规则和职业精神等问题，西浦致力于营造以“多元、规则、创新、自由、信任”为核心价值观的校园文化。为了帮助学生应对未来世界的挑战，西浦整合东西方文化和智慧，希望学生在五个方面得以提升，即科学（知识）、技术（工具）、实务（经验）、艺术（技巧）、哲学（智慧）。如何帮助学生在这五个方面都有收获？我们设法让学生形成人生使命引导下的科学知识与艺术技巧的互动、技术工具与经验实务的融合，以及此二者基础上的哲学和智慧的提升。

如果从教学、价值观、体系、文化、观念、学习等方面去分析目前许多大学的教育，我们会发现很多学习都是比较功利的。为了改变这种状况，西浦根据社会发展需要，强调人生导向、兴趣驱动、知识的整合和应用，鼓励自主、能动和互动学习，十分重视团队活动，培养学生的合作精神、组织才能和互动创新能力。西浦创立的“五星育人模式”，试图将学生培养成具有知识体系、能力体系和素养体系的“世界公民”。这个模式看起来没有太多的创新，因为我们经常讲德智体全面发展，但是西浦的每个体系又由一个五角星描绘，有五个方面清晰的要素和要求，还有教育策略和支撑系统两个支持体系，也是由五个要素构成的五星系统。于是，西浦形成了从学校愿景到育人目标、五星教育模式，以及实现流程一个完整的教育体系，理论上讲，每个岗位、每个活动都应该知道它们的存在对学生成长的贡献是什么。可以说，校园里的每项活动都应有其清晰的使命，那就是：培养学生的素养和能力，增长他们的知识，提升他们的智慧。

为培养学生的能力，西浦给学生提供了各种方式进行训练，从小短文写作和交流到项目研究，从社团活动到学校重大活动组织。例如，为了让学生尽快了解学校文化，融入新的学习环境，在学生未入学前我们已经为每个学生开通了邮箱，将办学理念等提前发给学生，希望学生明白为什么来到这个大学，在这个大学能够学到什么，同时了解来到这个大学他希望得到什么样的训练。而且，我们让学生自己策划和组织一场别开生面的开学典礼，试图通过学生、家长、教职工的交流分享和践行西浦的教育理念。英国没有开学典礼，学生进了学校就开始学习。中国有开学典礼，但很仪式化。我开始思考，开学典礼的意义是什么？如何使其更具价值？西浦为创新而生，我们不怕犯错误，可以大胆尝试。

在我的建议下，开学典礼上的仪式性程序被大大压缩，但仍气氛庄严且具有宣誓意义。同时邀请学生以及送学生的家长和亲友一道参加开学典礼，在简短的各类讲话完成后，给现场所有人员提问和挑战学校的机会。室内体育场可以容纳近万人，3 000 多位学生及其家长亲友济济一堂。我和西浦的管理团队站在会场中央，回答来自四面八方的提问，迎接各种类型的挑战。七八千人，十几个话筒发出去，声音来自四面八方，有时根本不知道是哪个角落发出的问题，这时很有明星的感觉。问答环节一般会持续两个小时，其实际价值在于，这么多人、各式各样问题及回答的分享，使我们的办学理念、教育模式、入学后应注意的问题得到了充分的阐释，不仅有利于学生学习，而且有利于家长和社会了解西浦的办学模式，支持我们的教育改革。我觉得这个过程比花几百万元做广告效果要好得多，这七八千人就是七八千个西浦办学理念的传播者。

教育改革，不仅仅是要改变学生，更要改变社会的认识，改变家长的态度，提高学生的认知、员工的理解和教师的认同。西浦每年都有新的专业老师加入，近几年年增 60～80 名。我们的师资按国际标准面向全世界招聘，每年有 2 000 人左右提出申请，每到招聘季，我们都特别忙碌，要从中筛选，筛选之后要面试，接着要谈合同，最后还要发录取函、办签证、帮助解决生活问题。60 多个岗位，2 000 多人申请，其中非华裔外国人占一半以上，说明西浦已逐步得到了比较广泛的认同。与此同时，我们还需要通过入职培训等各类活动，让西浦的教育理念落实到师生员工的行为上。

例如，我们招聘了一位体育老师。这位老师是个美国人，学金融的，40 多岁，曾是位职业高尔夫球手，当过多个俱乐部的经理。他根据学校的愿景、使命、五星育人模式，研究勾画了体育课的使命及其如何落实学校育人模式的操作体系，包括体育课如何帮助学生提升自己的知识、能力和素养，并用矩阵图把每类活动对上述三个方面的 15 个要素的支撑关系清晰地表达出来，还设立了关键业绩指标（KPI），用来评估教育效果。

教育的目标一定要落实到学生的成长上。西浦详细研究和总结了学生应该学到什么，包括国内学生、国际学生分别应该学到什么，国内外学生应该共同学到什么，从他们的视野到他们的知识体系、能力体系、素养体系、职业发展、语言水平，都有非常清晰的描述。西浦已有近十年的实践经验，有六届在世界舞台有杰出表现的毕业生。下面我从怎样办出特色、校园文化塑造、帮学生从被动学习转为主动学习、学术权力与行政权力并行互动、知识组织管理等方面进一步介绍如何使办学理想落地。

五、努力践行，让理想落地

第一，要强调学校的独特性。中国现在有几千所大学，多办一所大学有什么意义，有什么价值？只有办出跟别人不一样的大学，办成具有未来潜在价值的大学，才有意义。比如，贵校与中国其他理工科大学有什么区别，你们的品牌是什么，这是每一所大学都需要考虑的。每个学校都应有自己的品牌，只有这样才会办出特色，才容易获得别人的认同。西浦雇佣了一个国际非常知名的学术人才猎头公司帮我们在全球范围内招聘顶级学者，在面试的时候，我问一个应聘者：你为什么要选择来西浦？他说，除了有国际竞争力的工资外，还有以下几点吸引他：（1）中国在未来世界上的地位毋庸置疑；（2）苏州的生活环境很不错；（3）西浦的发展在西方人眼里是个奇迹；（4）他被一种探索精神所吸引。他特别喜欢中国，打算在一个有希望的国度里，在一个好的环境下，在一个能够迅速创造奇迹的平台上，去实现自己的梦想，这就是他的希望。他认为这个地方会和别的地方不一样，否则就不会来到这里。所以每个学校都要有自己的特色。

第二，要重视校园文化的营造和熏陶。实际上这种熏陶无处不在。西浦的学生在踏入校园的第一个学期会发生很大的变化。因为我们的特色是，高年级学生带低年级学生，中国学生带外国学生。目的是想让学生一进校就知道这个学校的文化和特点是什么，这个学校的资源是什么，让学生迅速融入学校。我碰到过很多大学生（包括我在西安交大的学生），他们往往要到大学三年级时才明白大学生活应该怎样过，但是太晚了，三年都快过去了！为什么不能在大学一年级，甚至在刚步入大学校门时就有所感悟呢？有几个家长跟我反映，每次去学校看孩子，孩子都很忙碌，只有短短一个小时的时间跟父母相处，这是因为我们的课程安排是从上午九点到下午五点，中间没有休息。有些家长好不容易见到孩子，孩子却说：“爸，我只给你一个小时的时间。”家长很失落。我后来跟学生讲：“你们要改变你们的沟通方式，你可以尝试向父母汇报，给父母展示一下你的日程表，每个小时都要干什么。这样父母看到你有自己的时间安排，有详细的计划，就会为你们的成熟感到开心和放心。”所以说，我们还要训练学生的沟通能力，这也是文化的熏陶。

要把学生从孩子转变为年轻的成人再转变成“世界公民”，从被动学习转变为主动学习再转变成研究导向型学习，从盲目学习转向兴趣导向型学习再转到学会人生规划，这三个转化是西浦办学和育人的核心任务。我们发现，为实现这些转变，一年级的教育非常关键，于是我们专门成立了一年级教育委员会，来协调所有课内外教育活动，围绕帮助学生实现上述转变来改进课程体系、教学安排、学生活动等。我们还设立了一门新课程，叫“自我管理与个性发展”。我们发现中国学生缺乏自我管理。这门课我亲自讲一部分。我和同学们讨论，怎样才能让自己的人生过得更幸福、更开心，并取得事业发展的成功。再举个参加美国数学建模比赛的例子。某国内名校同其他很多大学一样，通过严格的校内筛选、专门训练后派队参赛，比赛结束后我对其领导讲：“不好意思，这次西浦把你们打败了。你们派了 20 个队，拿了 4 个一等奖，我们派了 11 个队，拿了 4 个一等奖。而且我们的参赛队伍是学生俱乐部自己组织的，学校不筛选，愿意参加就参加，参加的学生大部分都是一年级、二年级学生，也没经过特别训练，我们在乎的是给更多学生提供训练机会，通过比赛，刺激学生主动学习，使学生得到训练、提升和人生的感悟。”这些比赛相当于开放式的作业，需要的知识学生们根本没学过，但是他们通过研究和团队活动，学会了怎样获取知识、怎样去组织、怎样去表达、怎样去创造性地解决问题、怎样合作。于是，最后得到的结果果然不差。

第三，要帮助学生从被动学习转为主动学习。中国学生从小被训练得善于考试，习惯于被动地听和记，目标就是考高分、入名校，不愿意去提问，不愿意去挑战已有知识和老师。但要释放中华民族的智慧和创造性，我们一定要改变学生的学习态度和行为，教师一定要鼓励学生多提问，不善提问的学生不是优秀的学生。我经常会问一些学生：这个学期你举了几次手，问了多少个问题？如果一次提问都没有，那就太差了。我经常跟学生一起吃饭，告诉他们如果思想上有什么困惑，可以请老师、同学来帮助解决。同时，我们更强调学和教，而不是教和学。这不只是教与学两字的次序问题。我们提倡学与教，实际上强调学校的主体是学生，应该以学习为中心，老师起的是帮助和引导学生学习和成长的作用，因此培养学生的兴趣和主动学习精神是现代教育的关键。在西浦，各种各样的学生俱乐部非常多，都是学生按兴趣自主成立和运行的。学校学生工作的原则是学生自治，学校提供引导和服务。

对于学生工作，我们与国立高校在认识和做法上有较大的差异。有一年，北大的一位副校长（是位老先生）带着一个教育部的评估专家组在苏州公干，想观摩我们的毕业典礼。毕业典礼很庄严，有严格的要求，即如果参加毕业典礼，就不可以中途离开；摄影、摄像设备不能随便带入。他们当时想看一会儿就离开，结果被我们管教务的西方工作人员拒绝了。如果在其他高校，这样的重要客人请都请不来，绝不可能遭拒。从这件事中你可体会到学生在西浦的中心地位。当我向他们介绍西浦的学生工作时，提到了学生自治和一站式服务，学生事务中心只有几十人，要为全校几千学生服务。他们觉得很诧异，一个劲地追问：这么少的人员如何管理数千学生？最后我不得不反问：学生都已经成人，为什么要管？我们的理念是生理年龄已经成熟的学生不用处处督导，尽管他们的心理年龄和社会年龄还不够成熟，但学校应该唤起他们作为成人的责任，因此我们提倡学生自治，建立了学生一站式服务体系，建立了四个导师体系，为学生排忧解惑，帮助他们尽快成长。已成人的学生应该可以自我管理，其实大部分学生是不需要管理的，真正需要管理的是少数人。为了改进我们的学生服务，我曾让西浦的学生工作人员去一所国内名校考察，让他们总结分析西浦和该校各自的优缺点。结果发现，西浦的学生数量比该校要少很多，但西浦为学生做的事却不少，原因是体制不同。该校有党委、团委、学生工作处等，它们又有省、部、国家等上级领导部门，这些部门经常有很多安排，学校的相关工作人员几乎完全忙于按照组织的要求开展各种活动，很难静心于全心全意研究学生的需求和为学生服务。但在西浦，我们所有的学生事务工作人员几乎全力围绕学生需求设计和开展活动，针对学生的困惑组织开放式论坛、不断扩大一站式服务中心的范围和改进服务质量，等等，以精干人员提供大服务。这是一个自主的、主动的体系，而不是一个被动的体系。

第四，要正确处理学术权利与行政权力的关系。我是坚决反对高校“去行政化”的，因为现代高校离不开行政管理。行政本身没错，学术权利和行政权力对高校的有效运行同等重要，问题不是削弱谁和加强谁，而是如何使二者并行互动。如果没有足够强大的行政权力，就不可能支撑现代大学的发展，也不可能给学术权力建立一个良好的服务环境。社会呼唤大学去行政化，不是因为行政权力太强，而是因为行政权力过分渗透到学术权力中了。例如，对学生作弊或者学生违纪进行处分，尽管这是一个很严肃的学术判断问题，但我国高校一般需要校长办公会行政批准。而在西浦，则根本不需要这么做，如果有学生作弊，或者学生有什么违纪行为，学术纪律委员会会按程序澄清事实、进行判断并给出处理意见，校长审阅后会由教务处直接通知学生。

学术纪律委员会是由学生和老师组成的，让学生与老师共同决策。作弊的学生要陈述或被证实作弊过程，同时有人在旁记录，最后委员会会依据学术判断做出决定。我们一般不开除学生，学生犯了错误应给予其改正机会，有一年的时间反省。这段时间这个作弊的学生可以在学校，也可以不在学校。我们不会将处理意见通知学生家长，因为这是学生的隐私。如果作弊的学生认为处理不公，可以申诉。我们有接受学生申诉的程序，学生可以先去教务处申诉，教务处会看他是否有新的理由，是否需要重新裁定。若这个学生还觉得不公平，他可以来找我，向行政部门申诉。我依据以下两个因素进行判断：第一，是否有新的证据；二，学术纪律委员会处理过程是否合法。我从不去做学术判断，尽管我在学术委员会里任职。学术权力判断是自主的和不受干预的，学术判断永远无法用行政权力去替代，行政权力仅就事实是否成立和程序是否合法与学术权力互动。

大学当然需要设立行政岗位，但行政权力主要为学术活动提供支持和服务，以人力资源管理为例，就可以看出我们与传统大学的巨大差别。

我在西安交大工作了二十多年，做过很多不同的工作。学校里各行政部门是领导和管理者，一个科员都可以召集院长、教授开会。但在西浦，所有行政部门都只是服务支撑机构，学校活动总体可分为学术活动和支撑服务，支撑体系由四个服务中心构成，为学术活动提供支撑或服务，而不是领导和管理学术活动，因为我们实行学术自由和自治。以人事业务为例，各学术部门根据事业发展与人事部门共同制定岗位和招聘规划，学术部门准备岗位说明和广告词，人事部门发广告、收简历，在资格审查的基础上请学术部门筛选出面试名单，协助学术部门组织面试小组，与申请人和面试人员协商面试计划，准备资料，联系相关事项，之后安排会议室，学术部门做出用人决策，行政部门发送录用函和负责签订合同，帮助签证、安排住房和办公室，协助开立计算机账户和接机等。我们可以看出，在西浦，人事部门的所有工作都是支撑和服务性质的，而且这个体系非常清晰，要求从业者具有极强的职业精神和责任感。

第五，要注重知识组织管理的有效性。大学的知识组织特性决定了其结构的扁平化和网络化趋势。就西浦大学的组织体系而言，支撑体系由学术服务中心、学生服务中心、信息服务中心、行政服务中心这四个中心无缝连接成一个学术活动平台，让所有的学生和老师在这个平台上自由友好地活动。老师和学生可以自由组合，如成立跨院系研究小组、研究中心或研究院所。我们经常组织研究网络活动，学生、老师和社会人士在共进简单午餐的同时，可以互相了解、分享信息、思想碰撞，还可寻找潜在的合作伙伴，发展自己的研究兴趣，产生新的研究组合等。院系只是维持教学秩序的有效性，鼓励研究的跨院系合作，并催生半虚拟的研究中心和研究院所，学校提供场地和实验条件支持，老师的职责就是教书和做研究探索。

西浦的组织是一个蜂窝状的架构，强调每个人扮演的角色，而不是级别。每个人扮演好自己的角色，积极主动，相互合作，创造性工作，整个大学就会唱一出我们期待的好戏。有一次跟地方政府官员吃饭特别有意思，他问我是什么级别，我说现在是一介平民没级别，该领导马上对他的下属讲，你们给席校长搞个级别。该下属清楚，我在西安交大的级别要高于该领导的级别，但他很智慧，开玩笑地说：“席校长不需要级别，席校长见官高半级。”我很喜欢这句话，学者应该见官高半级。

第六，要注重大学生态的建设。良好的生态环境可以保证我们办学理想的有效实现。我们希望在西浦建立三个层次的大学生态：第一，学校有一个美好的、能吸引人们互动合作的自然环境。一个学校可以没有宏伟的校园，但一定要有优美的、开放式的教育环境。第二，知识生态。知识需要分享、互动、创造，大学应该通过网络建设、各类组织活动，打造这样的生态环境，这是高水平教育和研究的重要基础。第三，社会生态。大学实际上是社会的一部分，大学如何融入社会，社会如何走进大学，大学如何走向社会，这是一个需要研究和关注的趋势。西浦正在探索和构建这种三个层级的生态系统。

六、放飞梦想，创建理想中的大学

西浦的快速发展已初步得到了社会的认同，西浦学子在全美数学建模比赛中屡屡取得佳绩，在 IBM 全球商业建模比赛等国际竞赛中成绩骄人，毕业生获得一等荣誉学位证书的比重让英国同行惊奇、让外国学生嫉妒，英国帝国理工 EEE 在招生网站上公开声明只接受中国 C9、985 和西浦大学学生的申请，西浦的毕业生 90%左右进入世界名校继续研究生阶段的学习，其中，15%左右进入世界排名前十的大学，如剑桥大学、牛津大学等，50%进入世界排名前 100 的大学。

西浦之所以能在短期内取得快速、健康的发展，是因为我们不是简单地建立一所大学，我们或至少我的野心和目标很大。我想用十来年时间做一件有意义的事情，就是在这个全新的国际化的平台上，探索建立一所符合未来世界发展趋势的高水平国际大学，以影响中国的高等教育改革，甚至影响世界的教育发展。

现在是一个反思教育、重塑教学、再定义大学的时代，这就给我们提供了一个与国际一流大学在同一起跑线上发展的机会，而且老大学负担太多、包袱太重、陈旧的制度制约太大。西浦没有包袱，是一张白纸，可以根据我们的认识创造性地加以设计，可以按照我们的希望轻装前行。现在，我们看到了希望。我曾在西班牙、荷兰、法国、英国、美国、我国香港地区等地演讲，介绍西浦的探索，发现很多人都对我们的想法和实践很感兴趣，他们听得很开心，惊讶于大学还可以这样办。总之，西浦已有清晰的愿景、明确的使命、独特的大学理念、创新的五星育人模式、适应知识组织特点的架构、五位一体的管理技术、五种行为方式、五种核心文化要素、三层次有机融合的生态系统，有初战告捷的自信，有学生、家长和社会各界的支持与合作（如最近又与地方政府和许多研究机构、企业开展战略合作，创建了10多个研究院以及国际技术转移中心和国际创新港等），因此，我们充满了发展的自信。

资料来源：席西民在北方交通大学所作的报告，2013年1月。

西浦办学：四个期待

西浦创建于全球反思教育、重塑教学、再定义大学的时代，这给了西浦与国际一流大学站在同一起跑线上进行办学探索的机会，而且具有站在前人经验和知识积累的基础上、没有历史包袱、一张白纸好绘宏图的后发优势。同时，西浦在中国中外合作办学中起步较早，就教育探索和国际化来说，又有相对先发优势。另外，西浦起步高，站在世界平台上整合资源和探索办学模式，这给了西浦在教育和办学上超越的机会。因此，战略上西浦试图实现四个方面的跨越，以期在以下四个方面做出贡献。

一、根据未来发展趋势和需求探索新的教育模式

全球化、网络化使世界日益紧密连接，连接革命会导致人们的生活方式、学习行为、组织架构、社会形态发生革命性变化，即在很多领域出现范式革命，包括教育领域。许多有识之士大声疾呼赶快行动，抓住机会，迎接变革；教育专家呼吁教育工作者赶快醒来，变革教育；哈佛商学院管理教授 Christensen 甚至警告，未来 15 年内美国一半的高校将面临破产。这样的背景和挑战，使西浦办学至少需在三个方面做出新的思考：第一，未来社会需要什么样的人才？或者什么样的人才才能适应未来社会？第二，什么样的大学才能培养出这样的人才？第三，人类未来遇到的最大的挑战是什么？大学怎样帮助人类迎接这些挑战？这些思考可以帮助西浦形成准确的战略定位，为西浦奠定生存

的基础、超越的可能。

西浦根据全球化、网络化共生、多元文化情景、复杂多变社会的常态化，认为未来社会需要大量的具有跨文化领导力的国际玩家，所以将培养具有跨文化领导力的“世界公民”作为自己的目标。学校要改变传统的专业教育，借鉴世界教育最优实践，整合知识体系，变被动教育为主动教育，营造线上与线下融合的超现实良好育人环境，指导学生在学会学习、形成自己以兴趣为导向的融合性知识体系的同时，训练提升自己的跨文化领导力，包括增强多文化的理解力（multi-cultural understanding）、转现有心态为复杂心态（from current mindset to complexity mindset）、训练整体思维（integrative thinking）、提高变革管理能力（change management）。提倡研究型教学，通过师生互动，刺激学生的好奇心，提升学生的批判思维，开发学生的创造性行为，孕育学生的复杂心态，培育学生终身学习的能力。在研究上针对人类生存面临的挑战，以提高人类生存质量为己任，有选择性地开展有特色的研究。这样，西浦就可能以一种符合未来趋势和需求的新兴国际大学形象屹立于中国。

二、探索适合知识工作者和知识组织的新型大学组织管理模式

20 世纪最伟大的管理学家之一德鲁克曾经指出，20 世纪人们已经在理论上解决了管理的效率问题，留给以知识经济为主导的 21 世纪的管理挑战是如何改进知识工作者和知识组织的效率。大学是典型的知识组织，大学的教职员工和师生也是典型的知识工作者，他们的效率和大学的管理一直广受诟病。时至今日，全球大学基本上采用的是层级式官僚组织结构，中国大学的低效和行政化备受批评。世界上的一些大学为改进学科和教授间的合作，也借鉴了矩阵式结构，成立了不少跨院系的研究中心和研究所，取得了一定的效果。但在中国，尽管教育部和国家努力推进资源共享机制和学科合作，如共享平台、跨专业甚至院校的研究中心，但因评价体系和成果及既得利益的极端个人化，使得这种矩阵结构在中国情境下往往难以有效运行，最后沦为一个个相对独立的利

益实体。面对网络化和连接革命，组织的网络化带来了知识工作者和组织效率提升的新途径，甚至不少企业已开始探索基于信息技术的新的网络组织以实现有机的企业运行机制。对于大学来说，这也是千载难逢的机会。可否利用网络化组织实现提升知识工作者和组织效率的梦想？西浦利用其一张白纸好绘宏图之优势，探索建立大学新型网络组织体系和运行机理，试图为改进大学支撑和运行提供理论基础和实践经验。初步的运行结果已显示，西浦以学术、学生、行政、信息四个中心无缝连接的平台，为师生建立了友好有效的支撑体系和学术生态，消除了研究上和资源配置上的院系壁垒和专业壁垒，促进了跨学科、跨专业的合作以及与社会和工业界的互动与合作，显示出了强大的灵活性和有效性，同时也使学校愿景、使命的实现和办学与教育新模式的推行成为可能。

三、探索网络时代新型的大学与社会互动关系

全球化和网络化不仅弱化和模糊了组织的边界，也对当代大学提出了新的挑战，即如何塑造新型大学与社会的互动关系。怀揣远大抱负的西浦人不仅试图在新型教育和大学管理方面做出自己的贡献，而且试图探索新的大学与社会共赢模式，使大学更深入地融入社区和社会，以办学的实际结果造福于人类。为此，西浦通过与地方政府共建开放式研究平台，形成了国际化的研究群落；在校园建设国际技术转移中心，吸引世界研究资源和企业需求，以促进研发、技术合作与转移；在校园建立国际创新港，促进创新教育和创新文化；与企业合作建设实验室和研究所，促进研究合作和学生面向实践的教育；等等。通过这些努力，西浦试图成为社会发展和文明的催化剂，社会生态的重要构成部分。具体来讲，西浦要在中国土地上建设一所新型的国际大学，为中国和世界培养具有国际视野和竞争力、符合未来发展趋势和需求、具备跨文化领导力的来自全球的一批“世界公民”；在人类生存面临严重挑战的领域，有选择地开展有特色的研究，如生命科学、医药、环境、信息和通讯、城市化、老龄化社会、公共卫生、金融、管理等，为提升人类生存能力和质量做出西浦的研究贡

献；作为位于被称为“世界经济发动机”的长三角地区和21世纪全面崛起的中国的新型大学，西浦的诞生不仅源于教育变革的需要，同时也是源于经济社会发展的需求，所以肩负着以其国际资源、人才培养和科学研究服务于经济发展和社会转型的历史使命。西浦以开放的校园融入社会，成为社会生态的重要科学社区、多元文化和国际化教育的示范区，以核心学校的身份促进苏州工业园区科教创新区（SEID）早日建成“东方慧湖”，并由此放大自身对经济社会发展的服务和影响。

四、影响中国高教改革和世界教育发展

以影响中国高教改革和世界教育发展为使命的西浦，还力图通过自己在上述三个方面的深度探索和有效实践在教育领域产生尽可能大的直接和间接影响。目前西浦被誉为“高教改革的先锋、中外合作办学的典范”，西浦的探索和实践已经开花结果。西浦不仅在理论和实践上分享其探索心得，而且通过给教育部和国家科教领导小组撰写政策建议支持教育改革，西浦还与国家教育行政学院合作成立了“领导与教育前沿研究院”（ILEAD），通过国际论坛以及师资、支撑人员、教育领导者和管理者的培训计划等向同行传播和分享西浦及世界的最优实践，以影响如火如荼的中国新一轮高等教育改革，并将凭借新型教育模式和自身大学管理体系的特色屹立于世界高等教育圈，以其杰出表现赢得关注和尊重。

西浦教育：三级融合与跨越

当这个时代和新技术挑战教育，迫使人们反思教育、重塑教学、再定义大学时，就给了西交利物浦大学一个千载难逢的机会，她创立于这个时代，立志全球整合资源，吸收世界教育最优实践，探索适应未来发展趋势和需求的新教育，她可以利用自己一张白纸好绘宏图和没有历史包袱之优势，做一番影响中国高等教育变革和世界教育发展的事业。经过近 10 年的持续探索和实践，西浦不辱使命，在教育上有可能实现三方面的融合与跨越。

一、东西方教育最优实践的融合与跨越

在人类的历史长河中，教育上已形成了丰富多彩的实践，笼统地说可分为东西方两大阵营和数种有代表意义的模式。在中国教育备受批评、人们向往西方发达国家教育的关头，西浦不满足于简单拷贝英国或西方模式，而是利用全球教育变革浪潮，吸收、借鉴、融合东西方教育精华，根据未来世界发展趋势和需求，探索一种新型教育理念和模式，实现东西文化和教育实践的融合与跨越。具体来讲，北美教育视学生为成人，给学生空间设计自己的未来，当然学生也需为自己的选择和学习结果负责，教育具有极强的灵活性；以英国为代表的欧洲体系也视学生为成人，但认为教育者在设计教育的内容方面具有专长，并相应建立起了相当复杂和严格的质量控制体系以保证教育质量；以中国和前苏联为代表的教育视学生为孩子，认为应为学生的未来发展打下良好的知识基

础，所以在大学阶段尽可能多地教授学生知识，而且常以一种被动的灌输方式进行。另外，从教学方式的角度看，西方刺激学生兴趣释放，强调主动学习、能力训练、全人教育；东方擅长加强学生的知识记忆，习惯于被动学习、知识灌输、应试教育。总结研究和深入学习全球最优教育实践，西浦在教育上“以学生健康发展为目标”，视学生为年轻的成人，培养其独立精神、责任感、公民意识和应具备的素养、能力知识体系；“以兴趣为导向”，帮助学生挖掘和释放自身兴趣，以兴趣驱动学习；“以学习为中心”，帮助学生学会学习，具备终身持续学习的能力和应用知识的能力。在教育体系上，西浦试图借鉴美式教育的灵活性、英式教育的质量控制体系、中国教育的重知识基础等优点，融合创新出自己的教育模式，例如给予学生自我设计的空间，给学生时间了解自己以及自己的兴趣所在，了解各类知识和专业的特点，按自己的兴趣和未来规划选择专业；同时借鉴英国严密的质量控制体系建立自己的从教育理念到教学过程，再到学习结果和学生转变为一体的质量控制体系；与此同时，还努力保持东方教育重视学生坚实基础知识体系的优良传统，但放弃了内容导向、应试教育、被动学习等传统习惯，强调主动学习、能力培养、知识整合、素养提升。

二、线上线下教育的融合与跨越

当代教育不可回避的挑战是互联网及其网上开放课程，哈佛商学院教授Christensen因此预测，15年内一半的美国大学会面临破产。近年来，关于一系列颠覆性技术（如慕课等）对教育影响的争论很多，教育专家反复强调，这些技术已经给了教育工作者一个“叫醒服务”（waking up call)，大家该醒醒了！是观望，还是立即行动？是等待破产，还是进行颠覆性创新？实际上，基于网络和开放课程等技术形成的虚拟学习社区确有其优点，如随时随地学习的灵活性、免费或廉价等，但也有互动性差的弱点；校园实体学术社区则与之相反，互动性强、拥有丰富的实验条件和多彩的实体体验，但灵活性较弱。传统教育若不及时变革，就有可能被替代或击垮，但如果将网上资源和技术整合于校园学习之中，反而可能扩大实体校园对学生学习和成长的价值。西浦试图融合二者的优点，借助云端资源，将基于网络的虚拟学习社区优势与校园实体学习社区的长处相结合，营造一个超越实体的友好学习环境，以实现线上与线下、虚拟与实体学习社区的融合与跨越，为学生创造更丰富多彩的学习环境和更加强大的附加价值。

三、教学与科研的融合与跨越

教学与研究是大学的基本使命。受到现行评估和资源配置体系的影响，几乎所有大学（特别是中国的大学）都存在教学与科研的严重冲突，特别是在重视论文和 SCI、科研获奖、重点学科等简单的数数排名，并以此决定资源配置的今天，许多研究型大学的主要精力和资源几乎都放在了科研上，甚至放在了有关学术指标的制造上，从而不仅诱发了大学的浮躁，更使大学的根本使命——教育成了不受待见的副产品。可以毫不夸张地说，很多大学不是悟人子弟，而是在误人子弟。实际上，教育与研究是相互补充、互动提升的。西浦致力于建设研究导向型大学，具有多层含义：一是西浦是研究型大学；二是西浦提倡研究型学习、研究型教学、研究型工作，即要变老师主导的以知识传授为目的的传统教育为以能力为导向、以学生为中心的教育，课堂上不再是简单地讲授知识，而是以现象、科学问题、现实挑战引导学生学习，学生通过网络等现代技术围绕这些问题进行学习和研究，解释现象、回答问题、开展研究，然后通过课堂、小组讨论进行交流，提升学生的学习能力、整合与应用知识的能力、科研与解决问题的能力，甚至通过这些过程产生新知。通过这种研究导向型的教学，可以刺激学生的好奇心，训练学生的批判性思维，培养学生的创造力，改变学生的思维方式，帮助学生学会学习。研究导向型学习还有利于学生将网络上获得的碎片式知识整合成有机的体系，在利用网络技术扩展其知识宽度的同时，增加知识的深度和感悟知识的高度，从而形成造诣。所以，西浦将教学与研究有机结合，实现了教育与科研的有机融合与跨越。

西浦学生：三个维度九个方面的转变

西浦从建校到有数届毕业生的快速发展以及在校生和毕业生的杰出表现，令不少人感到惊讶。是什么神器帮助西浦使一般的孩子经过四年学习变成了不一般的“世界公民”？我被屡屡问及西浦成功的秘诀。

要有成功的教育，一是要充分了解学生，二是要深入分析未来对人才的需求，三是要探索把学生培养成未来人才的有效途径。西浦在办学过程中深入地研究和思考这些问题，以从理论和操作上找到答案。西浦还不能说已经获得成功，因为大学的成长是一个漫长的过程，但西浦的学生在入学前后确实发生了巨大变化，初步证明了西浦的教育探索的有效性。在我们看来，西浦初步成功的秘诀是变“教知识”的大学为“改变人”的平台，整合全球教育资源，营造卓越学习环境，帮助学生在人生最重要的从少年到青年的转型期中健康成长，明确自身的兴趣，敢于梦想，并通过学习和训练形成他们追梦的翅膀。换句话说，西浦“以学生健康发展为目标、以兴趣为导向、以学习为中心”的育人体系的秘诀就是帮助学生尽快实现“三个维度九个方面”的转型，即“从孩子到年轻成人再到‘世界公民’，从被动学习到主动学习再到研究导向型学习，从盲目学习到兴趣导向再到关注人生规划”。

一、从孩子到年轻成人再到“世界公民”

为了实践我们的教育理念、培养具有竞争力的“世界公民”，进而对中国高等教育改革甚至世界高等教育发展产生积极影响，西浦针对中国学生入校时独立性差、兴趣被扼杀等一系列问题，提出了“三个转变”，从根本上扭转学生的不良习惯，帮学生训练独立精神，树立责任意识，以充分释放学生的潜能。

第一个转变是从孩子转变为年轻的成人。西浦将学生的健康成长作为人才培养的最终目的，把学生看成“年轻的成人”，“成人”是希望每个学生承担起自己的责任，学会独立选择、自我管理、终身学习和判断社会是非，走出学校就能适应社会的发展。从小到大的应试教育使得中国的孩子在进入大学时没有长大成人，尽管他们的生理年龄已经成熟，但心理年龄和社会年龄还不成熟，因此学校称他们为“年轻的”成人，进行一定的诱导和扶持，既强调成人的责任，又强调学校对学生进行教育的需求。学校学生工作的原则是“学生自治，学校引导与服务”。通过“自治”，让学生得到充分的锻炼和提高，同时学校对于他们的成长给予必要的引导和服务。比如，为了让学生切身体会到学校“以学生发展为导向，以学习为中心”的追求，西浦提倡“学生上前一步，家长退后一步”，鼓励家长将学生学业和生活中的问题交由学生自己处理，新生报到时，请家长不进入现场，所有事务由学生自行处理；有意识地将开学典礼、学校体育运动会等重要活动交由学生自己组织；鼓励学生有组织地参加国内外各类有意义、有价值的活动以及组建丰富多彩的社团和俱乐部。为了更好地实施学生自治的理念，学校还开设了“个性发展与自我管理”课程，专门帮助学生规划如何充分利用大学的资源和机会，尽早地领悟如何过好大学生活，提升自己的知识、能力和素养。

二、从被动学习到主动学习再到研究导向型学习

第二个转变是从被动学习转向主动学习，最终变为研究导向型学习。对于长期接受填鸭式教学的中国学生而言，这种转变是对学生长期养成的个人学习习惯和行为的一次纠正。学生们只有主动地学习，才能充分利用学校提供的资源，发掘自己的潜能，并通过研究型学习提高自己解决科学和实际问题的能力，提升自己的竞争力。学校鼓励学生在学习社区内积极主动地参与互动。首先，学校借

鉴英国传统的小班授课的教学方式，在教学过程中鼓励、帮助学生改变被动学习的习惯，培育学生积极主动学习的态度和能力，形成了兴趣导向、互动教学、主动学习的培养体系。其次，学校强调培养学生学习、获取、整合和使用知识的能力。不是把知识拆分成知识点教给学生，而是展现完整的知识体系，告诉学生它的意义和作用，基本的技术和逻辑，怎么用它解决实际问题，背后的方法论和哲学，并为学生提供大量相关资料，学生自己利用课前大量的资料查阅和课后的小组活动、项目来学习、体会和实践，这样学生不仅学到了知识，而且学会了怎么寻找、整合和利用知识，增强了学习能力、团队合作精神以及执行力。

三、从盲目学习到兴趣导向再到关注人生规划

第三个转变是从盲目的或无目标的学习转变为兴趣导向的学习，并最终规划自己的人生。对于经历十几年应试教育进入大学的新生来说，很多人的兴趣早已被扼杀，对大学生活在人生中的价值和意义的理解十分有限，甚至他们所学的专业也不是根据自己的喜好或未来的职业定位选择的，而是由父母或老师帮他们选定的。因此，学校在学生入学后首先鼓励他们广泛了解各个学科的知识，找到自己的兴趣，以真正释放学习热情，激发学习的动力。其次，学校给学生提供按兴趣学习的条件和氛围，例如统一按照大类招生，在入学时并不固定学生的专业，在大一、大二时给学生提供根据自己的兴趣自主选择专业的机会，切实保证学生能真正按照自己的兴趣选择自己的方向。此外，学校还鼓励学生培养自己的课外爱好，如体育教学的目的不是完成教学任务或参加一些体育活动或教给学生一种运动技能，而是帮助学生找到和培养自己的运动爱好，形成健康的生活习惯，并将体育课作为一种训练健康人生必备能力和素养的途径，如毅力、团队合作精神、国际化视野等。最后，学校通过校园生活的全过程支持来帮助学生思考和规划自己的人生，在不同的阶段提供与本阶段学生需求相适应的资源平台和支持系统，让他们尽早悟到大学在人生中的意义和价值。

西浦学习：三个融合

现代社会的不确定性、模糊性、复杂性和快变性对人才提出了新的要求，要想在未来立足，不仅需要知识，更需要整合思维、复杂心态、变革管理；而全球化和网络化环境还要求跨文化的理解力和跨文化领导力。换句话说，未来的人才需要成为具有上述特点的国际玩家。要成为这样的人才，在学习和积累的过程中，学习的目标不在于知识，而在于生存和如何面对生存的问题和挑战。因而，学习时，人们需要在扩展知识广度的同时，增加其深度和高度，从而形成造诣，提升生存的空间；在知识广度、深度和高度有机整合的同时，学习和训练自己的能力和提升自己的素养，从而具有跨文化理解力、领导力和竞争力。

一、以学生健康成长为目标，实现以兴趣为导向的专业融合

经过多年的思考和广泛听取意见，西浦在其发展的第八个年头发布了校训，英文版本是“Light and Wings”，意即光明和翅膀，其原意是教育和学习使人看得远、看得清、看得准，而且使人习得知识，提升素养和能力，插上追梦的翅膀。换句话说，光明使人高瞻远瞩，翅膀助人远翔高飞，亦即 Light to see，Wings to fly。中文版本是“博学明道，笃行任事”。“道”在中国文化背景下有很深刻和广泛的含义，包括人和自然的运动机理，也就是通过学习和教育，人们可以通晓天地人各种物理、人理、事理；如再加上知识、能力、素

养、境界的提升，便可立足天下，梦想成真。所有这些都是围绕人的健康成长和发展，而不是简单的教知识。所以，我们经常告诫学生和家长，西浦不是一个学知识的地方，而是一个帮助学生健康成长的地方。学习知识是过程，健康成长是目标，特别是对18～22岁正在转型的本科学生而言。为了做到这一点，学生一定要认知自我、认知这个世界，从而知道自己的兴趣和志向，进而形成学习的动力，前进的方向，人生的梦想。所以，西浦在帮助学生实现三个维度的转换时，给予学生一定的时间和帮助，让他们以自我兴趣为基础做出自己的专业选择，将学习和人生有机融合，这样才会有动力、有乐趣，人生才会充满意义。

二、以培养“世界公民”为己任，探索学习过程中的跨文化领导力塑造

按自己的兴趣做成一件事当然可称得上是个人的成功，但人非孤零零的个体，我们需要与群体、组织和社会相处，要让自己做的事对群体、组织和社会有意义和价值。所以，西浦努力帮助学生理解自己的核心理念、核心目的、价值观、伦理观和世界观，使学生的梦不仅让自己活得有意义，而且对社会有价值。这种公民责任意识贯穿西浦的整个文化环境和教育过程。又因为我们身处全球化的时代，世界被紧紧地联系在一起，相互影响，共生共荣，这种公民意识需超越国界，所以西浦将“世界公民”作为自己的培养目标。在当下复杂、多变、模糊、不确定性的全球化环境下，要真正尽到“世界公民”的责任，跨文化的领导力是不可或缺的。传统的以专业为导向的教育很难培养和提升这种领导力，于是，如何在专业知识整合的基础上，通过各种课内外结合的活动，给学生创造机会训练和增长其跨文化的领导力就成为当代教育的重要使命。西浦以学生为中心、以学习为中心、研究导向型的教育给学生创造了机会和条件，以训练和提升他们跨文化的理解力和领导力，包括最基本的沟通能力、创新能力、合作能力、组织能力等。这一过程既包括知识的整合，也包括穿越各专业的能力和素养的训练和熏陶，所以我们将这样的学习过程称为“融合”。

三、营造超现实学习环境，探索线上线下融合的研究导向型学习

网络化和云端资源的便捷性使随时随地廉价学习成为可能，强大的搜索引擎彻底解除了人们无知的顾虑，使知识的广度很容易实现。但知识获取的便捷性可能会导致“知道主义”泛滥和知识的碎片化，大学如不及时变革教学方式，就有可能被网上教育的便捷性和廉价性击败。但大学也可能突破当前简单灌输知识的功能，利用云端资源和网络技术，着力营造科学社区，让不同知识背景、不同文化、不同国籍、不同个性的人群通过课堂、研讨会、研究项目、日常聚会等相互碰撞，产生新知，刺激创新，训练能力，包括学习能力、沟通能力、科研合作能力、整合和应用知识的能力，甚至领导力等，既帮助学生拓展其知识的深度和高度，又训练学生整合知识和发现、分析、解决问题的能力，并形成其国际视野和国际竞争力。这些都是虚拟环境难以替代的，而且实体校园完全可以利用云端资源和网络环境进一步强化其优势，实现线上与线下的有机结合，全球整合资源，与相关组织和社会形成共生共荣的机制，营造超实体的友好科学社区和学习研究环境及氛围，创造更多有利于训练学生终身学习能力和竞争实力的平台。这是西浦正在努力塑造和践行的，其成功实现取决于学生改变学习习惯，老师改变教学方式，学校构筑强大友好的资源平台和学术氛围。

西浦管理：三个桥梁

有不少朋友问我：你从国立高校领导岗位转到担任中外合作大学的领导，在管理方面有什么体会？我说，在国立高校很容易做到的事在这里很难，如各类资源获取、招生指标、社会认可等，但在国立高校很难做到的事在这里很容易，如人事、升职、工资等，这里完全按照市场规则和国际学术规范处理。其实，这种简单对比远没有反映出在中国办一所国际大学的困难和挑战，特别是对于像西交利物浦大学这样不想简单拷贝其母体大学的模式，而想在教育与管理上有所突破的大学，其挑战更大。仅从管理上来说，就有三大沟壑需要跨越，即东西文化、教育理念与实践间的沟壑，西浦符合未来发展趋势和需求的国际化大学探索与当下中国制度、文化、习惯间的沟壑，教职员工既有训练、习惯、行为模式与新型大学需求间的沟壑。

一、架东西方文化、育人理念、教育模式和最优实践的桥梁

全球化和网络技术特别是一系列颠覆性技术的涌现，迫使全球教育工作者反思教育、重塑教学、再定义大学，这给西浦这类新型大学提供了一个与国际一流大学站在同一起跑线上探索新教育的机会，而且具备没有历史包袱的后发优势，一张白纸好绘宏图。基于此，西浦以其国际平台、国际视野、中国情境的特殊身份，不是简单拷贝其母体大学的教育模式，而是试图利用历史赋予的机遇，探索能够培养具有跨文化领导力的未来人才的教育新模式、能够提升知

识工作者和知识组织效率的新型大学运行和支撑体系、具有社会价值和可持续发展能力的网络环境下的新型大学与社会互动关系、能够在人类面临严重生存挑战的领域有所贡献的科学研究，努力成为一所独具特色、研究导向、中国土地上的国际大学，以及世界认可的中国大学。这样的愿景和使命的实现建立在对东西文化、育人理念、教育模式、最优实践的充分理解以及根据未来发展趋势和需要实现有机融合的基础之上。所以，我们必须架设横跨其间、有助于其融合的桥梁。例如，西方基于科学范式的规范、法制、严谨的文化与中国基于人文精神的道德、艺术、模糊的文化之间的桥梁；西方视大学生为成人帮其学习与东方视大学生为孩子塑造和教知识之间的桥梁；西方强调能力和主动学习与东方强调知识擅长和被动教授之间的桥梁；西方培养学生挑战和探索精神与东方训练学生记忆和应考技能之间的桥梁；等等。西浦根据未来全球化对跨文化领导力的要求以及网络资源对传统教育的提升，试图借鉴美式教育的灵活性，给学生空间设计自己；借鉴英式教育的严格质量控制体系，保证教育质量；借鉴中式教育重视学生知识传授的特点。西浦将各种模式的优点融合在一起，以主动和研究导向型的教学帮助学生建立坚实的知识基础，搭建起自己的“以学生健康发展为目标，以兴趣为导向，以学习为中心”的育人体系，利用云端资源和技术以及实体校园之优势，营造资源丰富、超越现实的友好学习环境，提倡“研究导向型学习，研究导向型教学，研究导向型工作”，线上线下结合，激发学生的好奇心，训练学生的批判思维，刺激学生的创新精神，变学生的简单心态为复杂心态，帮助学生学会终身学习。并通过丰富多样的方式提高学生、教职员工、上级管理部门、同行，甚至家长和社会的认同和共识，以使这些探索变成自己的行动和现实，并得到社会的响应和支持。

二、架西浦探索与中国制度、文化环境间的桥梁

大学国际化的实质是利用国际合作与借鉴，通过全球整合资源提升自身办学水准和质量，同时加强国际合作，并融入国际社会。西浦试图利用这种机会，

通过自身的不断探索和提升，影响中国教育改革甚至世界教育的发展，尝试利用当代发达的网络技术和互联生态，打造有利于知识工作者和知识组织效率提升的新型大学组织方式和运行机制，所以必然与传统体系、文化、习惯甚至实践产生冲突或隔阂。例如，在体制上，因中国处在探索和改革过程中，相关法律和制度不完善，国际合作办学在组织的身份和权益上没有规范化，所以即使是非营利性国际合作办学，也只能注册成民营非营利企业，而无法正式注册成非营利性事业组织法人。又如，按照《中外合作办学条例》的规定：中外合作办学属于公益事业，属于中国教育事业的组成部分。因此，根据《中华人民共和国教育法》的规定，中外合作大学的学生、教师和法人主体应享有与国立大学学生、教师和法人主体相同的基本教育权利。但就目前的运行情况来看，无论学校、还是教师和学生，都还未得到相应的公民待遇，如无法得到生均拨款、资源获取渠道狭窄等。在文化和社会习惯上，西浦探索素养、能力的全人教育，强调主动和研究导向型学习，但国内大学评价体系和人力资本市场却强调以各种简单指标考核，如项目、获奖，对本科教育不够重视，人才招聘不是看实力而是看证书，即入门条件是拥有 985、211 学校的毕业证或英语四六级证，这些往往扭曲了人才的培养，也给我们的探索制造了阻力。另外，由于体制和环境因素，学生长期形成的被动学习、应试习惯以及家长在这种环境下对教育的理解也会与我们的探索和实践形成较大的隔阂。所以，有朋友告诫我：席校长，只有把中国家长的教育观念改变了，你的教育改革才能成功。实际上，这只说对了一部分，中国家长的观念根植于非常复杂与厚重的中国社会制度和文化，真正的阻力是具有顽强惯性的选人、用人制度，社会的单一成功观，以及人们关于资产和代际关系的理念等。因此，西浦在教学实践中必须突破这些文化和习惯的制约，分享我们的理念和实践，说服学生、家长和教职员工甚至社会认可西浦的探索是符合发展趋势的，并用持续成功的实践结果加以证明，从而逐步赢得大家的接受和喜爱。

三、架西浦教职工既有训练和习惯模式与新探索间的桥梁

就西浦内部管理而言，也存在一些间隙。首先是职业精神的差异。由于评

价体系和文化及自身素养的差异，我们发现中外环境下训练出来的员工在职业精神和专业训练上差异较大。其次，作为一所全新的大学，西浦的所有师资都是全球招聘的，因此西浦没有文化积累和固定的规范，其好处是西浦可以按照自己的发展需要，培育和形成自己的行为规范和文化特质，但这也挑战着西浦的管理，即如何让来自全球各地，具有不同文化背景、专业训练、学术习惯、教学范式的老师在发挥其独特性和差异化引致的创新性优点的同时，共同探索和践行西浦的育人理念、教育模式，形成西浦的最优实践。实际上，这种嫁接和融合是非常困难和费时的，因为人的认知和习惯不是一下子可以转变的，首先必须通过各种交流和研讨让大家认识到什么是值得我们追求的，然后要不断通过研究和训练形成新的模式，并建立相应的体系和制度，推动变革以调整现有模式和习惯，长期坚持，才会使新模式得以践行，并慢慢变成习惯和文化。我们在这方面有很多探索。第一是持续学习，敢于创新，勇于挑战传统。为此，校园管理和文化必须鼓励变革，我们在很多方面都有一些独特的或创新的尝试。例如，变传统层级官僚组织架构为网络化服务型平台，提倡主动学习和研究导向型教学，建立教学探索基金和学生假期研究基金，邀请成功人士做学生校外导师，等等。第二是从理论和实践上坚持变革。例如，我们每年组织教学创新论坛、建立老师的同行帮助体系、将老师参与持续教育探索和培训制度化等。第三是通过新员工入职培训、论坛、职业资格证书（CPS）培训等过程传播和鼓励变革。例如，新员工入职时需要学习西浦愿景和使命、管理理念和方法等，并要撰写文章，阐述对自己岗位及其之于愿景和使命的价值的认识等。第四是在实践中不断持续改进和完善。我们坚持对学生、老师、员工的行为以及学校的发展进程进行案例研讨，不断总结经验和教训，以推动西浦的探索和创新升级，持续改进我们的实践效果。

西浦文化：DRIFT

大学文化似乎是一个很深奥的概念，理论上有太多的定义和讨论，比如眭认凡认为，大学文化包含精神文化、制度文化、环境文化三个方面，价值观、理想追求、思维模式、道德情感等构成精神文化；大学的组织架构及其运行规则构成制度文化；大学的物理空间、物质设施构成环境文化。三者以精神文化为核心，彼此相互依存、相互补充、相互强化，共同对学校教育产生影响。教育部前副部长赵沁平先生认为，大学文化有精神、制度、环境和产品四个层面，这种观点增加了产品维度，如研究成果以及文化、艺术、体育等人文产品。我个人认为，就产品来讲，学生、老师、校友其实也是大学文化的重要组成部分，因为他们是大学文化的使者。通俗的讲法也不少，最具代表性的是形象地将大学文化比喻成“泡菜坛子里的汁”，有什么汁就会产出什么样的菜。

大学文化看不见摸不着，但能感受到。当理解了一所大学，或进入一所大学，或与其中的师生员工有所交流，就可以感受到这个大学的文化，文化的外延弥漫在这所大学的校园里，渗透在其追求、氛围、行为和产品中。

文化的积淀需要时间，对于历史较短的西交利物浦大学，可以说其文化还处于孕育和成长的过程中，但从精神、制度、环境方面而言，已具雏形，就产品来说，也可逐渐从其身上发现西浦文化的影子。

西浦的核心理念——“幸福生活，成功事业”——顺应了人类生存的基本追求，无论个体或组织抑或社会，其根本目标就是提高生存能力，这也是学习、研究、教育的使命。要真正实现这样的愿景和使命，每个大学应形成其独特的实现路径和体系。西浦经过研究和提炼，以“多元、规则、创新、自由和信任”（diversity，regulation，innovation，freedom，trust，DRIFT）作为自己文化的核心理念。“多元”意指文化背景、国籍、个性、追求等，从自然界和人类社会发展来讲，只有多元才容易稳定、有可能持续发展，才有利于创新，因此西浦非常宽松和包容，鼓励多元。但多元容易导致混乱，要形成共生共荣、和谐共处的状态，必须形成共处的“规则”，这就是法律、道德和制度基础，只有这样才会形成秩序，孕育建设性的创新。实际上，“多元”和“规则”构成了和谐的基础，也即“君子和而不同”的健康秩序，西浦的生存哲学和管理理念就是和谐管理。“创新”可以说是大学的真谛，无论是培养学生的批判性思维，还是进行科学研究，抑或为社会提供服务，都是试图在已有基础上不断前行、改进和提升，所以创新精神应该渗透到师生员工以及各类活动的骨子里，这也是西浦提倡研究型学习、研究型教学、研究型工作的逻辑基础。“自由”可以说是创新的保护神。要真正实现创新，没有学术自由，生活在各种框框里，是无法真正实现创新的，所以学术自由应该是大学的生命线。最后，“信任”之所以进入西浦文化，不只是因为现在社会缺乏信任，更主要的是因为我们对人类社会未来发展模式和所面临挑战的认知，世界日益全球化、网络化，人类生存环境的复杂性、模糊性、不确定性和快变性不断提高，在这样的世界里，要单枪匹马地成就一番事业难上加难，无论生活，还是学习、研究和工作，合作成为常态，对于知识工作者和创新活动而言，因其行为和活动的信息不对称程度很高，合作及合作者间的信任更为关键。由此我们不难理解，DRIFT 是西浦文化的核心理念，也是西浦实现其基本追求和和谐目标的必要保证。

为了让西浦的文化真正上升为西浦人的文化，即变成西浦人的自觉行动，我们不仅将这种核心理念以显性的方式展现在校园里，如出现在基础楼和中心楼间东侧的一组球形雕塑上，也篆刻于中心楼与基础楼东侧置放太湖石的池边的石头上，还致力于将这些理念融入校园的设计，如南北校园整体特征的东西文化对话、南北校园通道代表东方的青砖墙面与代表西方的红砖墙面的碰撞以及留给学生的百团大战空间对学生创造性的释放、校园的开放和国际氛围、各建筑的绿色环保和可持续、校园设施布局便于交流与合作、整个校园都是博物馆的概念等。我们更将这些理念落实在制度的制定和和组织体系的构建中。例如，为了提升知识工作者和知识组织的效率，我们放弃了传统高校普遍采用的官僚层级式组织架构，探索形成了由四个服务中心无缝连接的网络化和扁平化的组织体系，强调服务。最重要的是，这些追求和理念会通过各种活动和方式融入西浦人的血液，体现在其言行及产品上，如容易从学校各种活动、媒介、师生员工的行为、研究成果上体味到西浦的追求、精神或文化，因此也有同行和朋友称西浦为“创新型大学”（entrepreneurial university）。

文化的经典解读是“根植于内心的修养，不需要提醒的自觉，以约束为前提的自由，为别人着想的善良。”我们希望西浦自觉承担起来的“探索适合未来发展趋势和需求的教育以及新型大学的运行体系、以影响中国教育改革和世界教育发展”的历史使命，能在一批批有修养的西浦人前赴后继的努力下，以其善良的心态、自由的创新，得以有效的践行。

西浦校园：体现东西文化的对话

校园不只是教育与研究的硬件展示，是培养高素质创造性人才的基地，更是学校精神、教育哲学和大学文化的载体。基础设施水准、校园环境、文化氛围直接关系到人才培养的质量，学术探索的追求，学校战略目标的实现。特别是西交利物浦大学想将大学从“教知识”转变为“培养人”，其校园及文化建设尤为重要。记得有位教育家似乎说过，“校园文化就像泡菜坛，有什么汁就会酿出什么菜”。然而，校园文化的形成离不开软硬件设施的互动融合。

遗憾的是，西浦校园不是一次统一设计、分步建设完成的，而是随着学校的发展分批设计和建设的，因此在一定程度上有失完整性。尽管如此，我们依然试图在设计和建设理念上充分体现出西浦的办学理念和教育追求，比如国际化、开放、东西文化对话和融合、生态和可持续、科学社区等。我们的目标是将西浦建成三个层级的生态系统，最终形成一个国际化的开放的科学社区：首先，校园的物理环境应充分体现自然生态，如建筑、校园环境应体现出绿色和可持续发展；其次，在校园文化上应营造知识生态，便于知识的传播、探索、碰撞、创新、共享；最后是社会生态，即开放的西浦走向社会、融入世界，也欢迎社会走进西浦，以形成共生共荣的互动与共存。我们希望在这样的生态校园中孕育出有国际视野和竞争力的“世界公民”，以实现全球整合教育资源，并融入国际科学社区，从而凭借一流的人才、研究、社会服务、文化引领、教育及其管理探索服务于社会。

2002 年，西安交大应苏州时任市委书记王珉先生之邀来苏州办学，工业园区计划给西安交大留出1 050亩土地用于建设校园。为了筹办学校，西安交大由我负责成立了苏州研究院，后出于种种原因，建设校园的计划暂时搁浅。2003年，中国加入WTO对外承诺开放教育市场的保护期结束，中国政府颁布了《中外合作办学条例》，西安交大新领导与利物浦大学领导商议可否利用苏州工业园区提供的条件，通过国际合作办学完成前述计划。于是，2004年西安交大和英国利物浦大学签署了合作办学协议，在原来政府承诺的地块上创建西浦。从北向南，第一块240亩，除给西安交大苏州研究院留出60亩外，其余土地用于建设西浦一期校区。学校的筹建申请工作和由工业园区高教区教投公司代建第一座教学大楼（3.2万平方米）的工程同时进行。2005年教育部批准西浦筹建，2006年教育部批准西浦成立，与此同时，具备苏州风格的西浦基础楼也正式竣工，作为一批次招生的中外合作大学西浦当年招收160余名首届学生，开启了被人们戏称为“一栋楼大学”的创业旅程。

2007年，西浦邀请美国Perkins＋Will公司规划和概念设计了北校区的其他建筑。首先建设的是科学楼（4.5万平方米），主要用于理科教学和科研，包括教学和研究实验设施，该楼群于2009年建成投用。随后建设了工学院大楼群和商管学院大楼群，建筑总面积约6万平方米，于2012年建成投用。作为标志性建筑的中心楼面积近6万平方米，主要功能包括学习资源中心、高级培训中心、学生活动中心和行政中心，于2013年落成启用。与此同时，贯通南北校区的下沉式广场和地下通道也于同年完工，主要用作学生创业基地。至此，西浦北校区完全落成。

北校区的整体格局体现了科学的规范和线条，色彩也以代表科学、理性的蓝绿为主，辅以棕红色，以对应利物浦“红砖大学”的美誉。特别是在理工管楼群的广场上，特别设计和复制了利物浦校园的圆顶亭子，以突出西浦的利物浦要素。另外，为了实现节能、绿色和可持续发展，建筑群尽可能多地利用立体绿地、花园和瀑布，包括采用地暖、雨水回收等技术。为了体现知识生态，所有公共空间和设施都鼓励群体交流与合作，包括2014年将基础楼的传统格局改造为现代的学习空间，更体现了这种精神。西浦校园内尽可能多地设立了各种各样的文化和展示长廊，包括理科楼的东方和西方文化长廊，展示了“整个校园都是博物馆”的理念，人们无论走到何处，都可以享受知识和文化的熏陶。为了体现社会生态，西浦完全采用了开放式校园设计，没有围墙和大门，而且很多设施可以用于社会公益和培训活动。特别值得一提的是主楼，它是科教创新区的地标性建筑，其设计理念源自著名的太湖石。“谁怜骨俏质，移在太湖心。出得风波外，任他池馆深。不同花逞艳，多愧竹垂阴。一片至坚操，那忧岁月侵。”这是英国凯达环球（Aedas）建设设计咨询有限公司设计师在设计书前引用的一首诗，整座大楼如太湖石般切片的空间分割，象征着知识碎片的独立与整合，大楼内部通透的空间设计与使用功能紧密衔接。2014 年，该楼获得被称为“国际建筑界奥斯卡”的世界建筑节（World Architecture Festival，WAF）“高等教育与研究”（Higher Education And Research）奖项提名。

南校区的设计由英国的 BDP 公司承担，在多个方案中我们选取了当下这个建筑群围合式的总体设计，主要是被其科学社区的设计理念所感染。整个南校区拥有既具备苏州园林要素又带有现代风格的中心多功能花园共享区，校区中的人可以从其所处的建筑或位置看到整个校园的活动，以激发其参与感。另外，因西浦的“五星育人模式”及许多理念和实践以“五星”来总结，所以中心花园的小湖也设计成了五角星形状，以形象地展示西浦的“五星”育人理念。这个方案曾受到质疑，主要理由是没有与北校区在风格上保持一致。但我坚持，南北校区由马路、林荫带与河道隔开，在视觉上并不会造成整体性被破坏的感觉。而且，两校区由下沉式通道连接，南校区带有苏州园林味道的现代共享花园布局中格调各异的建筑群落，会使进入者有耳目一新之感。另外，南校区的曲线条、圆融的社区氛围体现了东方文化的韵味，南北校区整体给人一种东西文化、理工与人文的对话情调，也体现了西浦办学的理念和目标。校园的两个制高点——北校区的中心楼和南校区的国际研究中心楼遥相呼应，构成了两个校区在高空的对话和衔接。

更有趣味的是南北校园通道的建设理念。起步于北校区开放式的学生创业广场，在汇集学生创业实践的同时引导学生步入南北走廊，左边（东侧）以青砖代表中国文化，右边（西侧）以红砖墙面代表西方文化，整个长廊空间留给学生社团进行创意和竞赛，因西浦有150多个社团和俱乐部，故简称百团大战长廊。走出长廊，映入眼帘的是带有苏州园林特色的现代园林和广场，在北校区基础楼前有一组历史上的大师群雕，代表东西方哲人对话，南校区的右侧则有一组现代不同肤色的师生群雕与之对应，寓意当代一群来自世界各地的有识之士在这里创造新的历史，进一步深化了东西对话和国际化的办学理念。

硬件载体如果没有软件的配合，只能成为一个躯壳。西浦的发展和梦想的实现，需要持续创新和长期坚守，才能释放出可见的光彩以及无形的魅力和渗透力，更需通过一流的研究成果、社会服务及其杰出的学子、校友、老师、员工以及社会各界认可西浦理念的朋友发挥西浦对教育和社会的影响。

西浦校训：博学明道，笃行任事

当西交利物浦大学步入第八个年头时，虽然还很稚嫩，但日渐成熟，已经到了可以总结和提炼出自己校训的时候。经过多年酝酿、研讨和网上公开征集，2014年12月12日，在一年一度的盛大圣诞晚会上，西浦公布了自己的校训："博学明道，笃行任事"。

西浦2006年由英国利物浦大学和西安交通大学按照《中外合作办学条例》创建，是具有独立法人资格的以理工管学科起步的研究导向型国际大学。利物浦大学的校训是"Fiat Lux"（拉丁语），英文可译为"Let there be light"，意指教育消除无知（Education "shedding light" on knowledge）。西安交通大学的校训是："精勤求学，敦笃励志，果毅力行，忠恕任事"。西浦校训传承了利物浦大学"知识照亮道路"的意境，借鉴了西安交通大学"敦笃励志，果毅力行，忠恕任事"的精神；既向《论语·雍也》中的"君子博学于文，约之以理"、《礼记·中庸》中的"博学之，审问之，慎思之，明辨之，笃行之"的中国传统文化敬礼，又强调"知行合一"、"勇于担当"，提倡行动的坚守、从当下点滴做起的恒心与魄力；还呼应了西浦"幸福生活，成功事业"的核心理念。西浦校训的英文版是："Light and Wings"，意即"光明利于我们高瞻远瞩"（Light to see）和"翅膀有利于我们高飞远翔"（Wings to fly），学习使人明道，教育帮人铸翅，西浦帮助学子展翅追梦。西浦校训的拉丁文版是"Aethera ac Lucempetimus"，意即"学习新知，展翅翱翔"。

西浦校训的诞生历经几年。最初，一些学生和家长为西浦没有校训感到遗憾，于是有了提炼西浦校训的呼声，但一直处在议论的过程中。2014 年 7 月第五届毕业典礼时，我做了题为“愿西浦为你们插上追梦的翅膀”的致辞，随后时任西浦学术副校长的 Andre Brown 教授建议，可否利用利物浦大学校训中的“光明”（Light）和我致辞中的“翅膀”（Wings）表述西浦校训：“Light to see, Wings to fly”。我们觉得这个动议很适合西浦，于是在此基础上开始在校内外征集对校训的建议，许多学生、家长、老师和社会各界人士提出了很有建设性意义的方案。比如，一位学生家长，网名@江帆远影，曾提出过很多版本：光启智，云荡胸；光启智，行致远；沐世界风，行万里路；光之所引，梦之所向；知识之光，理想之翼；等等。西北大学历史和管理史学教授刘文瑞提出：学而慧，思而明，习而远（字形用繁体，習就是翅膀）。网友@fangj9868建议：明理，志远；@jia 青青子衿建议：秉烛以启智，振羽以翱翔；@谪仙-Albert 建议：辨天地之灵秀，游中外之恢弘（宏）。西浦国际商学院市场与品牌教授吴国华建议：醒世之光，青云之翼。还有老师建议：知理明道，如鹰展翅；光明之城助力腾飞之翼；等等。学生和网上朋友的建议更多，如：光以明理，翼以高飞；育德昭华，予翼翱翔；智明中华，翼翔天下；育人以中西德光，予人以抟摇羽翼；求知若逐光，予羽以翱翔；承缉熙以明察兮，纵矫翼而高翱；博学开启智慧之眼，笃行成就有用之才；博学求真，笃行成才；拓求知之道，展追梦之翼；明心而广见，高飞而自行；蓄识（而）拓野，携梦（以）亮翅；等等。

这里无法一一列出我校师生及各界朋友的建议，但对他们的热情参与、高瞻远瞩的建议以及寄予西浦的殷切期望表示衷心的感谢。我们最后虽然没有简单地采用任何一个版本，但是大家的建议给了我们很多启迪，“博学明道”对应于“Light to see”，“笃行任事”与“Wings to fly”相呼应。尽管这个版本最后是由我提出的，但实属集体智慧的结晶。我曾经还提出过一个对应英文版“Light and Wings”的更简化的版本：“明道笃行”。

其实，我们深知，优美的文字只是为了便于人们欣赏和记忆，最本质的还是文字背后的意义和追求，只有校训背后的教育哲学、理念、模式深入人心，变成师生的行为和习惯，受到社会的认可和关注，长此以往才会升华成为这个大学的文化，校训才会站起来、活生生，才有可能实现其价值。

西浦人在路上，期待着、践行着……

西浦校徽：全球融合与时代跨越

西交利物浦大学成立伊始，并无自己独立的校徽。因其由西安交通大学（西交大）和英国利物浦大学（利物浦）按照《中外合作办学条例》设立，尽管在法人资格上为独立实体的国际大学，并试图借鉴两的母体学校的优势办出特色，但因其还很稚嫩，许多作为独立大学应具有的东西尚未形成，校徽即是其中一项。当时，西浦校徽由西交大校徽、西浦中英文名字和利物浦校徽组合而成，西交大校徽居前，西浦中英文名字上下并列居中，利物浦校徽随后（见图 3—3）。这个校徽的特点有二，（1）可能是历史上罕有的含有两个独立大学校徽的校徽；（2）西浦的中文名字是当代杰出书画大师方召麐女士（已过世）应当时的创始常务副校长方大庆教授之邀在 90 岁高龄时书写的。

图 3—3　西浦第一版校徽

经过三年的探索性发展，特别是我 2008 年接任西浦执行校长后，得到同仁们的共识和董事会的认可，西浦立志成为“研究导向，独具特色，中国土地上的国际大学和世界认可的中国大学”，并试图通过自己的探索影响中国的教育改革和世界教育发展。此时，西浦拥有自己的校徽已水到渠成。经过近一年的酝酿和设计，我们于 2009 年 11 月 14 日召开了新版校徽启用仪式暨新闻发布会（见图 3—4）。时任教育部科技司副司长陈盈晖、国家自然科学基金委员会管理学部前常务副主任陈晓田、航空航天部著名系统科学家于景元，来自北京大学、清华大学、浙江大学、上海交大、西安交大、华南师范大学、浙江工商大学、山东大学威海分校、苏州大学等大学的嘉宾以及中新社、人民网、《扬子晚报》、《苏州日报》、苏州电视台等新闻媒体，西浦时任学术副校长 Jeremy Smith 教授及同事共同见证了西浦发展的这一历史性时刻。

图 3—4　西浦现版校徽

我当时的现场解读是，西浦新版校徽的推出，是进一步梳理西浦办学定位和教育理念的需要，是深刻凝练西浦大学精神的需要，是进一步形成和弘扬西浦文化的需要。西浦新版校徽应传达这所国际大学的崭新形象，彰显其独特的办学理念和人文精神，表明其融合中西方教育文化精华、探索并开拓高等教育新模式的志向和使命，将成为西浦的标志和灵魂。

西浦校徽的设计思路出自我对西浦的理解和展望，也在一定程度上反映了我寄托在西浦身上的教育理想。新版校徽的设计分为三个版本：一是由两部分组成的盾形版，大师方召麐女士书写的中文大学校名和英文名称作为可分离的盾形头部，盾形底部是可独立运用的西浦校徽。在西浦校徽广为人知之前，以头部文字方式让人联想记忆底部的西浦校徽。二是将上述的底部作为可独立使用的盾形校徽，借用了利物浦大学校徽的盾形轮廓。盾形是国际流行的大学校徽形状，以代表西浦的国际化特征；保留了利物浦城市象征的三只利物鸟，代表母体学校——利物浦大学与利物浦城市的悠久传统；中心嵌入了西安交大的校徽，整体布局表明西浦由西安交大和利物浦在中国设立，示意“工程教育、工读并重”的西交大齿轮状校徽，寓意西浦不仅将继承母体学校——中国一流大学西安交大的百年历史和理工特色，而且也是以理工管学科起步立校；中心齿轮以打开的书籍支撑，继承了利物浦校徽中的书籍元素，传承了知识照亮道路的含义，又将书打开，让人联想到大写的英文字体 M，寓意“管理”（management），既象征其创立专业除齿轮代表的理工外，还包括管理专业，更预示管理是大学创立和发展之基础，以及西浦在高等教育管理上的探索和追求；校徽标准色借用利物浦校徽专用的蓝色，即利物浦蓝。同时蓝色也象征理性、代表科技、寓意深远、面向未来。三是盾形校徽与中英文名称并列版本，以全面的姿态展现西浦，主要用于官方名称和正式标志。

西浦新版校徽源自我的设计创意，新校徽形象地展示了大学的渊源，融合了两所母体学校的文化与传统，传达了这所国际化大学的愿景与使命，取义深远，含意显豁；新校徽整体设计上体现了西浦的特色：理工管学科起步，国际化、现代化、独特性、融合性，极富创新意识和开拓精神，凸显全球融合和时代跨越。

西浦的故事

虽不是字字珠玑，但记录了西交利物浦人探索的心路历程。

尽管视角不同，然展现了一个共同的主题：如何造就或成长为有国际竞争力的人，在世界驰骋。

我们看重的不是学到知识和得到文凭两张，而是在学习中健康地成长，素养和能力不断提升，以实现“幸福生活，成功事业”的传承。

在不到六年的时间里，一所逐步受到广泛赞誉和认同的独特的国际化大学在教育普遍受到责问的中国土地上诞生，令世界惊奇且具神秘色彩。

是什么让一个长期被呵护、一直被照顾、似乎除了考试什么都不懂的孩子在入学后迅速转变为一个“大人”，自信、独立、主动、责任、真诚……？

是什么使不少按高考成绩充其量只能进一个好二本大学的年轻人四年后可与世界任何一所一流大学毕业生同台竞争，甚至取胜？

是什么使那些没有经过专门训练和挑选、大都来自一二年级文科生、按兴趣组合甚至有点业余的西浦学子在享有盛名的美国数学建模比赛中，在与许多名校的“专业队”的较量中屡获佳绩，稚气中流露出不屈的老成？

是什么征服了世界名校，给予西浦学子特殊的待遇，将其揽于麾下，连向来挑剔的英国帝国理工的 EEE 也在研究生招生说明中明确指出，只接受中国 C9 和 985 高校及西交利物浦大学毕业生的申请？

是什么帮助这些入学时很稚嫩的孩子在毕业时能同时受到世界 Top10 大学和世界 500 强企业的青睐，使它们往往面临快乐的选择之难？

是什么吸引众多国际级科学家落户苏州和一所稚嫩的大学，利用其经验和学识，开启极具挑战和刺激的新的教育和研究探索旅程？

是什么刺激一群教育领域的探索者独辟蹊径、大胆探索，数年之中，校园内新生事物层出不穷，师生纷纷将国际级大奖斩获囊中？

是什么使新的教育理念、办学模式、育人方式、大学文化、学习行为、学教互动……在这里不断涌现并受到好评？

……

您心中也许还有很多困惑或疑问，从这些故事中您也许会自己找到答案，并给出您自己的回应。

六年的探索非几句话能说清，但在我们心中，是世界发展趋势、社会需要、挑战的环境以及师生和各方支持者与我们一道创造了高教领域这道亮丽的风景。

把握世界发展趋势及其对人才之需求，吸收东西方教育之智慧，整合国际教育之资源，探索高教新模式，影响中国高等教育改革甚至世界高教之发展，是我们的使命。

“以学生健康成长为目标，以兴趣为导向，以学习为中心”，帮助学生认识自我、明确目标，以调动和释放其内在动力及潜能，是我们的基本育人理念和憧憬。

营造“多元、规则、自由、创新、信任”的国际化大学氛围和文化，让师生们浸润在思想和智慧中而不断自我升华和茁壮发展，是西浦的基本功能。

培育学术共同体和科学社区，搭建交流和共享平台，打造全球互动与合作的网络环境，营造思想的自由市场，是我们的重要活动。

通过自省、互动、指导、服务，帮助学生成长，促进老师创造，强化学校社会互动，以引领和服务社会，是我们永恒的责任和履行使命的途径。

（选自2012年席酉民为《探路新大学——西交利物浦大学的故事》一书所作的序）

“教”之凤凰涅槃

中国的第30个教师节将至，衷心祝愿大家节日快乐！

去年的今日，我写到：“对某个群体或事件设立节日，无外乎几种原因，因其脆弱而需要重视，因其特别而需要纪念，因其重要而需要期待，因其伟大而需要尊重……对于教师，我读到的是尊重和期待。”

中国古代称教书人为“师”。《尚书》云：“天降下民，作之君，作之师。”把“师”与天、地、君、亲并称，供同一牌位朝拜，足见“师”的地位之高尊。唐代文豪韩愈的《师说》云：“古之学者必有师，师者，所以传道、授业、解惑也”，对师之价值给予了精辟概括。岁月更替，师后来演化为教师，民间对教师的比喻非常丰富，从古老的“先生”，到革命时代的“人类灵魂工程师”；从很接地气的“园丁”，到充满赞美的“春蚕、蜡烛、孺子牛”，再到饱含浓浓期许的“春雨”和“人梯”，充分展现了人们对教师的仰止和期待。

在教师节享受对“师”的神圣的尊重的时候，我却沉浸在对“教师”之“教”的深深反思之中。为什么长期神圣的教师称谓现却时不时被当下媒体所嘲讽？为什么父母不惜代价冒着风险将孩子送往国外求学？当哈佛教授预言15年之内美国大学将有一半破产时，作为教师应有什么警觉？当面临互联网一代和以慕课为代表的一系列颠覆性技术的挑战时，教师做了什么准备和需要进行哪些改变？简言之，在当代新的技术和社会环境下，如何“教”才能真正体现教师的职责和价值，以回报社会对我们的仰止和期待？

大学的历史超过千年，教师“教”的活动已形成了根深蒂固的套路，但当我们面对网络一代学生新的“学”法、眼花缭乱的网络和信息技术、便捷有效的全球交流与互动、革命性的学习和生活行为的变化，不得不反思我们已经驾轻就熟、习惯成自然的“教”的套路或模式。例如，网络通讯技术和云端巨量教育产品或知识资源不应是传统教育的简单替代，而应成为其提升价值的神器。那么，怎样改革传统教育、利用新技术和云端资源形成超现实的教育环境，增强大学的吸引力和育人价值？网络社会分布式的巨量知识存储、快捷的知识获取、日益方便友好的知识分享和交流，大大减轻了以内容导向的传统教育学习知识、记忆知识的压力，却容易使人们陷入知识碎片化、“知道主义”（广而浅薄）的风险，教师和大学怎样利用其优势，改变“教”的策略和套路，帮学生学会学习，形成具有深度的知识系统、具有高度的造诣、充满智慧的整合和运用知识的能力以及创造精神？

面对这些挑战，本学年西浦将研讨和制定下一阶段的教学发展战略。西浦提倡研究导向型的“教”与“学”，我们的研究导向型并非简单地在传统“教”的过程中加入研究的要素，如讲课时介绍老师的相关研究、教学生一定的研究方法、给学生一些研究机会，而是要彻底改变知识传授的传统模式，以问题探索刺激学生兴趣和好奇心、训练其独立思考和批判精神，以研究过程引导学习、整合、运用和创造知识，从而帮助学生学会学习、培养能力、提升素养、形成造诣。我们需要深刻研讨怎样的“教”才能使研究导向型教学落到实处。让我们以西浦人勇于挑战、敢于创新、智慧探索的精神，利用我们没有历史包袱、全球整合资源、国际化平台、多元师资背景、跨文化融合的优势，全体师生一道探索，描绘出适应这个时代的一个全新的、大大的“教师”之“教”，在人类教育巨大转型的关键时刻，奉献出我们西浦人的答案！

创新教育理念、教学方式、育人模式、办学思路，提升课堂和大学之于学生、社会、人类的作用和价值，“教”是重要的一环，我们希望用西浦人的智慧探索，报答社会对教师的尊重，回应人们对教育的殷切期待，践行西浦影响教育变革和进步的神圣使命！

衷心感谢各位老师、同事们的积极加盟和真诚奉献，让我们一起继续努力吧！

（选自席酉民的2014年教师节致辞）

博学明道，笃行任事

又到了一年一度告别过去、欢庆收获的季节。勤劳创新的西浦人，带着对过去一年的无限眷恋和对未来的满心期待，以西浦家庭式的圣诞晚会感恩时代赋予我们的机遇和各方的支持，庆祝师生员工的收获和学校的发展，迎接充满挑战和生机无限的新一年。此时，我代表西浦向全体师生员工送上最诚挚的祝贺与感谢。祝贺大家在过去一年取得的辉煌成就！感谢西浦人在过去一年所付出的智慧和汗水，是你们的努力和坚持，让西浦学子茁壮成长，让西浦变得越来越美好、越来越壮大和成熟。感谢西浦学生家长、校友以及社会各界的长久关注和支持！祝愿大家在新的一年里继续超越创新、放飞梦想，在各自的岗位上，创造出新的奇迹，收获成功和喜悦。

创业八年，西浦人凭着一股敢于梦想、勇于突破的探索精神，把不可能变为可能，实现了中外合作办学史上的无数个第一：第一所强强联合独立法人的中外合作大学、第一个提出办“中国土地上的国际大学和国际认可的中国大学”的愿景、第一个颁发中英双学位的中外合作大学、第一个拥有全球最大语言教育中心的国际大学、中国土地上专业最全和规模最大的中外合作大学、发起成立中外合作大学联盟的大学，等等。八岁的西浦虽还稚嫩，但日渐成熟，刚刚总结和提炼出了自己的校训：“博学明道，笃行任事”。西浦校训传承了利物浦大学校训中“知识照亮道路”的意境，借鉴了西安交通大学“精勤求学，敦笃励志，果毅力行，忠恕任事”的精神；既向《论语·雍也》中“君子博学于文，约之以理”、《礼记·中庸》中“博学之，审问之，慎思之，明辨之，笃行之”的中国传统文化敬礼，又强调“知行合一”、“勇于担当”，提倡行动的坚守、从当下点滴做起的恒心与魄力；还呼应了西浦“幸福生活，成功事业”的核心理念。西浦校训的英文版是：“Light and Wings”，意即“Light to see”和“Wings to fly”，学习使人明道，教育帮人铸翅，西浦帮助学子展翅追梦。

西浦致力于探索全球化和网络化环境下的教育理念和办学模式，着眼于建成一所符合未来趋势、具有世界影响的新型国际大学。现代社会的不确定性、模糊性、复杂性和快变性对人才提出了新的要求，一系列颠覆性技术的涌现也给传统的办学模式、育人理念、教学方法带来了前所未有的挑战。大学需要重新思考教育的意义和价值，重塑教学模式，再定义大学的功能与运营，只有通过自身的“颠覆性创新”，才能在未来争取到更大的生存空间。

面向未来，西浦将利用时代赋予的机遇和后发优势，背负使命，继续探索符合时代要求和未来趋势的新型教育理念，积极运用各类新型教育技术重塑教学过程，继续完善初具雏形的网络型组织架构，不断提升大学运营和管理机制，营造校内外共生共荣的学术生态，总结提炼和传播推广西浦的教育创新，强化社会合作和服务，助推经济转型和社会升级。关于“研究导向型”，一是西浦定位为研究导向型大学，二是西浦提倡研究导向型教学、研究导向型学习、研究导向型工作。传统大学也有提倡研究导向型教学，一般人的诠释是“在课堂上介绍科研成果、讲授科研方法、给学生科研机会”，这只是在传统教学中加入了“研究”的元素。西浦的研究导向型教学要变传统的“以教授知识为主、老师主导”的教育为“以能力为导向、以学生和学习为中心”的教育，课堂不应是简单地讲授知识，而是利用翻转课堂、云端资源、混合式教育等新型教育技术，以现象、科学问题和现实挑战引导学生学习，以刺激学生的好奇心，训练学生的批判性思维，培养学生的创造力，改变学生的思维方式，帮助学生学会学习。研究导向型学习则致力于变学生习惯的被动学习为主动学习，再上升为研究导向型学习，即鼓励学生通过网络等现代技术围绕课堂上讨论的或自己发现的问题进行学习和研究，解释现象、回答问题、开展研究，再通过课堂、小组讨论等进行交流，提升学生的学习能力、整合与应用知识的能力、研究与解决问题的能力，甚至通过这些过程产生新知。研究导向型工作旨在鼓励西浦人作为知识工作者，要以研究的心态从事自己的职业，既尊重制度和程序高效地完成所承担的任务，又享受创新的乐趣。我们提倡“积极主动、探索反思、案例分析”的工作方法，坚守“没有最好只有更好”的理念，追求持续改进和创新。

“西浦教育”和“西浦模式”正逐渐成为中国乃至全世界高等教育关注的话题，承载着西浦人的智慧、学生家长及全社会的厚望和支持。西浦正在不断创造奇迹，改写历史。西浦将不辱使命，继续积极面对时代和新技术的挑战，在教育上努力实现“三个融合与跨越”，即“东西方教育最优融合与跨越，线上线下教育融合与跨越，教学与科研融合与跨越”，充分利用自己一张白纸好绘宏图和没有历史包袱之优势，以其符合未来趋势和需求的新兴国际大学的雄姿屹立于中国，影响如火如荼的中国高等教育改革甚至世界高教的发展。

按中国习俗，我们即将迎来羊年。“羊”在中国文化中代表美丽，孕育文化，象征安泰，启发智慧。在新的一年即将来临之际，我衷心祝愿西浦人坚守“博学明道，笃行任事”的校训，学会“研究导向”的态度和方法，高展追梦的翅膀，收获新一年的成功与快乐！

（选自席酉民的 2014 年圣诞节与新年致辞）

尝试独立，学会成熟

欢迎参加西浦 2014 级新生开学典礼！

请允许我对所有新生致以最真诚的祝贺！祝贺你们终于挣脱了痛苦的高考和熬人的志愿填写，进入西浦；对所有家长表示衷心的感谢！感谢你们不辞劳苦、不惜代价为我们送来了又一批朝气蓬勃的新生！无论学生、家长还是学校，我们有一个共同的目标，就是帮助学生尝试独立，学会成熟，并通过在校训练，构筑梦想和强健的追梦翅膀！

开学典礼总是习惯于给同学们一些叮咛，我想同学们已经听够了叮咛，甚至厌烦了叮咛，因为从小到大，周围人永远将你们当孩子看。然而，你们在生理上已是成人，应该承担起相应的责任并培养自己独立思考和决策的能力；应该开始规划自己的人生，并自己为发展道路上面临的问题寻找答案；应该跳出那个大人怕你们受伤害而帮你们塑造的虚幻的美好环境，勇敢地面对复杂真实的世界，提升和锻炼自己的生存能力；等等。真正的成熟，是自己善于发现问题，并能够有效地解决问题。所以，今天我不再给你们叮咛，而是告诉你们大学阶段必须面对的一些基本问题，至于如何正确面对和合理解决，则需要你们自己研究和解答，这也是西浦提倡的研究导向型教学的基本原则。

首先，此时此刻的你们一定很激动，很开心，觉得终于走出了应试教育的地狱，跨过了高考的“鬼门关”，可以放纵一下自己，过一段肆无忌惮的生活。但不要忘了，西浦被不少同学誉为“学霸的天堂，学渣的地狱”。怎样才能使自己不从一个地狱走向另一个地狱？西浦在办学哲学和教育理念上与传统教育有很大差别，在教学要求和质量上近乎严苛，学习态度和行为的转变是否到位、是自我约束还是自我放纵会带来截然不同的结果。步入西浦后，应如何快速实现生活和学习方式的转变？应采取何种人生态度，培养怎样的行为模式？

其次，在经受了一次次考试的折磨，在父母以及老师不断的呵斥或以溺爱的方式施加无穷压力之后，你们期待挣脱呵护，盼望独立和自由。你们终于等到了进入大学这个“解放”的日子，可以体验独立之乐，享受自由之美。我相信你们中的很多人幻想或者憧憬过大学生活，但当你们真正面对独立和自由时，会发现独立和自由并不像你们想象的那么美妙，它意味着担当和责任，无情地迫使你们在陌生的环境下独立面对一系列挑战，如怎样合理安排、平衡好自己的生活和学习？如何与来自世界各国、全国各地的同学友好相处？怎么运用学校提供的网络平台查询信息、提交作业？怎么运用各种合理有效的方式与老师沟通、表达自己的诉求？怎样扭转过去“饭来张口、衣来伸手”的习惯，照顾好自己的饮食起居？应该训练哪些素养和能力，才不会感觉茫然、遭受窘迫甚至手足无措？

再次，作为网络一代的你们，可能个个都是网络高手。进入西浦，你们会进一步发现网络是你们学习和生活密不可分的朋友，但千万要知道，网络是一把双刃剑，用得好可以带来无数便利、巨量资源、惊人效率，但用之不当，“网虫”们也会因沉迷网络或网游而荒废学业、贻误人生。怎样驾驭自己的欲望？如何成为网络等现代工具的使用者、驾驭者，而不是被俘者？

最后，从小到大，为了考高分、进名校，你们生活在一个简单，甚至被美化了的虚幻环境里，当面对真实的世界时，你们会突然发现，现实是如此的复杂，与你们的理解大相径庭，这时隐藏在心中的善良和正直的本能会让你们觉得社会一塌糊涂，朦胧的正义感和责任感会使你们成为年轻的小“愤青”。诚然，大家的社会责任感值得鼓励，但面对社会问题，简单诉病或一味指责谩骂并没有太多的积极作用。作为年青一代，如何理性分析？怎样以自己行动促进社会进步？构筑什么样的知识、素养和能力体系，才能使自己有能力实现自己的担当和责任？

这个问题清单还可以很轻松地列下去，这是我今天留给你们的作业，请你们在入学后尽快研究这些问题并给出自己的答案，并不断发现和解决新问题。要在这种问题的研究和解决过程中学会学习、获得新知、增长才能、提升素养、构筑梦想，然后为追梦准备一个成熟的、强大的你！

尝试独立，学会成熟，健康成长，还离不开亲爱的家长们的配合。孩子们已经成人，我们对孩子的真正关爱不再是以自己的双翼温柔地呵护，而是要把他们推向现实，给他们空间和自由，让他们经风雨、见世面！当然，学校会和家长一道，随时随地给予他们帮助、指导和支持，让他们在西浦自由、开放、国际化的资源平台上和友好的学习环境中茁壮成长，练就终身践行西浦“幸福生活，成功事业”理念的真功夫！

（选自席酉民在西浦 2014 年新生开学典礼上的致辞）

愿西浦为你们插上追梦的翅膀

人生谁能无梦想，但常缺追梦的翅膀！

当你们一脸青涩地走进西浦时，她抛弃了传统的保姆角色，将你们推向独立；她知道你们还年轻，所以准备了助你们成熟的学友、学术顾问、外部导师；她不遮遮掩掩或只让阳光照耀你们，而是让你们面对一个红黑黄各色齐全的真实世界，但通过帮你们成长而使你们能正确认识和生存于甚或改变这个世界；她整合全球教育资源，营造国际化学习环境，帮你们拓展视野和竞争力，为你们驰骋世界奠定基础；她面对数字时代的挑战，探索新的教育理念，改革教学模式，帮你们学会学习，培养你们应对未来复杂多变世界、可持续发展的能力。所有这一切，都是为了让你们有梦、敢梦，更重要的是帮你们插上追梦的翅膀。

八年来，一批批一般的孩子走进西浦，一批批不一般的“世界公民”从这里起飞。是何种魔法造就了这种神奇？

掀开神秘面纱的一角，我们不难发现，“从盲目学习到兴趣导向的学习再到关注人生规划的转变”，让你们从长期应试教育下只追求高分、名校的盲目中解脱出来，认识世界、了解自己，真正明白自己的兴趣所在，以强大的动力追求自己的爱好，探寻和制定自己的人生规划，从而构建自己的人生梦想；“从被动学习到主动学习再到研究导向型学习”，帮你们从内容导向型的知识灌输式教育中走出来，培养你们主动学习的行为，以适应知识传播便捷、更新速度更快的网络化和全球化时代，并最后学会研究导向型学习，养成应对激烈竞争的世界和复杂多变的人生的生存能力，为飞翔插上翅膀；“从孩子到年轻成人再到‘世界公民’的转变”，使你们从长期被呵护的温室中走向真实的社会，培养独立人格、责任意识、批判精神、理性思维，成为有素养、有知识、有能力的“世界公民”，通过自己梦想的实现成为对社会有价值的受尊重的人。

今天，又一批 1 000 多西浦人将从这里起飞。我坚信，你们的梦还会改写，但西浦的熏陶会帮你们日益成熟，梦想更加真实；你们的事业还会遇到形形色色的困惑和难题，挑战你们未丰的羽翼，但在西浦的成长会助你们羽翼丰满、不断强大，以解惑排难、迎接挑战；你们的人生肯定会有很多起伏或波折，但在西浦孕育的品格、奠定的基础，会激发你们不断提升，以实现更有价值的人生。

请记住，虽然即将远行，但这里是你们曾经爱过、恨过、骂过然而将伴随你们一辈子的家，在你们成功时她会真诚地为你们祝福，在你们有困难或失意时，她会向你们伸出支持的双手！

同学们，振翅高飞吧，还等什么！

（选自席酉民在西浦 2014 年毕业典礼上的致辞）

我们的角色

教师节是一个庆贺成就和感谢奉献的日子，大家的辛勤付出和努力，让西浦在不到十年的时间里发展到如今的规模。上周，我们举行了2015级新生开学典礼，全体新生、新生家长、教职员工代表等近8 000人参加了盛大的仪式。学生和家长的信赖，让我们深感肩上的担子更加沉重。因此，我想借教师节的契机，跟大家聊聊我们的角色和使命。当今社会日新月异，中国教改箭在弦上，世界教育充满挑战。在这样的大环境下，我们何以为“师”，又“师”成何状？

作为西浦，成立和发展于教育受到一系列颠覆性技术挑战的当口、中国高教改革的浪潮之下。因为年轻，所以较之传统高校，反而没有任何历史包袱，带着其自身的后发优势，甚至可以说拥有与世界一流大学站在同一起跑线上重塑教育的机会，扮演着改革者和创新者甚至颠覆者的角色。西浦肩负四大使命：(1) 根据未来需求和世界发展趋势，整合世界最优教育实践，探索未来新教育；(2) 探索适合知识组织和知识工作者的大学组织运行机制和体系；(3) 探索共生时代新型大学与社会的互动关系；(4) 以我们的全方位探索影响中国教育改革和世界教育发展。这一独特角色和艰巨使命，不仅仅是基于我们的自我认知建立的，更是教育需要反思和重塑的时代赋予的。

为了成就西浦人的梦想，助力西浦愿景与使命的实现，每个西浦人肩负着用自己的聪明才智探索和践行的历史重任。

作为老师，需要探索研究导向型教学。变传统教育以教授知识为主、老师主导的教育为以学生健康成长为目标、以兴趣为导向、以学习为中心的教育方式，以现象、科学问题、现实挑战等引导学生学习，让学生借助网络等现代手段围绕这些问题进行学习和研究，解释现象、回答问题、开展研究，通过课堂、小组讨论进行交流，从而提升学习能力、整合与应用知识的能力、科研与解决问题的能力，甚至通过这些过程产生新知。通过研究导向型的教育，使学生充满好奇心、强于批判性思维、养成创新性行为、练就适应复杂世界的心态、培育终身学习的能力。为此，老师不能满足于简单完成教学任务，而应积极着手研究导向型教学探索，针对学生行为和各类挑战，研究更有效的教学方法和方式。西浦是个高度国际化的学术社区，多种文化在这里交流，多种声音在这里碰撞，必然会产生各种“火花”。有“火花”就会有新思路，有了新思路便会带来更多的创新，我们期待“百花盛开，满园似锦”的西浦教育创新实践。

作为学校支撑人员，也需要研究导向型工作。利用人类已积累的知识当然会提升效率，但世界是发展的，没有一成不变的规定和规则，特别是像大学这样的知识型组织，加上其成员的知识工作者的特性，其工作必然会面对很多突发事件和新任务，创新性思维和研究型工作方式应成为习惯。即便西浦的组织架构和管理体系已然是在适应时代发展潮流下建立起来的新兴模式，依然需要全体员工在现实的各种矛盾冲突中不断反思和提升。抛却固有思维，以愿景和使命为导向，坚守西浦“多元、规则、创新、自由、信任”的文化理念，以真诚的心态，积极研究，创造性工作，服务事业，感动自己。

作为学生，应真正成为学习的主人，而非老师主导下的“考生”，同样也需要研究导向型学习。大家熟悉的很多年训练习得的死记硬背式的被动学习永远无法真正学到东西，只有带着自己的观察和问题开展学习，带着自己的思考融入知识系统，然后带着学到甚至发现的新知在实践中融会贯通，才能抵达真正的学会学习和健康成长的彼岸，这也是研究导向型学习的最终目的。

作为西浦的校友，尽管暂离校园，我们也真诚希望大家各自在自己的岗位上践行西浦的创新精神，积极心态和研究型的生存方式，不满现状，勇于探索，以你们的杰出表现赢得尊重和发展空间，为社会进步尽一个“世界公民”的责任，同时也为西浦教育增光添彩！

每一个西浦人都是西浦发展，乃至整个世界高等教育发展中至关重要的一员，每一个西浦人又因着各自职责的不同而在这场教育探索之旅中扮演着各异的角色。然而我们共生共存，须得以我们的创新、突破、创造和持续坚韧的努力，扮演好自己的角色，共同打造西浦人高度责任感、国际化、职业化的独特形象，履行我们的职责，践行我们的理想，完成我们的使命。

教育的反思和重塑，迫使我们每个人背负艰巨的历史使命。让我们一起努力，扮演好各自的角色，凸显我们存在的价值。或许将来有一天，因着我们的努力，可以看见中国高教改革的成功，见证教育更加充分实现其自身价值的时刻到来。

一起努力吧，西浦人！

（选自席西民的 2015 年教师节致辞）

“知道”时代拒绝肤浅

正冠拨穗意味着一段学业的成功终结，开启了从校园走向社会的新征程。无论你们是到世界其他地方继续深造，还是进入社会新天地，在这个你们人生中值得纪念的日子里，在向你们表示衷心祝贺的同时，我的一点建议希望对你们的未来有所助力。

自古以来，教育的目的是消除无知，然而当代网络化技术及其衍生产品的不断涌现让人很难“无知”，“谷哥”、“度娘”帮我们几乎无所不知，知识时代很容易演变成“知道”时代，并遗憾地助人沦为肤浅，使人常在知道而不能确定是否是真知间徘徊。

我希望大家要避免沦为“谷哥”或“度娘”大学的毕业生，拒绝肤浅，不满足于“知道”，要知其然且知其所以然。首先，要学会西浦倡导的研究导向型学习，敏于观察，善于思考，从现象、问题和任务入手，刨根问底，不仅获得真知，而且训练阐释现象、解决问题、勇挑重任的能力；其次，不人云亦云，要有独立判断力、批判性思维、理性分析，有自己的独立见解和发现，甚或创新性和创造性的贡献；再次，要明白和创造自己之于家庭、组织、社会的价值，当大家都知道时，即使你也知道，这对群体和社会来讲并不具备价值，要想有价值，你需要在“知道”时代把自己感兴趣的事情做到极致，拥有绝招，才会因有价值而为自己争取到生存的权力和空间；最后，“知道”时代很容易扩展知识的广度，学会研究导向型学习会帮你形成知识的深度，利于你获得绝招，从而屹立于竞争之林。但要达到“一览众山小”的智慧，你还需要有知识的高度，“三人行必有吾师”，不断学习、积累、反思、总结和提高，强于有理论支持的实践，善于有实践的理论总结，人生的持续积淀定会增添你知识的高度，知识的广度、深度和高度可以使你有造诣，造诣很可能帮你成就伟大。

从你们进校伊始，我一直在强调，文凭不是学习的终极目的，仅仅是学习的副产品，真正让你们终身获益的是你们获得学习的能力和人生的梦想，引领你们从懵懂的青少年到年轻的成人再到“世界公民”，指导你们从“感兴趣”到“钻研兴趣”再到创造属于自己的舞台。你肤浅，未来就会变化莫测，令你惶恐；你深刻，未来将会精彩纷呈，令你向往。我希望研究导向型学习让你们习得“深刻”并且帮你们铸就追梦的翅膀，终身学习能力成为你们无助时拉你们走出深渊的臂膀！

回首过去的几年时光，看着你们的迅速成长，我感慨万千，对于你们来说，也许情绪的复杂程度更胜于我。2011 年开学典礼上我曾说过，“你们的心有多大，西浦给你的舞台就有多大”，不知道现如今的你们对于西浦所提供的种种资源是否充分利用？是否拥有了更大的梦想？或者说你们是否离梦想更近了一步？如果说人生好似一段又一段的旅程，那么几年前你们加入西浦同行，现如今到了暂时挥手告别的时刻。我希望大家能够记得，无论外面的世界多么精彩和开阔，在你们为了一个又一个的目标努力奋斗的时刻，请偶尔回头，西浦会一直默默地在你们身后，为你们的每一次摔倒爬起鼓劲，为你们的每一次成功喝彩。自然，作为你们母校的西浦，也会拒绝肤浅，继续努力探索和充实自身，以更强有力的发展为你们驰骋世界保驾护航！

在“知道”时代，让我们共勉：拒绝肤浅，不简单拷贝，不满足于“知道”，不盲目从众，敢于特立独行，不陷入平庸而失去自我和发展机会，不止于无所不知而无一真知的碌碌无为，以我们西浦的“深刻”和造诣追求伟大！

（选自席酉民在西浦 2015 年毕业典礼上的致辞）

世界那么大，怎样属于你

首先，我代表西交利物浦大学全体师生员工衷心欢迎2015级的3 000多位新生！感谢你们选择西浦成为你们青春路上的同行者，也真诚地祝贺大家从今天开始，与西浦一道“闯荡”世界！

我相信，刚刚伴随着酷热逐渐散去的这个夏天，对在座的你们，无论是学生还是家长，都是一场历练，包括“千军万马争过独木桥”的高考、慎之又慎的志愿填报，以及也许对很多学生来说是人生中第一次真正意义上的离开父母前的临行准备。因为不熟悉或不了解，你们可能对西浦、对学习、对未来有诸多疑虑和惶恐。毕竟大学不同于以往，进入大学标志着成人，成为研究生象征着更高水准的探索，也意味着你们从今天开始真正进入社会，开始自己相对独立的人生！“世界那么大”，也许此时此刻每个人都需要问问自己，“她”怎样属于你？

借着今天这个机会，我希望给即将正式开始新生活的你们传授一个“通关密码”，也许可以为你们追求梦想尽一份力量。

这个密码叫做ILEAD。“I”代表我们每个人要立志做一个大写的人：年轻的成人、有责任的人、有梦想的人、有担当的人、有能力的人和敢于“lead”、也就是敢于领导的人。同时，lead又不仅仅简单寓意领导，它还可以拆分成l、e、a、d四个字母，分别代表学习（learning）、创业精神（entrepreneurship）、适应（adaptation）和发展（development）。

我这里提及的学习不是简单的学习，而是学会学习。基础教育阶段，教育方式更多地偏向于“教学”，也就是老师“教”学生“学”。然而西浦正是为了打破传统教育的桎梏而诞生的，这种单向的、被动的、灌输式的、几乎零交流的教育方式是高等教育，特别是西浦所无法接受的。学习本该是一个互动的过程，不是简单地记忆知识，而是通过知识学习育人，改变态度和行为，提升素养和能力。有教育学家曾说过：当前社会日新月异，无论我们教会学生什么样的知识和技能，都会在20年内过时。其实，按当下的速度，也许只需数年。正因为此，学会学习，乃至学会终身学习的能力才是你们真正应该重视并努力做到的。西浦在努力提倡研究导向型学习，西浦课堂不再是简单地讲授知识，而是以社会上令人困扰的现象、有趣的科学问题、现实中活生生的挑战引导学生学习，学生则可通过网络等现代技术，围绕这些问题或任务进行学习和研究，搜集资料、开展调研、进行实验、集体讨论、深入研究、撰写报告等，最后解释现象、回答问题、提出方案、完成任务，甚至创造新知。在这一研究导向型学习过程中，课堂上只是引导或指导，主要的学习发生在课前阅读和准备、课后的学习和研究、小组讨论和交流、实验室或深入实际的验证和总结等过程中，这不仅利于学生将各种渠道获得的碎片化知识整合成有机的体系，而且可以帮助学生学会学习，提升能力，训练批判思维和创新精神。知识和技能不是一成不变的，它们不是颠扑不破的真理，不需被高高地摆放在祭台上供人参拜，而是可以被质疑、被更新的。你们可以做更改它们的人，而西浦也欢迎你们成为这样的人！

创业或企业家精神是一个颇具蛊惑力的词语。“大众创新，万众创业”已经成了时下中国最流行的社会趋势，创新创业也是企业家精神最显性的标志。但我这里想强调的并不是创业，而是企业家精神及其真谛：对创新的推崇、对成本的敏感、对不稳定的应对、对目标和成功的关注。拥有了这种精神和能力，无论你将来的职业爱好是什么，都会助你实现梦想！企业家精神不简单等于创业，无法简单地通过课堂讲述，而是需要在实践中体验和感悟。因此，在西浦，我们不只关注课堂引导和学习，更重视课外的学习、研究、实习及丰富多彩的活动；不仅鼓励学生培育自己的企业家精神，而且努力营造孕育这种精神的学习环境，以使学生融入其中，历练和提升他们的企业家精神和能力。例如，西浦精心打造众多研究院、国际创新港和国际技术成果转移中心，创立校外导师体系，联合企业、研究机构、金融机构和社会各界成功人士，构建从新想法、研究、技术成果转移到事业发展等系统的服务和咨询平台，支持学生的创新活动和能力训练。说不定在不久的将来，每天跟你侃侃而谈的学术导师正是世界某一个尖端学科的“牛”人，也许你在校园里擦肩而过的陌生人正是一家世界500强企业的CEO或高管，甚至只要有足够好的创意和条件，你也有机会可以直接在西浦的校园里圆自己的梦想，或在西浦国际创新港孵化创新企业。然而，这一切的一切，在漠不关心的人眼中都毫无用处，只有在真正懂得并充分利用它们的人眼中才是巨大的财富。西浦欢迎“打破常规者”，鼓励奇思妙想，愿意尊重和接纳所有的“不同寻常”，甚至“年少轻狂”。

面对生活环境的巨大变化和复杂多变的社会，如何适应也日益重要。我建议大家第一步是忘记过去。不要一直在脑海中记着自己曾经得过多少奖项、获得过多少人给予的赞美和奖赏。再大的荣誉和自豪只不过是对你们过去的肯定，而现在的你们进入的是一个全新的世界。在西浦，你们都是平等的，都是一张张充满着无数可能的白纸。适时清空自己，才能留出足够多的空间来装明天。第二步是拥抱变化。你们将面临永无休止的变化和新挑战，不是惧怕不确定性和模糊性，而是应该从中捕获机会，学会变化管理（change management），这是赢得未来和拥有世界必备的素养和能力。第三步是管理自我。要记住你已经是一个年轻的成人，不能再重复你们已经习惯了的“衣来伸手、饭来张口”的生活，更不能一味苛责周遭来适应你，而是要从进入社会的那一刻起，努力学习调整自己来适应变化，学会以阳光的心态、进取的精神、积极的行为管理好自己。能够在任何环境下都快速适应和融入将成为你们获得“幸福生活，成功事业”的利器。

任何人都在期待发展。然而这里我想指出的是，你们想要的发展究竟是什么？大学对你们来说又意味着什么呢？是仅仅换一个地方继续你们熟悉的应试学习，还是变被动为主动，做好主角，充分利用学校一切资源，帮助你努力追逐梦想和未来？如果是后者，那么你们的梦想又是什么？这些年，“梦想”这个词已经被无数社会大众频繁使用，也因被频繁提及反而被不少人所看轻。可是，人生需要梦想，没有“想”就不会有“做”，没有“做”一切都如镜花水月。进而，没有能力和素养，想可能是空想，做可能会是一败涂地。如果此刻的你们还没有一个确切的梦想，也不用慌张，你们的大学生活才将将开始，你可以先从发现自己的真正兴趣开始着手，抛开脑中曾经的固有思维，你的学习不是为父母的面子或讨好任何人，而是为了自己的梦想。等到你完全了解自己的那一天，当你们的能力得以训练、素养得以提升之时，你们所真正需要的发展才会随之到来。

ILEAD，我敢于领导（I dare to Lead）。简简单单的几个单词，其中的深意却不简单。西浦希望你们并努力帮你们敢于突破、敢于挑战、敢于领导，不是“初生牛犊不怕虎”的瞎胆大，而是理性的自信，不是什么都“知道”的肤浅，而是深刻有造诣的强大，使你们有素养和能力成为未来的领导者，“那么大的世界”将会属于你们，世界就是你们的！

最后，再次欢迎大家加盟西浦！西浦不算大，但可以助你们拥有大世界！

（选自席酉民在西浦 2015 年新生开学典礼上的致辞）

“十岁”万岁

当冬日暖阳浮现，街头巷尾又开始挂满圣诞和新年的装饰时，2015 年快要过去了。2015 年对于西交利物浦大学来说是极其丰富的一年。这一年，我们挥手送别了近 2 000 名毕业生奔赴全球各地开启他们的人生新阶段，又迎来了 3 000 多名来自世界各地的新生融入西浦大家庭；这一年，西交利物浦大学附属学校（西浦附校）正式挂牌成立，西浦的教育理念和探索将向基础教育领域延伸，以更全面实现西浦的教育梦；这一年，西浦与苏州工业园区政府签订战略合作协议，正式成立了 11 个研究院、1 个国际技术转移中心和 1 个国际创新港，初步形成了西浦开放式、国际化的研究创新群落，以实现资源整合、多方共赢、和谐发展；这一年，西浦与更多企业和政府机构合作，一批研究基地和新的院、所、中心开始建设，如西浦吴江太湖新城研究院正式挂牌，西浦金诚金融中心将进一步强化金融教育、研究和服务，西浦金诚影视艺术学院正式启动筹办，开启西浦新领域；这一年，万众期待的南校区在各方努力下已初具规模，为明年夏天正式投入使用、迎接众人逐步撩起面纱；等等。

对于西浦人来说，即将到来的 2016 年更值得期待，我们将在庆祝西浦成立十周年的过程中迈出更加坚实的步伐。十年是一个值得回首和前瞻的时刻，一直埋头努力奋斗向前的西浦人需借此机会认真总结和再次布局。十年时光，弹指一挥间，但西浦人在这短短的时间里所经历的发展、所取得的成就，不敢说惊动世界，也可谓忠于初心、福泽社会。我们从当年“只有一栋楼的大学”到如今的楼宇林立，从当初只有几十人的小团队发展成如今近千人的高水平教职工队伍，从第一届抱着莫大的勇气进入西浦的160多名学生发展到2015年过万名注册学生和近8 000名在校生，从质疑声不断到如今的万众信任。在中国的高教发展史上，西浦可以说留下了浓墨重彩的一笔，我们当然可以为之骄傲，为我们的努力和智慧而自豪。

中国有句古话：十岁不愁，二十不悔，三十而立，四十不惑，五十知天命，六十耳顺，七十古稀，八十耄耋。如今的西浦正值“十岁不愁”的孩童时期，具有极高的好奇心和创造性，拥有探索的天性。乔布斯曾有名句：保持饥饿，保持幼稚（Keep hungry，keep foolish……）。十岁的人在知识上严重饥饿，行为上没有约束，甚至“幼稚”，因而充满追求和探索的欲望。管理上讲“没有最好，只有更好”，我经常讲“管理就是一个从更好到更好的旅行”，换句话就说是一个不断探索和改进的过程。如今，西浦即将十岁，已取得不少进步，并且在逐步长大。人在生理上也许无法摆脱生命周期，但在心理上可永葆年轻；组织在物理上可以不断扩大，但生命可充满活力和永续年轻，只要坚守永恒的探索和持续的改进。西浦的使命决定了她必须选择这条永无休止的创新之路：“保持饥饿，保持幼稚，持续求索”（Keep hungry，Keep foolish，Keep exploration）！永远保持十岁的求知热情和探索精神，“十岁”万岁！

西浦刚刚发布了十周年校庆主题“XJTLU10＋遐想”（XJTLU Imagine 10＋），未来10年的西浦会是何种模样？尽管西浦目前的发展已取得令人瞩目的成绩，引起了同行和社会的广泛关注，但审视当下，畅想未来，西浦在新的一年里需要探索和关注的问题仍很多，例如：

（1）为迎接诸多颠覆性技术的挑战，提升教育给予学生在校学习的价值，我们提倡研究导向型学习和教学。学生怎样研究导向型学习？老师如何研究导向型教学？学校各部门如何研究导向型工作？仍需深化研究和努力践行。

（2）为摆脱孤岛现象和组织壁垒，强化跨学科和校内外科研合作，我们建立了跨院系研究院、所（中心）。我们需要不断探索、建立和完善这些研究院、所（中心）的高效运行的机制。

（3）为强化学科间资源共享，协调发展，探索共性问题，拓展发展空间，我们该如何改进和完善已经建立的学科群（cluster）运行机制及效率?

(4) 国际技术转移中心和国际创新港已经启动，但还需深入探索和积极行动，以利于整合资源，发挥更大的作用和影响。如，怎样获得同行认同与积极参与？如何争取更多国际研究机构和企业加盟与合作?

(5) 西浦探索的网络化组织架构已具雏形，但从师生员工的工作态度、行为和能力到协作机制还需持续改进和完善，以释放个人创造性和主动精神为追求的网络组织文化还有待不断发扬光大。

(6) 西浦将会持续涌现与企业或各界合作的学院、研究所、实验室及项目等，如开始筹建的西浦金诚影视艺术学院、西浦金诚金融中心等，怎样不断扩大合作和促进其高水平发展也考验着西浦人的智慧。

(7) 在西浦十年发展的基础上，如何吸引更多国际留学生选择西浦，如何促进研究生教育高质量发展，如何争取和支持更丰富多彩、有价值、高水平的研究的广泛开展?

……

这些都是西浦人需要在新的一年里深入探索的命题。当然，在今后的日子里，我们还会面对更多的新话题和探索任务。

圣诞、新年临近，中国人讲究辞旧迎新。这样的时刻，当然也是家人团聚感恩和共庆新年的时刻。借此机会，我向全体师生员工送上最衷心的祝贺与最诚挚的感谢。祝贺大家过去一年的取得的成就和收获的喜悦！感谢大家因对西浦的信任和信心而加盟西浦；感谢大家为西浦的发展所付出的努力、汗水和智慧；感谢我们的学生在人生中的重要阶段选择了与西浦同行；感谢我们的学生家长及社会各界对西浦长久的理解、关心和支持！西浦一路走来，离不开这里面所有人的努力！

西浦已近十岁，会慢慢壮大和走向成熟，但我依然希望西浦保持初心，永远以“十岁”的探索精神，行进在未来前行的路上，永葆青春！

(选自席酉民的 2015 年圣诞、新年、春节致辞)

第四部分　大胆建言

通过大学结构调整促进高等教育公平

（本文选自《教育部科学技术委员会专家建议》（第 7 期，总第 93 期），与李怀组教授和张晓军博士合作完成。虽撰写于 2009 年，但依然适用于当下的中国教育。现在教育部刚刚开始推动部分大学转型，资源配置机制问题也提上了议事日程，但路还很长，此文对当下的改革依然有借鉴价值。）

在十一届全国人大二次会议上，温家宝总理指出，促进社会公平正义是当前我国改革工作的三大重点之一。随着我国经济的快速发展，人们对物质的追求逐渐被精神追求所取代，教育公平成为社会公平的重要基础，特别是在义务教育基本普及的背景下，高等教育的公平显得至关重要。《中华人民共和国高等教育法》规定："公民依法享有接受高等教育的权利"。目前，在高校扩招政策的推动下，我国高等教育已实现由精英教育向大众化教育的转变，通过提供更多的入学机会使高等教育公平提升到了一个新的高度。然而，这一转变也造成了教育过程和结果方面的诸多公平问题，急需对高等教育结构做出调整，建立新的高等教育格局和资源分配体制，特别是可利用当前金融危机的背景来实现这一调整，以便进一步解决高等教育中存在的公平问题，推进全民素质的提高。

一、我国高等教育公平的现状与成因

1. 我国高等教育公平的现状

20 世纪 80 年代以来，随着物质经济的高度发达，高等教育公平问题逐渐在西方国家受到重视。在我国，随着高等教育规模的快速扩张以及大众化进程的加快，高等教育公平问题也日渐凸显。一般认为，高等教育公平的内涵包括以下两个方面：一是受教育者的权利平等和机会均等。[①] 霍普金斯大学的詹姆斯·科尔曼教授（James S. Coleman，1966），瑞典教育家胡森（TorstenHusen，1972 /1991），以及联合国教科文组织都认为，机会均等应该是教育公平的核心。[②] 二是，教育资源分配的合理公正。这是美国学者斯蒂芬·海纳曼（Stephen P. Heyneman，1996）的观点。[③] 克拉克教授从过程角度提出了高等教育公平应包含的三个方面，即起点公平、过程公平和结果公平。起点公平即人人都有平等的机会实现就学权利；过程公平即每一个受教育者都能接受到与自身能力相适应的教育过程和个性充分发展的机会；结果公平就是让每一个受教育者通过教育最终能获得全面的发展，从而实现自己的人生目标。[④] 从内涵来看，起点公平和结果公平实际上就是机会均等和权利平等，而过程公平多指教育资源的合理分配。

自 1999 年高校扩招以来，我国的高等教育毛入学率一路攀升，从 1990 年的 2.5%、1999 年的 9%上升到 2005 年的 20%，以及 2008 年的 23.3%，2014 年高达 37.5%。按照马丁·特罗对大学发展阶段的划分，我国的高等教育已从精英教育阶段进入大众化阶段，入学率的提高意味着更多的人有了进入大学的机会，提高了高等教育起点的公平性。不过，起点公平仍存在问题，高考录取分数线的地区差异就是一个明显的例证，而且有些高校明显偏向大中城市的学生，具有更多的文化资本、社会资本和经济资本的优势阶层子女往往能够得到更多和更好的学习机会。据统计，1960 年以前，全国城乡人口比是 2∶8，大学生来源比例是 3∶7，现在城乡人口比例是 3∶7，但大学生来源的城乡比

---

① 参见汪立琼：《高等教育公平研究述评》，载《江苏高教》，2006（2）：21～23。

② 参见张人杰：《国外教育社会学基本文选》，179～217 页，上海，华东师范大学出版社，1989。

③ 参见翁文艳：《教育公平与学校选择制度》，北京，北京师范大学出版社，2003。

④ 参见刘浪、钟频、陈桂云：《高等教育大众化过程中教育公平问题的探析》，载《长沙医学院学报》，2008，7（15）：55～57。

例是 7∶3[①]，也就是说，这种由社会资本的差异造成的高等教育不公平在不断加剧。

从过程公平的角度来看，大众化使得许多普通院校和高职院校的学生人数快速增加，而教育投入没有随之增长，造成教育资源短缺、教学设施和师资不足等问题以及教育质量的下滑，与资源较充足的重点院校相比，这些学校的学生在教育资源的享用方面处于相对不公平的地位。例如，不同院校的师生比差异很大，部属院校普遍较低，基本在 1∶18 以下，而地方高校和高职院校偏高，有些甚至高达 1∶40。由于高校定位的不明确，很多地方院校盲目地以培养精英人才为己任，使得学生在接受高等教育的过程中多半没有足够能力胜任，最终的结果是精英没有炼成而且耽误了学习技术和应用型知识的机会，同时也失去了自由就业的能力和机会。

在高等教育结果公平方面，高校毕业生就业问题已成为政府和社会关注的焦点。首先，不同层次高校毕业生的就业机会不均等。据统计，目前我国有近 860 万大学生待就业，这其中地方院校和职业学校的毕业生占了多数，他们不得不面对毕业即失业的现实，而重点院校的毕业生所受影响则较小。在十一届人大二次会议上，几位名牌大学的校长就指出，即使在金融危机的影响下，本校学生的就业也没有太大问题。

总的来说，我国的高等教育大众化在一定程度上改革高等教育起点公平的同时，却降低了过程公平和结果公平的水平，大众化与教育公平似乎是矛盾的。因此，如何处理二者之间的关系就成为高等教育应重点考虑的问题。

2. 我国现阶段高等教育公平问题的成因

发达国家的经验表明，高等教育的大众化过程与资源分配、就业公平并不总是矛盾体。美国在 1862 年《莫雷尔法案》出台后，随即开始了高等教育的大众化进程，在此后的近百年时间里，通过“赠地学院运动”使高等院校数和大学生数都得到显著增长；到 20 世纪 50 年代，制定《职业教育法案》，大力

① 参见张长征、郇志坚、李怀祖：《中国教育公平程度实证研究：1978—2004》，载《清华大学教育研究》，2006，27（2）：10～14。

促进职业教育的发展；70 年代，职业学校转型为社区大学，并将定位转变为培养社会各行各业所需的技术应用人才，社区大学学生数更是增长了近两倍。纵观美国的高等教育大众化发展史，一个明显的特点就是：高等教育的结构发生了显著变化，从社区学院到职业教育再到非学历高职教育，它的大众化发展过程就是高等教育结构重心从以“科学研究”为主要目的的研究型大学向以技术培训为目的的职业技术学院的转变过程（见表 4—1）。目前，美国的高等教育已形成“五层金字塔结构”，从上至下分别是研究型大学、可授博士学位的大学、综合性大学、普通四年制学院和社区大学，它们分工合理，各司其职，各学校的培养目标均以市场需求为准，使得高校和劳动力市场形成了良性互动。这种转变在带给公民更多受教育机会的同时，也引导着教育资源的合理流动，同时更多受过高等教育的人能够找到自己适合的岗位，而不是仅仅以学术研究为终身目标。

表 4—1　美国高等教育大众化阶段高职院校发展过程

年份	类型与定位	学校数	学生数	学生数占入学总人数的比例（%）
1900	少数赠地学院	8	100	0.04
1946	赠地学院：短期职业训练；专业教育和就业指导；军需人才培养	648	295 475	14.7
1967	职业教育；社区大学	837	1 464 000	24.4

资料来源：黄建如：《比较国际教育》，北京社会科学文献出版社，2008。

再来看德国。20 世纪 70 年代以前，受洪堡精英教育思想的熏陶，德国只有少数人接受高等教育。据统计，那时 17～19 岁的德国青年中接受高等教育的只占 5%，高等教育毛入学率很低。为了改善这一状况，原联邦德国各州在原有的工程师学校、技术中专、师范学校等中等专业学校的基础上组建了高等专科学校，这类学校规模小，学制短，专业设置适应市场需求，并与企业的职业培训相结合，在德国高等教育大众化的过程中发挥了重要作用。日本是又一个例子。它在高等教育大众化过程中逐渐成立了高等专门学校、两年制短期大学，以及专修学校等高职教育机构，不断通过结构的调整来加强教育与社会经济市场的联系。①

目前，我国正处于高等教育的大众化阶段，这一阶段的大学结构及其基本特征如图 4—1 所示。从图中可以看出，我国大学体系总体上可按功能的差异分为研究型大学、普通本科院校和高职院校三类，目前有研究型大学 70 多所，普通本科高校近千所（不含研究型大学），高职院校 1 184 所。② 从表面上看，我国高等教育格局合理，高职院校的比例很大，实际上并没有发挥出这一格局的真正作用。比如，所有高校都在同一指标体系下争取资源，多数高校都遵从精英教育的思想，追求“大而全”的目标，进一步导致入学机制上高考学生很少以自己的兴趣爱好、个人天赋、家庭情况选择适合自己的高等教育，而大多是以金字塔塔尖的少数研究型大学为目标，千军万马争过独木桥，只有成功者才能享受优质的教育资源，并且就业得到保障，考不上顶尖学校的学生才会考虑下一层级的普通院校和高职院校。入口小、容量大是大众化阶段这一结构的基本特征，导致这些现象的因素主要有以下两个方面。

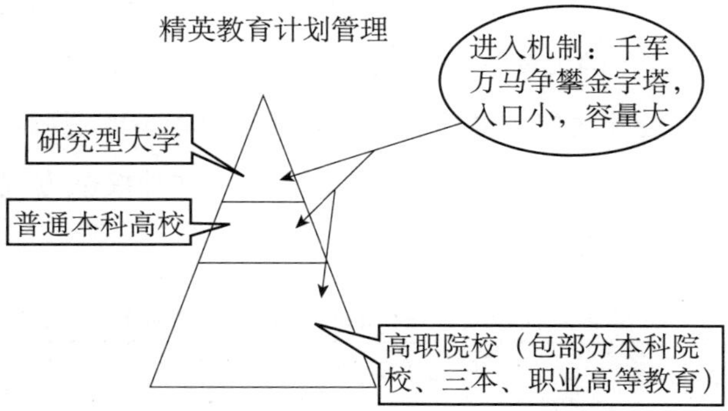

图 4—1　目前我国高等教育结构及其基本特征

第一，高校的功能定位不合理。目前的高等教育结构还是以计划管理为主导的体系，招生和资源分配都是国家统一调度，由于国家和社会普遍重视普通教育，漠视职业教育，在高校扩招政策下，许多普通高校出现过度招生的情况，盲目增加在校生人数，由于精英型人才的“相对过剩”而出现人才

---

①② 参见教育部发展规划司：《中国教育事业发展统计简况》，2009 年 5 月。

“供过于求”，造成人才降格使用的所谓“过度教育”或“教育性失业”现象；高职教育虽然在近些年取得了较大的发展，院校数不断增加，但盲目追捧精英式教育模式，使大众化的发展趋势和市场化的机制相脱离，又出现“供不应求”，造成人才匮乏的“教育不足”现象，影响了教育的和谐发展。这种大众化过程中高等教育结构的失衡给高等教育的过程公平和结果公平带来了负面影响。

第二，高等教育资源的分配也是阻碍大学结构调整的主要因素。从高等教育经费来源的主体看，目前我国虽然实施“国家拨款为主，多种渠道为辅”的政策，却出现了“多元化虚像下的单一格局”，截至目前，基本上是政府的直接或间接投资。① 此外，从拨款模式来看，1998年以来，实行“基本支出预算+项目支出预算”的倾斜性投入机制②，其中的基本支出预算与学校规模和在校生人数直接相关，这种模式的一个直接结果就是错误地引导高校为了争取资源而向规模大、综合性强的目标发展，不利于高校结构的多元化；项目支出预算安排往往以重点大学为优先对象（见表4—2），重点大学中又以进入“985工程”和“211工程”的大学优先，也就是说，实力较强的高校总是能获得较多的资源，而那些处于底层的高职院校则只能获得很少的资源，循环往复，造成了穷者愈穷、富者愈富的“马太效应”。显然，这种拨款方式阻碍着大众化进程中高职教育的发展。

表4—2　　部属院校和地方院校的收入结构（2006年）

项目	部属院校		地方院校	
	金额（千元）	构成比（%）	金额（千元）	构成比（%）
国家财政性教育经费	47 353 844	51.9	77 331 038	41.3
非国家财政性教育经费	43 920 176	48.1	109 739 822	58.7
学杂费收入	18 119 613	19.9	72 487 208	38.6

资料来源：《中国教育经费统计年鉴》（2007），北京，中国统计出版社，2007。

① 参见王蓉主编：《高等教育规模扩大过程中的财政体系》，北京，教育科学出版社，2008。

② 参见范文耀、马陆亭：《国际视角下的高等教育质量评估与财政拨款》，北京，教育科学出版社，2004。

二、通过高等教育结构调整促进高等教育公平的建议

上述分析表明，高等教育大众化并不阻碍高等教育公平，高等院校结构的不合理才是造成现阶段我国高等教育公平问题的主要因素，而高校自身定位的不合理和资源配置的弊端又阻碍了结构的调整。因此，构建适合我国高等教育大众化的格局和资源配置体系，是解决目前高等教育公平问题的关键。基于这一认识，我们的建议是：从精英教育向大众化教育转移，高等院校的结构需要调整，大学应层次分明，应转型和建立大量以就业为导向的重视职业教育的高等院校。调整后的大学结构如图 4—2 所示。在进入机制上，考生有更多选择机会，使愿意接受高等教育的公民可以很方便和廉价地进入社区大学，这样不仅有利于教育公平，而且有利于高考改革，还能使学生有机会按自己的喜好和职业兴趣接受符合自己目标的教育，提升学习兴趣，更会大大提升学生的就业能力；一些优秀的、定位于科学家和技术研发的学生可直接进入教学型大学和研究型大学；建立一定的认证机制，使社区大学的学生拥有依据自身条件和职业选择转入教学型和研究型大学的方便渠道。具体地说，这一建议可通过两方面的调整来实现。

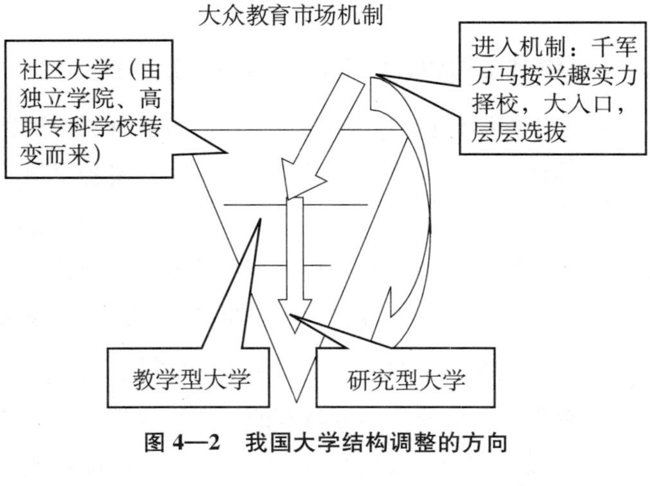

图 4—2　我国大学结构调整的方向

1. 引导高等院校功能定位的多元化

在高等教育大众化阶段，办学理念要多元化，高校应该培养什么样的人才，需要在考虑社会需求和自身资源优势的基础上做出选择，寻找与自身条件相匹配的办学定位。针对当前我国对精英人才的需求，可从研究能力突出的高校中选择部分实力较强的院校，将其培养为真正的研究型大学，在精英教育理念的指导下，以培养高层次、研究型人才为己任。针对各高校、科研机构、社会培训组织等对知识型人才的需求，那些有较好教学传统和教学资源的高校可转型为专门的教学型大学，向上述机构提供继续深造和有培训能力的人才。鉴于目前我国社会发展对人才需求的地区性差异和多样性特征，除了上述两种类型外，剩余的普通高校和高等职业院校全部以省市为单位转型为社区大学，这种大学要完全按照社会对人才的需求制定和修改自身办学目标，以社会服务为其主要功能。为了保证学生的选择权，不同大学之间需要建立学分认证体系，研究型大学和教学型大学要有承认社区大学学分的制度体系。

在新的高等教育格局中，社区大学应发挥重要作用。不同的高校应根据自身的实力、优势或特色，社会经济政治文化发展的需要以及就业市场的动态和趋势，科学、合理地设置、调整学科及专业结构，培养“适销对路”的人才。即高校人才培养目标和模式的选择以及毕业生的就业都要建立在市场需求的基础上。

2. 构建与高等教育结构调整相适应的资源配置模式

要实现上述建议中的结构调整和功能转变，高等教育资源配置模式需要调整，而调整的关键是合理划分政府与市场的边界，建立多种渠道的教育经费筹措体制。

首先，鉴于目前我国高等教育投入相对不足的现状，建议国家重点支持研究型大学和少量教学型大学，地方政府支持大量定位于职业教育的社区大学和职业高等教育，将介于这两类中间的大学留给市场发展。

其次，高职教育是现阶段我国高等教育的一个重要组成部分，政府要从资源的分配上来予以保证。美国高职院校的经费中政府资助就占总量的 17%，而我国民办高校经费大都来源于学生交纳的学杂费，政府资助甚少。[①] 我们建议，目前的独立学院、专科学校和高职院校在转为社区大学后，地方政府可重点支持它们的发展。地方政府可将本地区的社区大学纳入地区经济社会发展整体规划，通过统筹有针对性地建立服务于地方经济和社会发展的社区大学群。

最后，政府应通过间接投资的方式，引导社会投资和捐赠，拓宽高职学校资金来源，改善我国高等教育投资体制中经费来源对国家计划分配的过度依赖。鉴于目前我国社会捐赠水平偏低的状况，应首先放开与社会、市场联系紧密的高校，特别是对于大量介于职业教育和研究型大学之间的高校，可引入社会资本来支持其发展。高等教育资源配置模式改革的方向如图 4—3 所示。

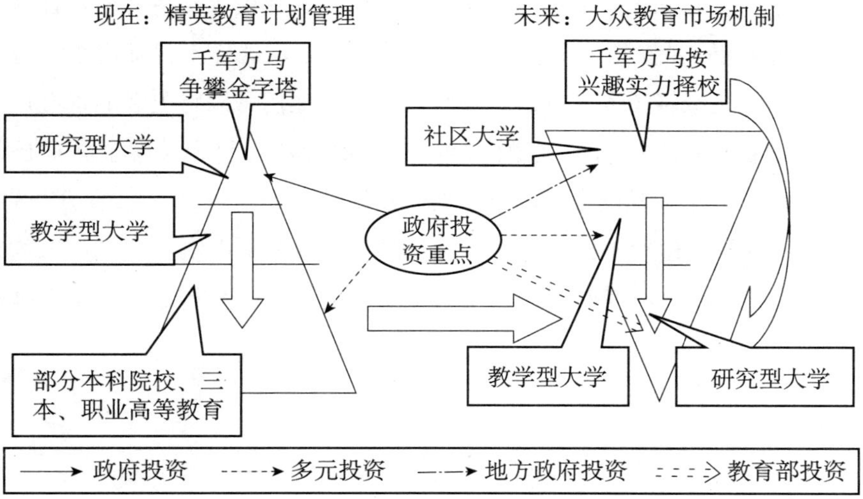

图 4—3 我国高等教育资源配置模式改革方向建议

三、金融危机为大学结构调整提供了契机

上述结构改革的建议在实施过程中的主要障碍在于投资体制的转变，特别

---

① 参见刘兰平：《中国民办高等教育成本分担主体的比较研究》，载《辽宁教育研究》，2005（3）：53～57。

是在当前，教育投入水平可能并不足以支撑社区大学的运行。应当指出的是，目前的金融危机为消除这一障碍提供了契机，国家可利用拉动内需的资金，鼓励各地政府将大量职业高校、独立学院以及民办高校转型为政府主持的社区大学，由地方财政和相对低廉的学费支撑运行。在政府投资拉动（当时是 4 万亿元）中，基础设施投的资力度仍然很大。我国很多地区的基础设施建设已达到相当水平，再投资这些行业的边际效用不高，而投向教育系统，推动大学结构调整是长远之计，有助于从根本上解决我国目前高等教育中存在的许多棘手问题，但是，这些问题在经济运行正常的情况下是很难较快得到解决的。

同时，如果能顺利利用基础投资建设来推动大学结构的调整，建立起真正的社区大学，将有利于短期应对金融危机。由于其纳税人支持特征，社区大学可以为所有年满 18 岁的公民提供廉价的学习机会，这样不仅提高了高等教育的公平性，而且减轻了老百姓的子女教育负担，他们可以将更多的资金用于消费，从长期看有利于拉动和刺激内需，从短期看则有利于缓解金融危机的冲击。据统计，近年来我国高校的学杂费一路攀升，1990 年为 25 元，1998 年为 2 145 元，2004 年达到 4 857 元，2004 年的学杂费分别占农村和城市人均纯收入的 177%和 80%[①]，因此，如果能让老百姓省下这笔开支，可有效地刺激内需。

① 参见王蓉主编：《高等教育规模扩大过程中的财政体系》，北京，教育科学出版社，2008。

《国家中长期教育改革和发展规划纲要》实施建议

——西交利物浦大学办学模式与经验的启示

（基于西浦的探索和实践，这份建议比较系统地阐述了大学发展和管理的基本问题，教育部曾将此文以专家建议的形式发放到各省教育厅和教育部直属高校。当我们2010年撰写这份建议时，尽管经验还不多，但西浦已基本成型，建议的主要观点仍有现实价值，考虑到其系统性和参考意义，这里基本保持原文。）

2010年7月29日，《国家中长期教育改革和发展规划纲要（2010—2020年）》（以下简称《纲要》）正式发布。《纲要》从总体战略、发展任务、体制改革、保障措施和实施五个方面规划了未来十年我国教育改革与发展的总体目标和任务。落实《纲要》的关键是实施，高等教育是教育体系的重要组成部分，其改革和发展将成为《纲要》实施的关键之一。西交利物浦大学作为国内首家通过强强合作以理工管学科起步和目前唯一授予中国学位的中外合作办学机构，其全球整合资源及面向未来趋势办学的尝试和数年成功实践，为高等教育改革和发展以及《纲要》的有效实施提供了不同的研究视角。本文试图通过西浦的探索和实践，分析其对《纲要》实施的启示。

一、高等教育改革与发展的核心问题

1. 高等教育改革与发展的核心任务

《纲要》要求把“育人为本”作为教育工作的根本要求，紧紧围绕“培养什么人、如何培养人”这两大核心，提高高等教育质量。高等教育承担着培养高级专门人才、发展科学技术文化、促进社会主义现代化建设的重大任务。要实现《纲要》对高等教育发展的要求，必须围绕高等教育面临的挑战，坚定不移地把改革创新作为今后高校工作的中心。然而，“改什么、怎么改”是有效实施《纲要》必须首先回答的问题。

2. 我国高等教育面临的挑战与改革的关键领域

随着全球化、知识经济、信息和通讯革命的日益深入，高等教育需不断重新审视自我，包括对大学的地位、形态的重新认识，在“培养什么人”以及“如何培养人”等关系育人理念和育人模式的根本性问题上做出新的探索。我国高等教育在规模大幅扩张后，已经到了体制和质量的关键调整期。首先，需要在大学的外部治理、资源配置方式、管理制度等体制层面进行全面调整；其次，我国高等学校管理科学化程度很低，高等学校是一类特殊的知识型组织，其存在的意义和运作模式不同于其他组织（如政府、企业），但当前我国高校仍然采用一般组织的层级官僚化管理，行政权力与学术权力界限不明，高校管理行政化凸现，为改变这种状况，亟需探讨高校内部治理、组织结构和管理方式，努力形成科学社区，以有利于知识的传播、创造和应用；最后，目前高等教育活动组织和质量也颇受各界微词，亟需探索新形势下高等教育的过程及其组织方式，以及教育质量保证体系。

3. 西浦探索与实践的成效

西浦针对世界发展对人才的挑战和要求，顺应高等教育发展趋势和市场需要，借鉴东西方优秀教育传统和最优实践，利用西安交通大学与英国利物浦大学的学科优势，结合苏州以及长三角地区产业发展特点，整合国际教育资源，探索和实践适应全球化发展的国际化办学模式，在办学理念、治理结构、育人模式、管理模式、组织架构、育人过程、质量保证体系、校园文化等方面初步形成了一套现代大学的系统体系，在短短几年的时间里取得了跨越式发展。

毕业生和在校生的杰出表现证明，即使入学学生的高考成绩刚过一本线甚至还略低一些，但经过恰当的大学教育和文化熏陶，他们依然可以成为在世界舞台上表现出众、得到高度认可的人才。例如，西浦六届毕业生中80%～90%的同学将继续在海外著名学府攻读硕士或博士学位（他们大部分人的事业在中国，只是希望有一段海外研究生的训练和经历），超过10%的学生被世界排名前10的大学录取，50%～70%进入世界排名前100的大学，不少直接就业者进入世界500强企业或国际组织。在校学生中，多人在数项国际比赛（如全美大学生数学建模竞赛）中屡获佳绩。同时，家长、社会也因学生在校期间的健康成长和迅速提升而对学校办学模式高度认可。这些成绩的取得，主要依靠的是一套独具特色的人才培养模式和大学管理体系，这套体系为解决《纲要》实施中的诸多难题提供了重要借鉴价值。

二、西浦探索与实践对《纲要》实施的启示

根据《纲要》的规划目标和当前我国高等教育面临的挑战，对高等教育而言，《纲要》的实施涉及三大关键领域：一是大学体制和制度改革；二是大学内部管理体系改革；三是教学活动组织方式和质量保证体系改革。体制和制度改革是提升高教质量的动力和基础，大学内部管理体系改革是高教质量改进的抓手，符合育人理念和教育规律的教育、教学组织方式和质量保证体系的改革是众多高校可立即着手的起点，而上述三方面改革的前提是建立明确而独特的教育理念和育人目标。

1. 高等教育体制与制度改革

大学的体制和制度改革是《纲要》关注的重点，改革的方向是构建多元化、分层次的高等教育体系，改革政府和高校的关系。当前，我国高校以公办学校为主，私有高校多为营利性教学型大学。构建多元的高等教育体系，关键有二：一是打破政府独立出资的模式，鼓励社会资本投资大学，构建多方参与的大学外部治理结构；二是调整大学类型和投资结构，清晰界定大学的功能（如研究型大学、教学型大学、社区大学），明晰各自的主要投资主体，如研究型大学以国家为投资主体，社区大学和就业导向型大学或高教机构以各级政府

为主要投资主体，为所有公民提供接受高等教育和提升就业能力的均等机会，真正实现教育公平，而将大量存在的教学型或教学科研型大学放给市场，吸引更多投资主体参与办学。政府与高校新型关系的构建，难点在于如何扩大高校办学自主权，突破口有二：一是高校资源配置体系的改革，以科学的资源配置机制让高校和师生静心于学习和研究；二是强化大学的法人地位和品牌意识，放手让高校独立办学、包括专业设置、招生计划确定、学位授予、取物评聘等，强化认证体系建设，加强市场和行业认同，进而逐步放弃国家批准专业、确定招生计划以及国家学位、国家教授等统一体系。

要实现上述改革，管理部门最担心的是会不会失控和导致质量下降，现以西浦的实践和体会从以下几个方面回答上述担忧。

（1）清晰定位是良性多元投资办教育的前提

西浦清晰定位于研究导向型国际大学，这类大学应成为中国高等教育面向市场争取多元投资的主力。从目前中国还缺乏私有或产业资本无偿进入教育领域的现实来看，要建立这种高端定位的大学依然困难重重，如果没有地方政府的大力支持，要维系研究导向型的高水平大学几乎是不可能的。这就是为什么目前的民营大学几乎100％地成为营利性教学型大学的根本原因。想真正通过民营或中外合作在中国建立高水平研究大学，目前时机还不成熟，要到中国社会出现很多富有的慈善家或教育家时才有希望。现在的多元投资办学在可预见的未来较长一段时间内只能在教学型或职业教育层面上大面积展开，而这一层面上的办学主体应该是各级政府。

（2）构建外部参与式治理是健康发展的基础

高校传统的利益相关者包括政府、社会、教师与学生。现在传统高校主要接受政府的直接投资和领导，并通过行政关系管辖学校及各种组织（教授委员会、学术委员会、工会）和学生组织（学生会、团组织等）（见图4—4）。政府单方面主导的办学模式，既影响社会力量的参与，也导致了学校浓厚的行政化氛围，且社会需求难以反映到学校的变革上来。《纲要》提出要建立政府、社会和高校之间的新型关系，明确政府权限和职责，积极鼓励社会力量办学，形成民办教育和公办教育共同发展的局面。要真正实现这一目标，至少可从两方面入手：首先，即使是国立大学，考虑到相关利益者的权益和声音，学校也需探讨相关利益者参与的外部参与式治理，即成立相关利益者参与的理事会或董事会负责学校重大发展决策。其次，对于多元投资的大学来讲，外部参与式治理是自然的选择。

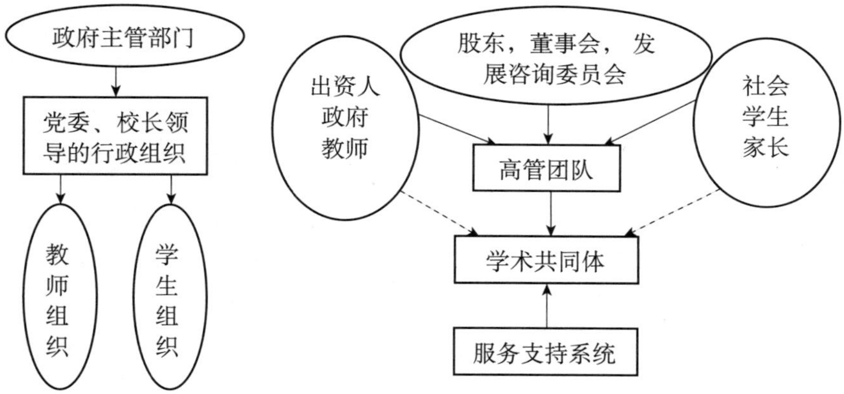

图 4—4　我国传统高校与西浦的治理结构对比

外部参与式治理能否真正保证办学方向和教育质量？西浦是一所社会力量建设的研究导向型国际大学，采用董事会、投资者和社会共同治理的模式（见图 4—4）。学校的高管团队不仅接受董事会的领导，也要接受来自投资者和社会的监督和指导。西浦视教师为股东，因为教师的知识是高校不可或缺的资源。此外，在"学生自治，学校服务"的基础上，成立学生联络委员会、学生事务委员会，将学生的建议和意见通过正规渠道送达高管团队，切实保障学生的参与。学校还成立了由社会各界人士组成的工业咨询委员会、校外导师团队、家长联谊会，为学生和学校的发展提供指导。实践证明，因为其生源、资金、教师、社会各界的支持均通过市场获得，为了生存和发展，学校视学生、家长、社会的反应为生命线，视各方支持者（如出资人、政府、教师）的意见为重要决策依据。换句话说，只要改变资源配置机制，这种治理结构就会以学校健康发展为准则，丝毫不敢怠慢。所以，建立外部参与式治理和保证其有效运转的基础是真正实现资源配置机制的转化，不再靠行政关系，而是靠市场和行业认同来配置资源。

（3）高校资源配置体系亟待改革

实际上，我国高校的很多问题，根源在于资源配置体系，即教育资源从何而来、如何分配。以行政化为例，如图 4—5 所示的高校资源配置链条正是高校行政化难以去除的根源。因此，资源配置方式不改革，行政化难除。

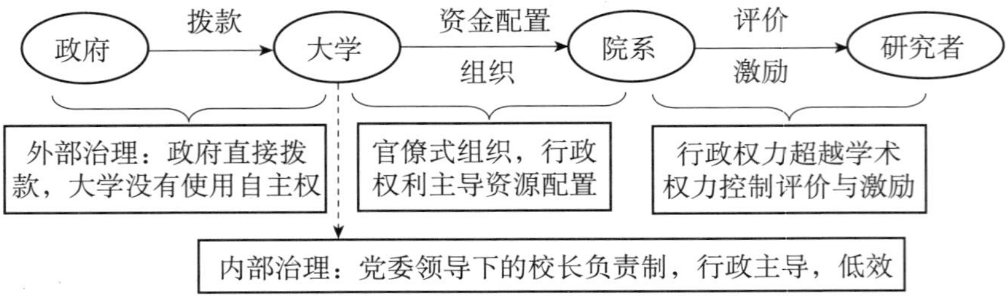

图 4—5 我国高校的资源配置链条

尽管近年来国家已经加大教育投入力度，但在资源配置方面，从政府到教育主管部门、从教育主管部门到高校、从高校到各院系和教师的配置过程缺乏透明、科学、规范的体系，随意性较强。要么靠各种各样的工程和项目争取，要么靠行政权力分配或谈判能力获得，要么靠带有行政色彩的各类评估决定。因此，教育部需要创造很多“项目”从政府争取资金，各高校也均需跑部委甚至跑关系以获取有关资源，高校及一线师资忙于各种各样的申请、迎评、寻租，为了获取资源，各种各样弄虚作假行为屡禁不止，从而导致教育主管部门、学校、教学科研骨干队伍心态浮躁，不能将主要精力放在教学、科研上。因此，《纲要》的真正落实需要在三个层面上建立起科学有效的资源配置体系：一是中央政府依照法律保证“财政性教育经费占 GDP 的 4%”的投入，而不是不断要求教育部制造各种名堂和项目去争取教育投入；二是教育部合理安排这笔钱，除依照规模、层次、类型给教育机构规范性拨款外，其余投入可借鉴世界发达国家的经验，建立相应的拨款委员会，根据发展和改革需要加以分配，并形成透明的资源配置机制，当然，这样的拨款委员会应充分吸收各类研究教育发展的专家参加；三是打破高校内部现行充满行政烙印的各种资源配置方式，建立真正实现学术权力与行政权力各负其责、相互协作的有效管理体系。

图 4—6 是西浦内部运行和资源配置体系。最上层是领导行政权力及专家教授学术权力参与的资源配置策划和决策机构，中间是科学社区，师生在完成学习和教学任务的同时，可基于根据兴趣和需求形成的研究团队，向校内外各种基金或组织申请资助，校外基金（如国家自然科学基金）按其学术评审程序决定，校内行政权力根据战略规划和预算决定各种教学与科研预算，然后由学术权力决定预算在项目和教师的各类教学科研活动中的具体分配。若教师对分配不满，可向行政权力申诉，但行政权力只监督学术权力决策是否合法和基于事实，如果事实没有出入且程序合法，行政权力将会支持学术权力的决策，而不能干预学术权力的学术判断。处于底层的是承担各种职能的服务中心，它们相互合作形成无缝连接的支持平台，所有这些职能部门的基本职责是向教学和科研系统提供周到的服务，任何权力部门都无权指挥和命令任何学术活动。

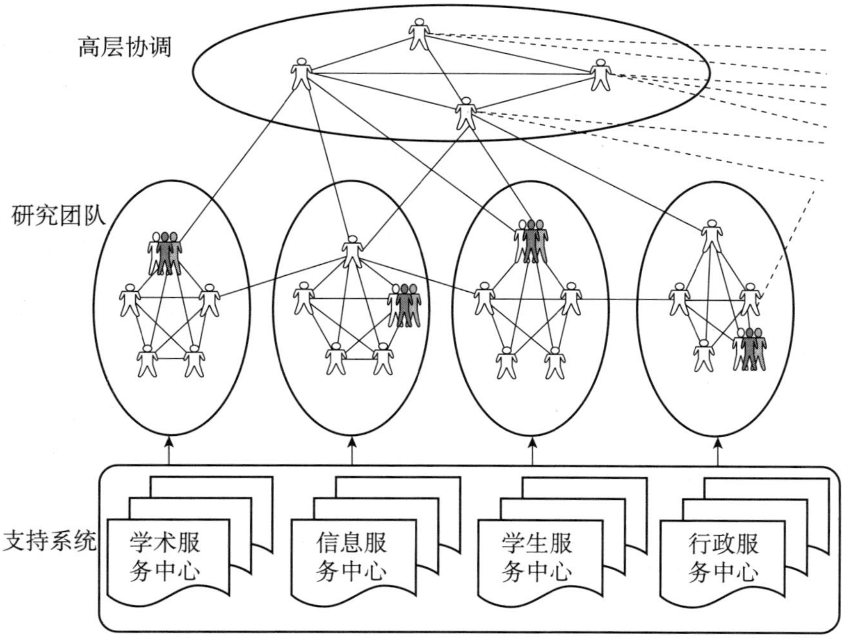

图 4—6　西浦的内部资源配置方式

总之，无论国立高校还是多元投资高校，均有建立外部参与式大学治理结构的理论基础和需求。国家在鼓励社会资本支持教育的同时，首先应规范资源从国家到教育主管部门再到高校以及高校内部的配置机制，建立一种科学、规范、透明的，既保证国家对高校的指导，又保证高校有足够办学自主权，还能保护学术权力在学术资源配置过程的决策权的资源配置机制。虽然《纲要》并没有专门提及高校的资源分配问题，但要推行《纲要》中强调的教育体制改革、去行政化，改变学术评价体系等设想，实现提高科学研究水平等重要目标，就必须改革资源配置体系，从根本上解决问题。

（4）大学亟需准确的定位和清晰的育人目标

大学肩负着培养多样化人才、满足社会多元需求的使命。由于资源所限，一所大学只能培养某个或某些领域的人才，因此大学首先要根据自身对世界的认识确定教育理念，明确自身的人才培养目标，然后基于目标确定教育策略。然而，受资源配置和评价体系的引导，当前我国高校普遍追捧精英教育，人才培养理念趋同，定位无特色，千校一面，大学实力与社会需求脱节，最终导致精英没有塑成反而丧失了培养技能型人才的机会。因此，当前我国高校体制改革的首要任务是：引导大学形成各自清晰独特的办学理念和定位、明确的育人目标。

1）应形成清晰的大学理念与定位。“大师”和“大楼”是大学的传统资源，随着知识经济的发展和信息、通讯领域的革命，人们获取知识的途径日益多样且变得相对容易和廉价。因此，传统的大师和大楼虽对办好大学依然重要，但形成跨学科积极互动的科学社区、体现现代教育哲学和理念的校园文化以及支撑其高效运作的管理网络体系变得日益重要。各高校在人才引进和新校园建设取得阶段成果后，应加大力度研究自己的办学理念和学校定位以及如何营造与之相应的科学社区、校园文化和支撑体系，使其以独特的相对优势立足于大学竞争之林。例如，西浦的核心思想是给师生们带来幸福生活和成功人生，核心价值观是创新与贡献，核心目标是保护和发展人类生存能力，大学的定位是建设“研究导向、独具特色世界认可的中国大学和中国土地上的国际大学”。首先，中国的家长希望孩子接受国际教育，但又怕孩子高中刚毕业不能适应外国的环境，中国土地上的国际大学圆了这些孩子不出国留学也能接受国际教育的梦想；其次，中国的发展令世人向往，但许多国际学生因学习环境和教学语言问题而难以选读中国大学，国际认可的中国大学为向往中国的境外学生提供了不改变学习环境也能进入中国学习的机会；再次，中国有数千所大学，增加一所相同的大学附加值很小，但在世界面临重大转变之时办一所独特的探索高等教育未来的大学却意义非凡，这就是西浦独具特色定位的价值所在；最后，要对中国甚至世界的高等教育产生影响，必须办一所高水平的大学，因而必须有高水平的师资，只有研究导向才可能吸引和稳定高水平师资，成就高水平大学。西浦的独特教育理念和准确清晰定位为其长期健康发展和竞争力奠定了基础。

大学的核心价值观对青年价值观的形成有重要影响，决定着未来社会的价值观趋向。要把握好“培养什么人”的问题，大学首先必须有清晰明确的定位。《纲要》中将“优化结构，办出特色”作为改革的重要任务。要实现这一目标，首先要引导各大学认清自己的生存空间，形成清晰的定位，高效整合和利用资源。

2）应有明确独特的育人目标。清晰的大学定位决定了大学培养哪类人，如西浦的大学定位决定了其培养的是可在国际舞台上拼搏的人才，即“世界公民”，但什么样的人才可称为“世界公民”则是育人目标需要回答的问题，从而可全面回答大学“培养什么人”这一问题。需要根据大学定位及社会发展趋势对这类人才素养、能力和知识的需求，利用人类分析和解决问题的方式及其智慧，针对学生的学习特征、文化氛围和成长规律，制定全面的育人目标，这样才有可能培养出适应未来发展趋势和需要的高级人才。例如，西浦根据其培养“世界公民”的目标定位，探索形成了“五星育人模式”。学生只有形成相应的素养体系、能力体系和知识体系，才可能成为驰骋世界的国际公民，而为了保证这三个体系的形成，还探索了实现这一目标的综合教育策略和支撑体系。

五星育人模式的素养体系包括：以“幸福生活，成功事业”为核心思想；

以“创新和贡献”为核心价值观；以“提高人类生存能力”为核心目标；以“和而不同”为核心伦理原则；以“全球视野与练达”为核心世界观。素养体系也是学校教育理念的具体落实和体现。

能力体系包括：参与国际竞争的能力；扎实的整合与运用知识的能力；主动的态度和坚实的执行力；积极探索与创新精神及终身学习的能力；互动合作的精神与行为能力。

知识体系包括：哲学与智慧；实务与经验；艺术与技巧；科学与知识；技术与工具。

为了全面培养学生的上述素养、能力与知识体系，学校探索和尝试实施了一系列综合教育策略，包括：职业规划与创业教育；研究型学习与教授；强调知识整合和执行力的丰富多彩的课外活动；国际交流与合作；导师制与实习实践。

五星育人模式的支撑系统包括：校园文化系统；学术支持系统；学习支持系统；学习与教育资源共享平台与学术共同体；国际先进水准的基础设施。

日益复杂多变的世界，对人才的要求不断提高，大学定位和育人目标全面回答了“培养什么人”的问题，清晰的素养、能力和知识体系目标的确定，为教育改革和创新明确了方向，也为高质量的大学教育奠定了基础。目前许多大学对此并未有清晰的分析和明确的界定，加上浮躁的社会环境的影响，办学水平很难有大的提高。各高校只有反思和进一步明确自己的定位和育人目标，更新人才培养理念，改革和完善培养过程，才能使《纲要》中的人才培养体制改革有方向、落在实处、找到突破口。

2. 大学管理体系改革

高校的管理团队主要是专家教授。在我国，历来有研究做得好的学者担任行政职务的传统，知名大学的校长一般由院士担任，很多校长没有足够的管理知识和经验，导致高校的管理工作缺乏科学性，很多管理活动没有遵从最基本的管理规律来开展。《纲要》讨论的多是国家体制和制度层面的问题，对高校内部管理涉及甚少。然而，高校的内部管理是决定办学质量的重要因素，应该作为高校改革的重点之一。当前，提升高校内部管理科学性的主要挑战有：复杂快变的环境下如何保证大学全体成员行为的一致性，如何解决高校管理的行政化问题，如何构建有利于知识创造和传播的内部治理、组织结构、管理技术体系和大学文化，等等。

西浦在大学管理方面的探索已形成体系，其管理哲学和方法论是和谐管理理论，即根据大学愿景和使命，确定每个时期的和谐发展主题（HT），并设计和实现该主题的“谐则”（XP）体系，包括关键活动、流程、制度，以及基于IT的支持系统；塑造有助于该主题实现的“和则”（HP）体系，包括激励政策、文化氛围、行为规范、职业习惯等诱导环境。然后领导者根据发展的需要和形势的变化调整和谐主题，并针对主题耦合“谐则”与“和则”体系，保证学校高效和谐运行。基于西浦的经验，我们提出以下五条提升大学管理体系科学性的建议，以促进《纲要》的有效实施。

（1）大学应有清晰的愿景和使命

当代社会日益复杂多变，大学要在动荡的环境中生存和发展，应对变化至关重要。大学在明确定位后，还需确定清晰的愿景和使命，并使其深入人心。愿景是大学社区内成员行动的终极目标，不随环境的变化而变化。因此，不管环境如何变化，只要成员有一致的行动目标，就可以有效应对。

西浦的愿景是“研究导向、独具特色、世界认可的中国大学和中国土地上的国际大学”，使命是“培养具有国际视野和竞争力的高级技术和管理人才；在人类面临严重生存挑战的领域有特色地开展研究；积极为经济和社会发展提供科技和管理服务；探索高等教育新模式，影响中国甚至世界的教育发展”。

西浦通过定期公开论坛，发布战略、育人模式要点和年度工作要点，学校通讯邮件，新入职员工培训，领导力培训，教学研讨会，日常性案例研讨会等方式与教职员工分享和讨论学校愿景、使命、战略重点、育人模式、文化诉求等，加深大家对学校愿景与使命以及未来的理解，并将其转化到工作和实践之中。各部门还定期组织研讨会、午餐茶话会和征文大赛，使愿景、使命、管理方法（MBAR2[①]——西浦五种管理技术的缩写）、行为规范（TIPS-H2[②]）以及文化诉求（DRIFT[③]）等深入人心，变成工作习惯。

（2）大学内部治理结构应明晰高效

我国高校实行的党委领导下的校长负责制是符合时代要求和中国特色的治理结构模式，不过实践证明这一体系还有诸多方面需要完善。《纲要》也指出，公办学校要坚持和完善党委领导下的校长负责制。因此，在坚持的基础上如何完善是实施《纲要》的另一重点。当前，党委领导下的校长负责制的主要问题是：对党委和校长各自的职责和二者间的关系界定不清，党委领导下的校长负责制实施程序和规则不完备，以及党委、校长的选举和退出机制不健全。

显然，这些问题并不涉及意识形态和党委领导下的校长负责制本身的合理性，而是在实际的实施中没有尊重基本的管理规律，导致无法达到应有的效果。因此，仅从管理的角度就可解决上述问题。具体可借鉴企业，或西浦董事会领导下的校长负责制的运行模式。董事会依据章程在股东推荐和遴选基础上选拔和任命校长；其他校领导按照章程推荐和遴选并经校长认可提名，由董事会批准和任命。在分工上，董事会负责投资、资源配置、办学思路和方向，校长带领高管团队负责日常运作，董事会和校长之间权责关系清晰明确。

董事会领导下的校长负责制之所以高效，主要在于其对董事会和校长之间的权责利及二者间关系界定清晰明确，校长的退出机制健全。因此，党委领导下的校长负责制完全可以通过如下改革解决目前经常面临的许多矛盾，并提高其管理的有效性：进一步清晰、具体地界定党委和校长的职责范围，明确党委和校长各自的责任及二者间的关系，严格规范党委领导下校长负责制的运行流

---

① MBAR2是配合和谐管理运行的管理工具，指目标管理（MBO）、基于预算的运行管理（BCO）、工作重要性分析与角色互换（ABC）、结果导向管理（RBM）和日常性案例分析（RCM）。

② TIPS-H2是指团队合作（teamwork）、大胆创新（innovation）、专业服务（profession）、真心诚意（sincere）、善待他人（hospitality）和快乐工作（happy）。

③ DRIFT是指多元（diversity）：尊重个性、崇尚多元，保持师生员工和文化的多元结构，鼓励相互尊重、共生共荣；规则（regulation）：有规则才成方圆，倡导多元文化的共生规则，追求君子和而不同的规则机制；创新（innovation）：应变、以变制变已成常态，持续创新是个人，特别是学术及其组织的竞争力源泉；自由（freedom）：多元是创新的土壤，自由是创新的养分，是生命的意义所在；信任（trust）：共生共荣离不开尊重、规则，更离不开信任，信任是“幸福生活，成功事业”的基石。

程和规则，改进党委书记和校长选拔方式，特别是建立监督和退出机制。

(3) 大学内部结构应符合知识组织的特征和要求

我国高校内部管理体制采用传统的官僚层级形式，对学术组织来说，这种偏重效率的组织形式很难服务于研究工作。在这种自上而下官僚化的行政组织模式下，不同的部门、院系和科室各自为政，没有互动的机制和结构保障，给跨学科、跨部门的合作设置了天然的壁垒，使得研究人员的思想无法发生碰撞。国内外先进经验表明，研究人员之间的互动恰恰是产生大师级科研成果的重要条件。因此，当前的大学结构与大学理念、目标不匹配，应探索有利于知识传播、交流和创造的组织架构，把构建科学的大学组织方式作为实施《纲要》的工作重点之一。

西浦采用网络式大学结构（见图 4—7），图的中心是领导和高管团队，负责学校战略和日常运行，外围是四大服务中心，保障教学和科研活动的顺利开展，各系是教学和科研的主要组织单元，还根据需要形成了学科群研究院、所等的协同机制，如非实体的学科群、研究所、中心和院等，系（院、中心）和服务平台之间没有直接的行政隶属关系。

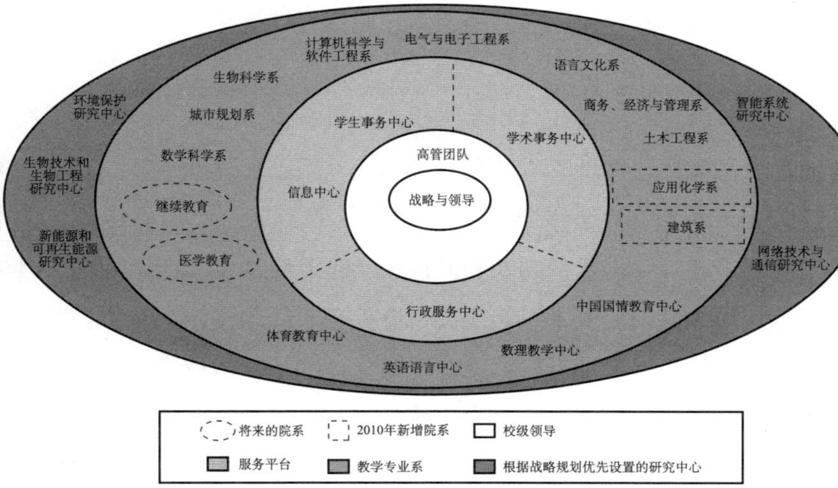

图 4—7 西浦的组织结构示意图

说明：教学专业系将会根据今后的实际发展需要升格为学院或院系。

科学的大学结构应突出行政、职能部门的服务功能，教师和研究人员的核心地位，以及宽松自由的学术环境；应充分调动师生学习和研究的积极性，拓宽老师之间、师生之间、学校与社会之间的合作空间。在大学网络结构中，人与人之间没有层级之分，只有清晰的职责界定，师生及其学术活动是学校实现使命的核心，行政、职能人员组成友好的网络式服务平台，切实支持和服务于学术活动。

（4）学术权力与行政权力的分工互动

高校管理的行政化成为当前最为关注的改革问题，如何去行政化也成为《纲要》实施的一大难题。传统高校之所以受到行政化问题的困扰，根源在于行政权力越权干涉学术事务，不符合大学发展规律。按照规律，行政权力和学术权力是高校有效运行不可或缺的两个方面，分别负责不同的大学管理事务。因此，大学去行政化，既不应该将行政权力一棍子打死，也不应该让学术权力无所不包。《纲要》要求，要充分发挥学术委员会在学术事务中的作用，探索教授治学的有效途径。可见，当前学术权力之所以作用不到位，主要原因是学校整体管理和资源配置的行政化导向导致行政权力侵犯了学术权力的领地，弱化了学术权力在高校决策中的地位。因此，要达到《纲要》的要求，首先需要清晰界定在高校治理中，哪些属于学术权力，哪些属于行政权力，然后制订明确完备的制度和流程，保证二者各自权力的有效实施，并处理好二者之间的协调与监督关系。在西浦，涉及学术判断和发展的事务，如学科建设、学术评价、学术发展、教师学术水平判断和升迁、学生升级及学术违纪处罚、具体的教学管理等，均由专门的学术组织或委员会处理，如师生认为有不公之处，可以向行政部门申诉，行政部门只负有监督责任，如果学术权力决策所依据的事实成立和程序合法，行政部门会全力支持学术权力的判断和独立性，不会直接干预学术事务。另外，学校所有职能部门不再是任何权力部门，对学校发展来说，它们的主要职责是提供服务和支持。

（5）应建立清晰完备的管理技术支撑体系

在所有组织中，因其知识组织属性和员工是知识工作者的特点，高校是最难管理的一类组织。正确的定位、合乎时代要求的育人理念、优秀的发展战略的真正实现需要强有力的管理团队和技术支撑体系，这也是目前高校普遍比较脆弱的方面，应注意加强，方能保证规划目标的实现。

西浦在准确定位、明确愿景和使命、制定发展战略、探索育人模式的同时，大力加强管理体系和技术支撑体系的建设，以保证育人目标的实现。短短几年中，西浦不仅探索创建了以网络服务平台支撑的学术社区的新型大学组织结构，还创新性地提出了以和谐管理理论（Hexie management theory，HXMT）为哲学和方法论，以 MBAR2 为管理工具，以 TIPS-H2 为行为规范，以 DRIFT 为文化诉求的管理体系。和谐管理围绕学校愿景和使命，形成各发展阶段的和谐主题，再通过"谐则"原理搭建经优化设计的流程和制度体系，保证服务效率和资源有效性，以"和则"原理构建环境诱导体系，让师生员工开心、能动、创造性工作，以主动性和创新精神应对各种挑战和不确定性，然后围绕主题将"谐则"体系与"和则"体系耦合，形成整体上和谐的运行机制和大学发展平台。

MBAR2 是管理手段，TIPS-H2 是使用管理工具的意识和行为，即 TIPS-H2 描述出牢记愿景与使命、使用先进管理工具的人的主导思想与行为规范，MBAR2 则是在 HXMT 和 TIPS-H2 指导下使用的工具，是达到愿景与使命的途径。学校要求全体教职工自觉、不断地学习 MBAR2 管理工具，并在实际工作中使用、总结，逐步提高工作水平，让管理技术成为"改变人"的工具，并将其内化为自身性格、素质的组成部分，增强互信，加强协调，增进交流，共同服务于学校的发展。

（6）应建立自由开放的多元文化平台

具备现代文明特征的校园文化是教育理念得以实现的重要保证，从某种意义上讲，有什么样的文化，就会造就什么样的人。目前因种种原因，本应宁静、创新的大学校园浮躁、急功近利的行为泛滥，职业精神和规范缺失。《纲要》要得到有效实施，必须重视新型大学校园文化的塑造。西浦很重视校园文化建设，以校园文化引导学生行为变化和健康成长，其文化诉求是 DRIFT。

学校利用现代化办学手段和独墅湖科教创新区内独特的公共资源，通过丰富多彩的途径营造符合办学宗旨和理念的大学文化，比如成人独立意识、自尊和责任、社会责任感、创新精神、团队合作习惯、高尚人格、绅士或淑女形象、变被动学习为主动学习再到研究导向型学习等，并逐步通过制度体系实现规范化。大学将知识获取看成是一个过程，主要关注在这一过程中学生的改变和健康成长。

西浦已形成一套科学的大学管理体系：愿景和使命导引，在变化的环境中坚守不变的追求与使命，保证员工行动的一致性和持续性；清晰的内部治理结构，保证高校管理工作的有效性；行政权力与学术权力分工合理、良性互动，去除行政化；网络式平台支撑的学术社区和大学结构，为知识的传播和创造提供灵活的渠道；先进、系统的管理哲学和方法论以及技术支撑体系，保证员工工作的专业性与团队合作；多元文化相融合，和而不同，激发创新。以上六点是构建科学的大学管理体系的有效途径。

3. 高校教学活动组织方式和质量保证体系改革

大学教育质量亟需提升和大学管理亟待改革已成为共识，但我们听到的抱怨经常是体制制约、大学办学自主权不够等，遇到问题时听到的托词经常是体制不改没办法解决。诚然，中国需要进一步改革大学治理，让大学真正成为独立法人实体，以品牌和质量求生存。但即使在现有体制下，中国的大学也拥有很大的办学权利和自由度。目前大学面临的问题可分为体制问题、管理问题和技术问题，纵然在体制没有完全理顺的情况下管理和技术问题的解决有一定难度，但大量管理和技术问题仍可以得到有效解决，何况体制改革正在进行，绝不能以体制问题为借口，无视面临的许多管理和技术问题或将体制作为可为而不为的借口。下面我们仅从教学组织方式和质量保证体系等管理、技术问题层面分析有效实施《纲要》的潜力。

西浦针对其构建的五星育人模式中的五星素养体系、五星能力体系和五星知识体系，探索和初步建立了独具特色且卓有成效的教学组织方式和质量保证体系，为改变学生行为、释放学生潜能、培养高素质人才作了积极有效的尝试，为“如何培养人”提供了管理措施和技术层级很好的启示。

（1）国际化和持续改进的培养方案

因教育部批复要求西浦授予毕业生英国利物浦大学（以下简称利物浦大学）和西浦双学位，所以西浦必须同时接受利物浦大学与英国的教育规范和认证以及中国学位授予的基本要求和评估。所以西浦的人才培养计划包含了利物浦大学本科对应专业开设的所有基本课程，还结合本校教师研究兴趣和人才市场需求，形成了课程设置与培养方案汇集中西课程设置之长处的特点。课程结构一般分为第一学年的公共基础课，第二、第三学年的专业核心课程以及第四学年的高级专业核心课程和毕业设计。课程的种类划分为强制课程、必修课程和选修课程。同时，学校利用假期开设针对学生兴趣、覆盖面很广的选修课程，提升专业外的知识和修养；部分专业还设有体现自身特点和个性的选修课，为学生在专业内部提供兴趣选择平台。第一学年的公共基础课中有较多学时用于强化英语教育，同时开设数学、物理、计算机、中国语言文化及研究方法等课程。

为更好地实现人才培养目标，让学生真正发现自己的人生兴趣和个人专长，西浦为学生提供多次转专业机会（包括跨系转专业和系内转专业），大一末可在大类内自由选择自己感兴趣的专业，大二和大三学生也可根据个人兴趣、爱好、就业意向和目前实际学习情况自主选择转换专业（或专业方向）。灵活的转专业政策不仅能使学生自主选择适合自己的专业，调动学生学习积极性，而且有助于学校及时了解专业的最新发展态势，积极调整和完善专业结构和方向。

西浦采用外部定期评审和内部年度监控两种方式来管理课程大纲和专业人才培养方案。利物浦大学和英国认证机构 QAA 对西浦所有学位专业进行五年一次的定期评审，并且每年派遣专家团赴校进行回访评估。在校内，各系每年负责对其所开设的所有学位专业的实施情况进行监控，吸收来自学生、校外考官、系内外教师、新近毕业生等各方意见。西浦还制定了严格的培养方案执行程序，在管理制度方面，制定了《专业培养方案微调指导方针》、《专业调整征询意见及告知学生准则》等。

（2）兴趣导向的创新型人才培养方式

西浦十分注重对本科生创新能力的培养，形成了兴趣导向，互动教学，主动学习，研究导向型教学的培养体系。长期的应试教育、填鸭式知识灌输的传统教育模式，导致学生兴趣大多被抹杀。为唤起学生学习动力，帮助学生健康成长，西浦不仅为学生提供了按兴趣选择专业和方向的机会，而且在教学过程中，鼓励、帮助学生改变被动学习的习惯，培育学生积极主动学习态度和能力，强调学生在课堂上的投入，鼓励学生向老师挑战，向已有的知识挑战，不懂的地方要想办法学会。中国老师为了清晰将知识点教给学生，往往把完整的知识拆分成碎片，认真细致清晰地进行讲解，学生也习惯于听，听完了记，记完了考试，考完了忘记，没有办法把很多知识整合起来。西浦强调培养学生学习知识、获取知识、整合知识和使用知识的能力。具体地讲，不是把知识拆分和嚼碎喂给学生，而是设法通过研究导向型教学，通过研究问题或现象，激发学生的好奇心和研究兴趣，通过展现完整的知识体系，告诉学生它的意义和作用，基本的技术和逻辑，怎么用它解决实际问题，背后的方法论和哲学，可能课堂讲授不如中国老师清晰和深入，但让学生理解了知识的意义和作用，启发学生如何学习和利用，为学生挖掘和探索留有空间，不是扣住一本教材讲授，而是为学生提供大量相关资料，学生自己再利用课前大量的资料查阅和课后的小组活动（team work）、项目（project）来学习、体会和实践它，这样学生自己通过研究，寻找知识，利用项目和团队合作解决问题，不仅学到了知识，而且学到了怎么找知识、整合知识和利用知识，提升了研究能力，增强了学习能力与团队合作精神以及执行力。

在人才培养方案上，西浦至少有以下几大特色可供国内大学借鉴：课程国际化水平高，兴趣驱动的主动学习和研究导向型教学，以学习为中心的办学理念，严格的课程监控和调整体系，以能力为导向的教学方式。课程的国际化增强了人才的国际竞争力，学生可在全球范围内参与竞争。鉴于学生入学前兴趣被抹杀的状况，安排一年时间让学生重新“发现兴趣”，充分调动了学生学习的主动性和积极性。课程监控和调整保证了培养方案的执行力和应变力。反观我国多数高校的人才培养方案，课程设置简单趋同，一门课程一本教材，教师讲完内容即告结束，学生多是被动的填鸭式学习，主动性不强，学生通过学习获得的知识量十分有限，对能力的培养不明显。为提高人才培养质量，建议高校应从改革人才培养方案、教学理念，教学方式以及引导学生正确的学习行为抓起，形成知识学习与能力提升并举，主动的、兴趣驱动的、研究式的学习氛围。

(3)“两课”教育整体提升方案

目前，高校的“两课”教育存在较大争议。一是对开展“两课”必要性的质疑，二是对教学方式和效果的讨论。因此，有必要思考“两课”教育在高校人才培养中的作用并探索适当的培养方式。《中共中央宣传部教育部关于进一步加强和改进高等学校思想政治理论课的意见》明确要求，邓小平理论、“三个代表”重要思想和科学发展观要“进教材、进课堂、进学生头脑”。西浦根据教育部相关规定，围绕学校的五星育人模式，确立了“独具特色的大学思想教育”的发展方向，希望通过“两课”教育，使学生对中国历史、文化、国情、法律、治理、政治倾向有深刻认识；不是把学生用隔离罩罩起来，而是让学生面对社会复杂现实，形成正确的世界观、人生观以及处理各种各样社会问题的正确态度和原则。基于此，在教学内容、教学方法、教研活动、考试方法等方面做了有益的探索和创新。

1）课程内容的深度扩展。西浦在“两课”的课程内容上，尽量避忌浅显，在保持教材原貌的同时，以“专题”的形式挖掘深度，并以专题讲座的形式呈现给学生。结合网络技术，丰富教学内容，使课程内容充实，形式生动，提高学生学习的兴趣，培养其思考和判断是非的能力。

2）科学而独到的“2+2+2”育人环节。“2+2+2”育人环节是指课前2小时阅读 + 课堂2小时学习 + 课后2小时表达。其中，课前2小时阅读指的是：围绕本次专题讲座，学生依据教师推荐书目与论文以及自己检索到的资料，在课前利用大约2小时的时间进行相关阅读。目的是体现并贯彻西浦五星育人模式中的“主动的态度”与“积极的探索精神”。课后2小时指的是：围绕课前阅读与课堂学习，学生根据教师提示，借助课程网站，在课后花费大约2小时，以个人及团体方式进行书面与口头、文字与视频的表达能力训练（包括准备与执行）。目的是体现并贯彻西浦五星育人模式中的“扎实的整合的应用知识的能力”、“坚实的执行力”以及“互动与合作的行为方式”。

3）丰富而切实的能力训练。围绕“两课”内容，每学年每个学生必须完成三项训练：一是两篇3 000字以上的文章，旨在培养学生系统的书面表达能力；二是两次半小时以上的演讲，旨在培养学生扎实、从容的口头表达能力；三是总量6小时以上的与“两课”相关的辅修课学习，旨在培养学生宽阔的视野、综合的思维、科学而睿智的处世哲学。

4）围绕“两课”教学，与社会密切融合。西浦选择若干具有鲜明爱国主义教育特征的单位作为合作单位，建立实践教育基地，并尽量安排学生到现场上课，接受直观的教育。

5）积极开展“两课”教育研究，特别是探讨“两课”教学在西浦五星育人模式中的地位和作用。同时，也与本地政府以及其他高校进行合作研究，共同探讨“两课”教学在大学教育中的重要作用。

（4）完善的教学质量控制体系

高校教育质量遭受诟病的原因有很多，比如受市场经济冲击而引起的社会浮躁、职业精神失范等，仅靠教育和一些质量工程来提高教育质量是远远不够的，一定要建立起系统严谨的质量保证体系。

西浦教学质量控制体系的特色是学术独立、自由，制度、标准健全，执行严格、规范，监控及时、有力。西浦按照中英两国高等教育的质量要求，借鉴英国高等教育质量监控保障体系，制定了教学各环节的质量标准、规章制度、监控流程，形成了融合中英高等教育质量监控体系的网络，对教学质量和人才培养质量实施全过程监控。具体特色和关键环节包括：第一，按照国际著名大学标准在全球招聘教师，把好师资入门质量关；第二，所有教授必须接受英国职业资格证培训（CPS）认证，即使是具有多年北美高校教学经验的教师也感受到培训对教育提升帮助很大；第三，同行评价体系（Peer Review System）保证了师资间的相互帮助和提升；第四，学生评估体系的有效监督；第五，学生与教师教学协调委员会强化师生对教学问题的沟通；第六，学生抱怨与申诉体系把问题消灭在萌芽状态；第七，职业发展评价（PDR）不断提高动力、能力和专业精神；第八，校外、校内两级监控组织系统，确保考核评估的质量和公平公正。校外监控由校外考官负责，校外考官主要由海外高校教授、利物浦大学教授和国内高校教授组成，参照国内外高校考核评估质量标准，对考核全过程进行质量监控。校内监控主要靠教学委员会对专业建设、课程建设、教材建设、教学研究、教学改革和质量管理等各项工作进行指导和评议；利用教学质量信息采集系统，如课程问卷调查、学年问卷调查和专业问卷调查等，对教学、考核、学习等进行监控和不断改进；第九，学校不断强调的职业精神和大力营造的大学文化也是质量保证体系有效运行的精神基础。

我国高校人才培养水平参差不齐，大部分院校质量监控体系不完善且无法严格有效运转；另外，也未形成独立而有声誉的认证机制和组织。要提高教育质量，标准不可或缺，质量监控体系和独立认证制度是重要的基础和保证。《纲要》提出要建立教学质量国家标准，西浦对西方的质量标准体系和我国教学传统的融合而形成严密的内外部质量监控体系值得借鉴。建议国家加大专业标准和规范建设力度，促进学校形成严密的质量监控体系，同时支持独立认证体系的孕育与成熟。

（5）不断提高师资队伍的水准和质量

师资质量和水平是教育质量的重要决定因素，需认真关注和不断提升。西浦在师资队伍建设方面严把教师入口关，健全教师培训机制，构建科学的激励评价体系。

西浦严格按照国际名校标准聘任教师。为利用中国大学基础扎实的教育特点并融合东西方优势，基础课教育既从国内名校聘用资深教授，也从国际名校选聘师资，他们都必须拥有一定教学经验和博士学位。英语课教师的招聘标准是具有应用语言学硕士以上学位的外籍教师及获得英语语言教学专业博士或硕士学位的本国教师，持国际认可的 TESOL 或 ESOL 教学资格证书。专业课师资全部全球招聘，标准是具有一定教学经验和研究潜质的拥有国际知名大学博士学位的学者。

西浦从利物浦大学引入专为高校教师设计的高等教育职业培训项目，要求所有教师参加集中培训并取得国际认可的高等教育职业培训认证资格。培训内容涵盖国际化背景下的高等教育、英国教育质量保证体系、教学理论与实践、教师职业素养等。同时，西浦还定期组织各类短期培训，包括如何帮助学生完成由被动学习到主动学习的转变、如何综合东西方不同学习方式的优点、英语语言学习在课程体系中的地位、实践性学习、研究导向型教学的意义和做法等。配合培训工作，学校还定期邀请利物浦大学各院系主任、院长、学科带头人来校进行交流与合作，并且形成了两校间的教师交流计划。各个专业系经常与利物浦大学相应的系所进行视频交流，研讨教学方法和经验。西浦已经建立了专门的学术提升中心（AEC)，研究和传播最新教育技术和最优实践；与国家教育行政学院合作成立了领导力与教育前沿研究院（ILEAD)，专门研究教育趋势和教育管理，并通过各类培训班为国内高校培养教育领导、管理者、教师和行政人员。

西浦的教师评价体系充分尊重教师的劳动成果，将成果评价与教师的职业生涯相结合，以学术组织和教学委员会的评价取代行政评价，保证评价的专业性和准确度。激励机制注重长效、公平、公正和透明。首先，建立多样化的激励方式，将物质激励、精神激励以及团队激励等相结合。其次，在成果评价中将量化指标和柔性评估相结合，既关注量的成果，又通过诱导鼓励有潜力的研究者。再次，注意激励的“度”，使用阶段式激励，避免短期行为，建立长效激励机制。最后，依据学术规律分清激励层次，实行“教学为生，科研为升”的激励政策，体现了激励主次，强化了激励效果。

《纲要》将教师队伍建设作为重要的保障措施。要搞好教师队伍建设，我国高校应严格执行以下三条：建立标准，严把教师入口关；完善前沿的教师技能培训体系；建立教师激励的长效机制。

（6）通过自治提升学生独立精神和竞争能力

如何看待学生是育人的关键。西方大学视学生为成人，学校重点提供教学服务；中国大学普遍将学生当孩子，呵护甚至溺爱。西浦视大学生为“年轻的成人”，入学日就是他们的成人日，应该从此学会承担成人的责任，学会独立。但因长期处于应试教育和父母呵护的环境中，他们在精神、责任、能力等方面尚未真正成人，还需学校引导、服务和帮助。所以学校学生工作的原则是“学生自治，学校引导与服务”。通过“自治”，让学生得到充分锻炼和提高，同时学校对于他们的成长给予必要的引导和服务，如为学生的学习、生活和成长提供良好的环境，让学生切身体会到学校“以学生发展为目标，以兴趣为导向，以学习为中心”的追求，使学生感受到学校对于“人”的尊重，培养学生健全的人格与精神，进而实现对学生素养、能力与知识的培养，实现培养“世界公民”的育人目标。为做到这一点，西浦为每个学生配备了个人导师、校外导师、学友导师和年级导师，四位一体的导师制帮助指导学生全面发展。个人导师主要在大学期间为学生的学习和生活提供指导和帮助；校外导师制旨在建立企业、学生和学校互动的平台，聘请来自社会各界的成功人士和企业家，对学生未来职业和人生发展所需的各种能力和技能进行指导，帮助学生获得认识社会、事业和人生的方法和技能；学友导师制旨在帮助新生尽快适应大学的学习和生活，尽快融入大学文化，学友导师由高年级学长自愿报名，学校统一选拔、培训，每位新生将由两到三名高年级学长提供指导和帮助，同时为加强国际生与国内生间的相互合作与互动，国内外学生间也会形成学友体系；年级导师的主要作用是发现每届学生之共同问题，以提供有针对性的指导与服务。另外，为了给学生创造知识运用、能力和素养提升的环境，西浦有意识地将很多在传统大学由学校组织的活动交给学生，如开学典礼、学校运动会、各类国内外竞赛等；还为学生开辟了创业广场，百团（学生社会团和俱乐部）大战的走廊等。

学生自治既培养了学生自我管理的能力、解决问题的能力和团队精神，也增强了学生的责任感与使命感，学校服务则真正体现了“一切以人才培养为中心”的高校工作方针。我国高校的学生组织多在学校的领导之下，自主权不够，空间不足，学校的服务意识淡薄。建议高校大力推进学生组织建设，实现真正意义上的“自治”，为学生提供成长的舞台。

西浦的经验表明，即使在体制未改变的情况下，高校在提升人才培养质量方面也有很大的空间，如明确人才培养目标，采用兴趣驱动、主动学习的学生学习模式和启发式、探究式的研究导向型教学模式，通过学生自治来提升组织管理能力、团队精神和责任感、使命感。

4. 如何扩大教育开放：中外合作办学的启示

扩大教育开放是高等教育领域争议较大的一个问题，多年来，在是否要放开教育市场的问题上一直存在争议。《纲要》明确指出，今后要扩大教育开放，提出要以开放促改革、促发展，提高我国高等教育的国际地位，培养具有国际竞争力的人才。如何才能达到这些目标？我国高校当前所开展的国际交流与合作方式能否达到目的？西浦的国际办学历程为回答这些问题提供了启示。

中国大学的国际化已有较长的实践历程。新中国成立后，大学开始引进苏联的模式，之后又大兴学习欧美的热潮。然而，改革开放 30 多年，中国经济社会发展取得了举世瞩目的成就，社会、家长对大学教育却依然颇有微词，与国际先进水平相比，我国大学在教育理念、组织架构、教学方式和方法等方面依然有较大差距。虽然这些年来我国大学加强了国际的学者交流和合作研究，特别是加入 WTO 之后，国际交流合作项目越来越多，但从西浦的经验和体会来看，这些国际化实践只是初步的国际化。

国际化不是简单的照抄照搬。通过合作办学实践，我们发现东西方的教育理念、教育做法有很大的差异，各有优势和缺点。西浦试图根据世界发展趋势和需要，利用自己的后发优势，融合东西方教育之精华和优秀传统，创办一所独立的大学，这是国际化的一个更高阶段和更好形式。西浦的愿景是建设研究导向、独具特色的国际大学。强调独具特色，就既不能简单地拷贝中国大学，又不能简单拷贝英国大学，也不能为特色而特色，而是主要针对大学面临的挑战和世界发展趋势创建一所适应未来发展的大学，影响中国甚至世界的高等教育。基于此，经过数年探索，初步形成了自己独特的育人模式和管理体系。

作为我国数所拥有独立法人资格的中外合作大学之一，西浦的探索和实践不仅为国内高校改革与发展提供了不少启示，也为教育开放提供了前车之鉴：一是国际合作办学要有清晰的定位和目标；二是有可持续发展的资源配置和相应规范的治理结构；三是需强有力的管理团队和生存环境；四是不管以何种形式开放教育，关键在于借用国外的优秀办学思想和资源，基于自身的条件有机融合，不能照搬照抄；五是只有站在一个更加国际化的视角上思考高等教育办学模式，才能取得可持续发展并不断增强国际竞争力。也只有这样，才能充分利用中外合作办学的优势提升高等教育质量，促进中国高等教育的发展。

在中国的土地上举办国际教育，特别是高水平的研究型大学，办学成本很高，目前并无恰当的支持模式或相关制度和政策，长期可持续发展所需的资源和条件问题亟待解决。按照联合国教科文组织专家的分析，现在世界上的国际合作大学几乎都是教学型大学，且具有明显的盈利导向，所以国家试图通过国际合作举办高水平大学的想法面临严峻挑战。《纲要》提出，要“支持一批示范性中外合作办学机构”，如何支持？《纲要》中提出的“坚持教育的公益性”又如何体现到中外合作办学上？政府是应考虑与西浦这样的中外合作大学建立新型关系，还是放任自流？这些问题需要国家和中外合作大学共同思考和应对。从办学伊始，我们就希望通过西浦的办学实践，积极探索我国乃至世界的高等教育发展新模式，为教育开放、现代大学制度改革以及办学体制改革等提供有益的启示。现在我们终于能通过自己的探索和实践为实施《纲要》提供一些借鉴，还希望政府进一步关注和支持西浦的发展和改革探索。

三、结语

西浦数年的中外合作办学历程，对我国高等教育的改革和发展意义重大。首先，西浦整合世界优质教育资源，站在国际化的高度办学，其办学模式能够对我国高等教育的改革提供建议，为《纲要》的实施提供启示。其次，《纲要》

强调办好若干示范性中外合作办学机构的重要性，如果西浦能继续走好特色办学之路，一定能够为今后我国高等教育的国际化乃至整个高等教育的发展做出贡献。第三，西浦的独特，还在于其管理体系，我们以探索中国乃至世界高等教育新模式为己任，通过对当前世界形势和大学使命的深入思考和分析，已初步形成一套完整的高校管理体系，希望这套体系能够给我国高等教育发展提供借鉴。

西浦的办学历程除上述对《纲要》实施的启示外，还有三点值得强调，即《纲要》有待加强的方面。

第一，《纲要》对大学理念、愿景和使命等定位问题涉及较少，没有强调大学定位对高校结构优化、特色办学以及提高教育公平的重要意义。我们认为，一所大学应首先考虑如何认知环境、如何生存、生存的意义何在等关键问题。

第二，《纲要》对大学层面上的管理问题提及不多。通过与西浦对比，我们认为，这正是传统高校亟须加强的部分，建立科学的大学管理体系应成为实施好《纲要》的重要突破口和任务。

第三，《纲要》没有明确提及高校资源分配的问题。目前，从国家到财政部，从财政部到教育部，从教育部到高校，从高校到教育科研环节，整个资源配置链条存在很多问题，且与体制性要素息息相关，在一定程度上说，正是这些资源配置问题诱发了当前我国高等教育的诸多问题，在《纲要》实施的过程中应重点加以研究，并给予特别的关注。

构建“以学生为中心”的人才培养体系，提升我国大学的国际竞争力

（以学生为中心已成为教育界的一个老生常谈的话题，但当我们走进许多学校之时，往往会立即掉进一切围绕行政和权力的氛围。因此，我们为教育部准备了这份建议，试图促进以学生为中心的理念真正落地，而不是只挂在嘴上，或写在报告里和贴在墙上。）

当前世界范围内的高等教育正在发生一场“以学生和学习为中心”的深刻变革，颠覆工业革命以来盛行的教师主导、统一学习和知识导向的教育模式，转而建立一种以学生为中心、个性化、情境建构式的人才培养体系。我国高校和世界其他大学正处在同一起跑线上，如果抓住机遇，形成先动优势，将能够快速提升中国大学的国际竞争力。

一、“以学生为中心”的教育大变革

1. 推动教育大变革的核心力量

（1）知识经济。知识经济改变了社会经济得以运行的关键要素和活动，知识创新成为社会进步的核心力量，人类的关键生存技能亦从工业经济时代的操作技能变为知识创新。因此，大学的人才培养目标需更加注重知识的创造能力以及在知识爆炸时代的价值观和处世哲学。

（2）全球化。全球化改变了人们的工作环境，将世界各地不同文化和背景

的学习者聚集到一起，理解不同的文化并与来自不同文化背景的同事合作成为学生需要习得的重要能力。

（3）信息与网络技术。信息和网络技术正在改变人类的学习方式。学习者所受的时间、地域和资源等因素的局限正在被消除，大学和课堂不再是唯一的知识获取场所，很多实用性知识甚至更容易通过网络获取。这为终身学习和脱离大学课堂的自主学习提供了基础，大学课堂的灌输式学习方式正在失去竞争力，大学亟需重新定位并通过教学模式的改革找到课堂和校园不可替代的价值。同时，当代大学生是接触网络最广泛的群体，网络也影响着他们的思想态度、价值取向和人格养成，因此，如何引导学生在网络时代形成健康的价值观与素养变得至关重要。

2. “以学生为中心”育人体系的基本特征

“以学生为中心”是指大学把学生的健康成长放在首位，学校的所有资源均服务于学生的健康成长。也就是说，学生是大学的主角，教师是学生学习的资源，大学为学生的学习和成长提供环境、资源和平台。表4—3通过与传统的“以教师为中心”的模式的对比来突出“以学生为中心”的特点，可以看出当前我国大学基本上仍采用“以教师为中心”的体系。从更宏大的视角看，我国高校的学生并没有处在大学的中心地位，奖励、基金、论文和排名等指标牢牢牵制了大学领导者的注意力，消耗了大量资源，导致学生占有的大学资源量有限。因此，需要突破制约人才培养质量的体制机制障碍，将学校资源切实运用到服务学生的成长上来，建立“以学生为中心”的育人体系。

表4—3　　“以学生为中心”与“以教师为中心”的对比

对比项	以学生为中心	以教师为中心
对学习的理解	学习是为了行为和思想的永久改变，强调意义获取	学习就是获取知识
对知识的理解	知识是由学习者在特定的情境中基于自身的背景建构而来的，因此知识具有个性化特征	知识是不以个人特征而改变的一种朴实的客观存在，对每个人都具有一致性

续前表

对比项	以学生为中心	以教师为中心
对学生的理解	学习者天生具备创造力，能自我导向，不应被看成是孩子需要定向；教育者将自己看成指导者和资源	学生需要塑造和定向；老师扮演着知识传授者和塑造者
对教学的理解	教学：尽管学习始于课堂，但主要发生在学习者将知识应用于实际环境的过程中，并最终改变其价值观，教师要努力创造这种环境或情境	教学：传输知识的重要环节，以知识为目标，主要是老师教，学生学
学习过程	学习是学习者基于自身经验的一个自我构建过程	学习是学习者的记忆过程
学习情境	学习情境需依据学习的内容来灵活构建	通过课堂来传授知识
学习者的背景	不同背景的学习者在同一情境中的学习结果并不相同	在同一情境中的不同学习者，其学习结果相同

二、如何构建“以学生为中心”的育人体系

“以学生为中心”的大学需要将重心从传统的教职员工、教学、研究和行政转移到促进学生学习上。首先，教学的中心不再是“教”，而是“学”，这是“以学生为中心”的大学的最大转变。其次，“以学生为中心”的大学的行政工作也要以促进学生成长为基本目标，而不是为了符合内外部的行政力量的意志。经过几年的探索，西交利物浦大学整合中西方高等教育的优势，初步形成了一套系统的“以学生为中心”的大学人才培养模式（见图4—8）。这一模式的核心是将办学理念、育人目标和课内外的教育策略统一到促进学生的健康成长的主线上来。

1. 学什么：清晰、具体的育人目标

清晰的大学定位决定了大学培养哪类人，西浦的大学定位决定了其培养的是可在国际舞台上竞争的人才，即“世界公民”。但什么样的人才可称为“世界公民”是育人目标需要回答的，从而可全面回答大学“培养什么人”这一问题。育人目标需要根据大学定位及社会发展趋势对人才素

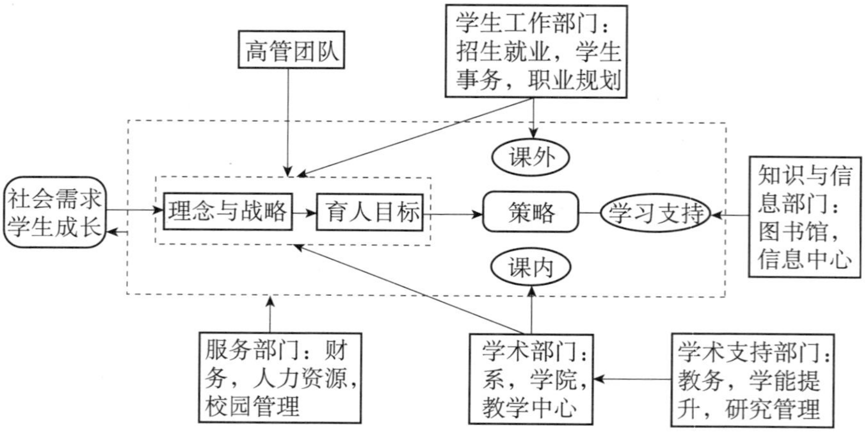

图 4—8 西浦“以学生为中心”的育人体系

养、能力和知识的需求，针对学生的学习特征、文化氛围和成长规律来制定，这样才有可能培养出适应未来发展趋势和需要的高级人才。西浦的育人目标涵盖知识、能力和素养 3 个方面、15 个具体的子目标，每个子目标清晰具体，并形成了所有校内活动都针对这些目标进行设置的文化和工作模式。

2. 如何学：课内课外活动协作促进学生全面成长

传统的大学把课堂看成学生学习的主要场所，学生工作并不与育人直接挂钩。西浦认为，学校的所有部门都是为学生成长服务的，考虑到能力和素养很难通过课堂教授，因此对学生能力的训练和素养的提升主要依靠课堂外的社团和其他各类有针对性的活动。

（1）课内。课堂从统一学习转变为个性化的即时学习。西浦的课堂不把知识点的学习作为重点，而是通过构建一种问题导向的学习情境，引导学生搜索相关知识来解决实际问题；教师的角色从知识灌输权威转变为学生解决问题的支持者和引导者；学业评价从标准化的考试转变为兴趣导向的专业化、过程性评估，除了课程结束后的统一考试外，特别重视课程学习过程中学生的参与和表现以及教师的反馈。

（2）课外。传统的大学主要依靠课堂活动来实现育人功能，学生的课外管理则主要基于控制的思维满足管理者的意志。西浦不仅通过课堂教学模式的创新实现育人目标，而且把学生的课外校园生活作为学生成长的重要情境，特别重视引导学生在课外的校园生活中培养自己的领导力、价值观和自我管理能力等在课堂上难以培养的目标要素。例如，学校招生与就业发展办公室特别重视为学生提供全方位的就业指导和就业服务，该部门在就业能力、就业资源、就业活动参与及创新与创业能力等多个方面开展了一系列卓有成效的活动，包括大学生创业园、简历书写与面试辅导、职业测评、创新创业大赛、创业导师等，这些活动在有效提升学生职业技能的同时服务于他们的就业需求。

3. 如何保证质量：网络化无缝连接的支撑和保障体系

（1）网络式治理和管理体系。“以学生为中心”的育人模式需要强有力的领导团队和管理支撑体系，在保证学校所有活动都以学生的健康成长为最终目标的同时，构建无缝连接的支撑系统，确保课内课外活动的正常开展。西浦采用网络式大学治理结构，由董事会、投资者和社会共同参与治理，监督学校的行为为学生成长做贡献。在“学生自治，学校引导与服务”的基础上，成立了学生联络委员会，学生事务委员会，将学生的建议和意见通过正规渠道送达高管团队，切实保障学生的参与权。学校还成立了由社会各界人士组成的咨询委员会、校外导师团队、家长联谊会，为学生和学校的发展提供指导。西浦的组织架构也是网络式的，大学的所有个体之间没有层级之分，只有清晰的职责界定，学生及学术活动是学校的核心，行政、职能人员编织成友好的网络式服务平台，切实支持和服务于学术活动。

（2）系统的质量保障体系。西浦的教学质量保障体系是由育人理念、育人模式、学与教、过程监控及全程评估组成的循环体系（见图4—9）。这一体系整合了中西方教学保障做法的精华，并且确保整个战略团队和支撑体系都为教学质量的循环改进服务。

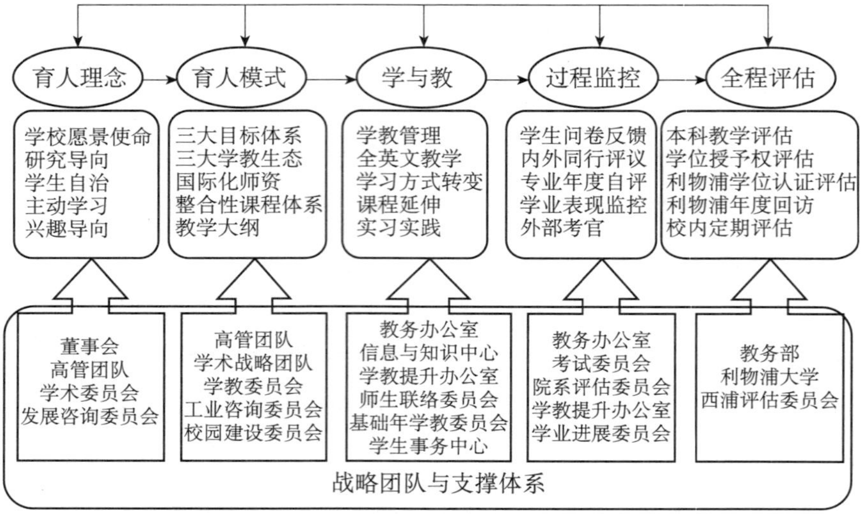

图 4—9 西浦的教学质量保障体系

三、政策建议

我国大学要抓住当前教育变革的机遇，走向世界的前列，需要政府部门在政策层面进行引导和变革，把政策导向从传统的以教师和行政为中心调整到未来的以学生和学习为中心上来，深入推进高等教育的内涵式发展。

1. 做好对大学改革转型的引导工作

（1）通过治理多元化，确保学生利益有保障。当前我国大学表现出的以行政为中心的状况，是由政府在治理中的单一关键人角色决定的，如果要做到大学真正关心学生，需将维护学生利益的代表加入大学治理机构，典型的代表有教育专家、学生和企业界代表等。

（2）通过政策引导，把握大学变革的宏观方向。近年来尽管国家各个层面的政策都强调人才培养体制机制的改革，也设立了若干综合改革实验区，但一直缺乏明确具体的改革方案，缺乏对打造未来社会高等教育的引导。建议把建立“以学生为中心”的育人体系作为国家高等教育改革的目标，打破只有提高投入和师资水平等要素才能提高教学质量、实现内涵式发展的传统观念，引导大学在现有资源水平下对学生成长这一教育核心目标的关注，并建立相应的教学保障体系，确保学校的一切活动是为了让学生受益。

2. 调整资源配置，关注学生健康成长

当前国家层面的教育资源配置，很多是以提升学科、专业和师资水平等为目标的，直接投入到学生成长上的资源十分有限。尽管学科、专业和师资的提高可能会对学生的健康成长有正面影响，但资源使用者在实践中多把注意力放到学科、专业和师资上，很少更进一步思考和关心这些方面的提升能否真正让学生受益。因此，建议国家将教育资源配置直接瞄准保证学生的健康成长，即使是提升学科、专业和师资的资源，也应明确阐述对学生发展的直接意义和衡量指标。

3. 建立以学生收益为核心的质量评估体系

当前国家的大学办学和教学质量评估的主要指标包括办学思路与领导作用、教师队伍、教学条件与利用、专业与课程建设、质量管理、学风建设与学生指导及教学质量等七大一级指标，这种评估把评价学校、学科、教师作为核心，少有触及大学办学最核心的目标——学生的健康成长。建议把国家层面的质量评估指标从评“教”转为评“学”，建立以学生收益为核心的评价体系。把学生的学习目标、实现目标的策略和保障体系的有效性作为评估大学的主要指标。

（合作者：张晓军博士）

通过中外合作办学探索扩大高校办学自主权改革

扩大高校办学自主权是近30年来我国高等教育改革的一个要点，1985年发布的《中共中央关于教育体制改革的决定》中就明确提出要“扩大高等学校的办学自主权”，此后发布的国家教育文件也多次提到要在依法办学的基础上给高校更多的办学自主权，2010年发布的《国家中长期教育改革和发展规划纲要（2010—2020年）》提出要重构政府、高校、社会之间的关系，并通过法律保障学校办学自主权和相应责任。尽管如此，社会各界对高等教育体制的约束仍有很多抱怨，高校办学自主权改革依然面临挑战。高校办学自主权改革需厘清改什么、怎么改以及如何控制风险三个关键问题，在当前国家决定深入推进教育改革的背景下，西交利物浦大学五年的办学经验表明，中外合作大学是一个很好的探索扩大办学自主权的试点机构，原因在于：一是这类学校数量较少，风险可控；二是便于借鉴国际先进经验；三是它们没有包袱，可根据教育发展趋势大胆设计；四是可借用国际质量控制体系以保证探索的质量和水平。国家可以利用这类高校的特点，先行先试，探索扩大高校自主权的有效改革措施。

一、从五个方面扩大高校办学自主权

历年来国家文件中提到扩大高校办学自主权的领域非常广泛，主要涉及五个方面：资源配置、招生、专业设置与调整、学位授予以及教师职称管理。

1. 资源配置自主权

当前我国高校有四类：公立、民营、独立院校、国际合作，如按资源配置来分，只有两类：公立大学和其他。前者经费主要来自国家拨款，包括基本费用（师生数基于划拨）和专项拨款（根据学校参与的专项计划数划拨）。专项拨款部分主要通过行政渠道设立的各种项目（如科研经费的973、863项目）、工程（如985、211工程）和基地等进行分配，由于这些配置方式都需要经过行政评审，最终只有部分高校有资格获得拨款，因此造成了高校为争取拨款“跑部钱进”的现象。同时，由于通过这些名目拨到高校的经费也有详细的使用规则，都是“专款专用”，高校根据自身实际情况灵活分配和使用的空间较小，因此高校在资源配置方面还没有足够的自主权。“其他”类高校者通过市场机制运转，如果考虑到教育公平，国家补贴到学生头上的经费应逐步落实到这类学校。

国家可以通过改变拨款方式来推进高校资源配置自主权改革。中央财政支配的是来自纳税人的税收，在分配中应体现公平原则。国家可设立高校拨款委员会，制定公平合理的拨款规则（如按生均、学校类型拨款），在大学分层和分类（如可分为研究型、教学型和社区型大学）的基础上将拨款的规则透明化，隔断上级行政权力对高校行政管理者在资源配置上的干涉，扩大高校的自主权，同时高校也不用为了争项目、争资源而花费大量精力和资源。

2. 招生自主权

当前我国高校的招生采用“统一高考，集中录取”的规则，国家统一组织高考，高校依照高考成绩结合学生的志愿进行录取。按照规则，一名考生填报了某所学校，其分数达到该校录取分数线，学校没有正当理由拒绝时必须录取，学生也不可选择其他学校。在这一规则下，学生和学校都没有充分的自主选择权。同时，当前我国高考的内容仅限于对基础知识的考察，对学生的综合素质及其与大学特色的匹配程度没有考量，造成很多学生入学后不适应大学的生活。

当前部分高校已开始试点自主招生，但并没有很好地体现自主性，学校还需要按照学生的高考成绩和学校的录取分数线来集中录取。《纲要》已经提出要改革当前的高考和招生制度，充分尊重高校和考生的自主选择权。我们建议，可以试点实施“统一高考，自主申请”的模式，国家通过组织高考划定基本录取分数线，上线的学生自主向感兴趣的若干高校提出申请，学校自行对学生进行考核，在双方均同意的前提下录取，这样学校和学生双方都有充分的自主选择权。在当前国立大学试点遇到困境的情况下，可以先让中外合作大学（如西交利物浦大学）开始试点“统一高考，自主申请，学校考核”的模式，从体制外突破改革瓶颈。具体地说，学校不再设立自己的录取分数线，只要学生高考成绩达到一本线以上，就可以向学校提出申请，通过学校的考核就可以录取。

3. 专业设置与调整自主权

我国高校目前设置和调整专业的基本程序是：学校首先向主管部门提出申请，主管部门进行审批，通过后才能开设新专业，并提交教育部备案，专业在开设期间要接受主管部门的检查和评估。这套程序虽然放开了高校自主申请设置专业的权限，但高校在以下几个方面仍没有足够的自主权。一是高校一直根据统一的专业目录和要求申报专业，按照统一的名称设置专业，并按统一的培养目标和规格开设课程和进行教学，制约了高校人才培养的多样化，且不利于学校根据自己的实际情况建立自己的办学特色。二是专业设置滞后于市场需求。由于高校专业的评估权主要在主管部门而不在市场，因此高校开设专业倾向于满足主管部门看重的就业率等指标，对市场的新需求关注不足。三是不同高校之间专业的竞争不足。由于高校之间竞争的市场机制没有形成，学校设立专业不用过多地考虑是否有竞争力，即使专业严重落后于社会需求，也没有良好的淘汰机制，仅仅依靠主管部门的检查和评估来发现问题或决定停招。

显然，要让高校的专业能够充分反映市场需求，就必须建立市场机制。首先，专业的设置应基于市场的新需求，而不能受主管部门的审批约束；其次，专业的内容应根据学校的办学特色和市场的需求决定，而不能由主管部门设立统一的标准；最后，专业的优劣应通过市场竞争来确定，而不是由主管部门的检查和评估说了算。要实现这种市场机制，需要改革当前的高校专业设置程序，改主管部门对高校专业设置的审批为备案，高校开设新专业的内容可由高校自己决定，专业的好坏也交由市场评判，主管部门仅设立基本门槛，办学条件达到基本要求即可给予设置新专业的权限。如果这样做，教育部门也许担心会对高校的专业失去控制而导致质量下滑，在当前我国普通高校无法完全建立市场机制的背景下，我们建议中外合作大学可以先行先试，因为这类高校要颁发国外知名大学的学位，外国合作方会严格把关专业设置，防止质量下滑造成声誉受损。

4. 学位授予自主权

当前我国高校的学位授予沿用20世纪80年代颁布的管理条例，国家授权高等学校授予毕业生学位。因此，我国的学位授予权在国家，高校只有通过国家的评估才能授权代表国家授予学位。这种模式造成了许多问题。例如获得学位授予权的高校就能一劳永逸地拥有学位授予权，而不管自身的办学水平和条件如何，学生获得的学位都是国家授予的，难有好坏优劣之别，从而使高校丧失了竞争的动力与积极性，无法形成优胜劣汰的机制。此外，很多新成立的学校办学条件优越，但由于成立时间和审批过程的限制，反而得不到国家的学位授予权。

国外的大学都是自授学位，国家主管部门只负责设立基本的准入门槛，学校只要符合条件就可以办学授学位，国家只对学位授权高校进行备案。我国的大学自主权改革应该将学位授予权考虑在内，改变国家授予学位的模式，由高等学校自授学位，国家备案，这样就能进一步在高等教育中引入市场竞争机制，有利于高等教育质量的提高。这里同样存在可能由于国家放开而出现混乱的风险，因此可先进行试点。中外合作大学作为中外知名大学合办的法人机构，是试点的较好选择，母体学校双方为了维持自己的声誉，不会任由合办高校自砸招牌，建议国家在中外合作大学先行先试“自授学位，国家备案”的学位管理模式。

5. 教师职称管理自主权

当前我国高校教师的职称由主管部门统一评审和管理，这种由行政权力评价学术事务的做法，导致高校官僚化现象日益严重，以及学术职称行政化的趋势。此外，这种国家统一评价的做法没有考虑不同高校的差异，而是简单地用指标分配的方式确定各高校的名额，与申请者的个人能力和水平脱节，三流大学的教授和一流大学的教授在国家认可度上处于同样的层次。显然，我国大学的教师职称管理亟待改革。

西交利物浦大学作为中外合作大学，采用自己的教师职称管理体系，学校按照自己的资源条件和人才状况设置符合学校现状和发展趋势的职称评定标准，真正按照教师的个人能力和水平来决定职称级别，并且坚持由学术权力评价教师职称，行政权力扮演服务和监督角色。这些做法值得我国普通高校借鉴。

二、通过中外合作办学探索大学自主权改革

大学自主权改革是当前我国高等教育改革和发展的一个重要话题，改当前行政主导为市场主导的模式，引入市场机制，通过竞争提高办学质量是大势所趋。但由于历史的原因以及可能存在的风险，教育主管部门很难在短期内做到将权力完全下放给市场和高校，而是采用逐步放权的方式。在这个过程中，需要通过部分高校的先行先试来发现问题，确保改革的顺利进行。我们认为，在当前的大学自主权改革中，中外合作大学在诸多方面有自己的独特性和优势，国家可以以这类高校为试点，来推进大学自主权改革，特别是在资源配置、招生、专业设置与调整以及学位授予等方面，引入市场机制，国家只负责设立基本的门槛并备案核查。这样的安排可以有效消除国家担心放开市场而有太大风险的顾虑。一方面，中外合作大学数量有限，试点结果不会造成大范围的影响；另一方面，这类高校有中外双方母体学校的监督，特别是要授予国外知名大学的学位，它们不会允许合办高校肆意损毁母体大学的声誉和品牌。

西交利物浦大学是西安交通大学和英国利物浦强强联合举办的中外合作大学，学校在上述五个方面和国立大学既有共性，又有自己的独特性。例如，西交利物浦大学也通过全国高考统一招生，也授予国家认可的学位，专业的设置和调整也需要经过主管部门的严格审批。不过，在资源配置方面，学校学生并没有享受来自纳税人税收的国家教育拨款，教师职称的管理也已形成自己的体系。西交利物浦大学的独特地位为我国大学自主权的深入改革提供了机会，学校在资源配置、招生、学位授予和专业设置等方面的改革能够为国立大学的改革提供借鉴，同时其体制的独特性和母体学校双方对办学质量的严格把关可以有效降低改革的风险。因此，我们希望教育部抓住机遇，切实推进改革。

国立大学章程制定的关键问题

大学章程是规范大学运作的纲领和法则，也是现代大学制度的载体。1995年以来，国家在多份文件中要求国立大学制定大学章程，但长时间来，部分国立大学章程难产，极少数大学出台的章程也是一纸空文。《国家中长期教育改革和发展规划纲要（2010—2020年）》再次提出，要加快制定大学章程，扩大和落实大学办学自主权，建立现代大学制度。鉴于我国高等教育体制的特殊性，国立大学的章程要真正成为大学自主管理的基本规范和扩大落实办学自主权的基本保障，首先必须在法律层面明确大学章程的地位；其次要严格落实法律赋予大学的自主权，消除有法不依、执法不严的软法制状况；最后，大学要通过制定章程处理好大学与外部权力以及大学内部权力的制衡问题。

一、大学章程及其作用

大学章程是大学对其办学理念与特色、发展目标与战略、治理结构、领导体制、教师的学术权力、学位授予、学生事务、经费来源、财产与财务制度等重大事项的规定。[①] 作为大学运行的“最高法”，大学章程主要规定三个方面的事务：一是大学的内外部治理关系；二是大学决策机构的议事程序；三是大学运行的规则和程序。[②]

---

① 参见湛中乐：《现代大学治理与大学章程》，载《中国高等教育》，2011（9）：18～20。

② 参见周光礼、朱家德：《大学章程的国际比较》，载《中国高校科技与产业化》，2011（5）：27～30。

大学章程之所以重要，与大学的特殊性有密切关系。从外部来看，大学作为人才培养、科学研究和社会服务的场所，跟政府、市场和社会都有密切的联系（见图 4—10）。因此，大学拥有复杂的外部利益相关者群体，如何协调不同利益相关者之间的利益诉求非常重要，这是大学章程需要协调的外部治理问题。其次，从内部来看，大学的成员及其关系复杂多样，有学术和行政的交织、教师和学生的互动，更重要的是，大学作为学术共同体，与一般的行政官僚组织不同，因此需要平衡学术和行政权力之间的关系，需要在大学管理中体现教师和学生的利益诉求，这是大学章程需要协调的内部治理问题。最后，大学作为一种组织，与其他组织一样，也需要一套系统的运行规则和程序，这就是大学章程处理的第三类事务。

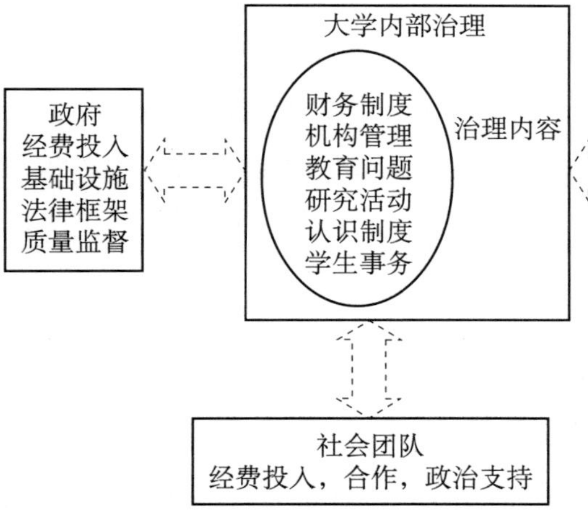

图 4—10　大学与政府、市场和社会的关系

资料来源：薛澜、刘军仪：《建立现代大学制度，改革高校人才培养体制与机制》，载《清华大学教育研究》，2011，32（5）：1～8。

西方大学发展的经验表明，大学章程发挥以上三个方面的作用，需要完备的外部法律环境。作为规范不同利益相关者行为的“基本法”，大学章程只有在法治环境中才能保证自身的法律效力。西方国家的大学章程，都镶嵌于特定的法律环境中，例如英国、美国和德国等的特许状（charter）和条例（statutes）就是赋予大学制定章程合法性的法令。[①] 这些法令是大学按章办事的法律依据，是大学自主行使权力的保障，就连政府也无法反抗大学按照章程做出的决策。

二、我国大学章程制定存在的问题

我国国立大学章程难产以及难以发挥应有作用的困境，主要是由两方面的原因造成的。第一是软法制的环境。软法制的环境主要是指法制不健全，有法不依，执法不严，以及政府权力凌驾于法律之上或扭曲法制过程，再加上由此造成的社会诚信的缺失，形成的一个有法制但法律不完善且未严格执行的社会。[②] 对于大学章程而言，软法制首先造成保障大学章程法律效力的法令不齐全。虽然我国 1995 年出台的《中华人民共和国教育法》和 1999 年出台的《中华人民共和国高等教育法》都明确要求大学要有章程，但并没有基于大学特殊性的考虑赋予国立大学通过章程实现自主办学的空间，大学仍没有摆脱政府附属机构的形象和运作机制。特别是在大学外部治理的问题上，构建了政府单方面主导大学治理的结构，社会和市场难以发挥作用，如大学党委会作为最高决策机构受上级党委和教育管理部门直接领导，大学授予的学位是国家学位，大学的教授也由国家或国家授权的单位来评定等。在这种情况下，政府是大学的直接管理者，市场和社会的诉求无法实现，大学章程协调政府、市场和社会间关系的功能无法实现，从而在法律层面上限制了大学章程的作用，高校无法通过章程实现自主权，因此也没有动力制定章程。与国立大学相比，我国民办大学和中外合作大学因为有《中华人民共和国民办教育促进法》和《中外合作办学条例》的保障，大学章程基本上发挥了应有的作用。

其次，软法制环境造成的有法不依、执法不严的状况让大学章程的法律效

① 参见湛中乐、苏宇：《西方大学章程的历史与现状》，载《中国高校科技与产业化》，2011（5）：24～26，30。

② 参见席西民：《软法制的低效与不公——和谐社会的地雷之一：闹文化》，见：《管理之道：战略对准》，173～175 页，北京，机械工业出版社，2008。

力大幅降低。我国早在 1995 年和 1999 年就多次通过法律要求国立大学制定大学章程，但时至今日，除教育部强制要求直属高校出台章程外，部分国立大学仍没有出台自己的章程，可见大学并没有严肃对待国家的法律，国家执法部门也没有严格执行法律，没有对高校漠视法律的行为进行追责。另外，当前人们法制观念不强、教育资源配置体系的行政化也是不认真对待大学章程以及大学章程难以摆脱政府部门束缚的重要原因，大学没有强烈的意识通过法律渠道找回本该属于自己的办学权力。

此外，由于体制不完善、法制不健全、资源配置不科学透明而导致教育资源配置中政府公权力过多地干预市场经济规律，甚至利用公权力占有公共资源，进而导致“跑部钱进”，甚至严重的权钱交易的腐败现象[①]，这就迫使大学围着政府团团转，不敢或无法将属于自己的办学权力从政府手中收回。

第二，从内部看，国立大学的管理理念落后，规则意识薄弱也是阻碍大学章程发挥作用的重要因素。例如，很少有国立大学从学校全局出发制定大学的愿景使命与战略规划[②]，多采用官僚式组织结构和运行机制来管理知识组织，大学运行程序和规则不完善，普遍存在不遵守规则的现象等。这种管理理念也导致即使大学制定了章程也多为一纸空文，难以达到制约不同利益相关者权力的作用，行政人员作为资源的配置方独揽了决策、监督和学术的权力。

三、国家应通过修正法律赋予大学章程空间

要改变当前我国国立大学在大学章程制定中的问题，需要根据上面分析的原因，有针对性地加以改进。首先是要通过修改高等教育法或者制定专门针对国立大学的法令，特别是目前法律中缺失的关于大学组织法应有的内容，赋予其办学自主权。

---

① 参见席酉民：《软法制的无序与浪费——和谐社会的地雷之二：寻租文化》，见：《管理之道：战略对准》，176～178 页，北京，机械工业出版社，2008。

② 参见薛澜、刘军仪：《建立现代大学制度，改革高校人才培养体制与机制》。

1. 转变政府在大学外部治理中的角色

新法规要重点解决好大学的外部治理中政府、市场和社会之间的互动，转变政府职能，变当前政府的直接管理者角色为协调者和质量监控者[①]，将自身权力向市场和社会合理让渡，落实大学自主权，形成政府、市场、社会和大学共同治理的多元治理结构。应通过法律规定大学最高决策机构中政府代表、企业领袖、社会精英、校友代表和校内代表的合法性和权力，并规定最高决策机构的运行程序，不同权力之间的制衡规则等。

高校传统的利益相关者包括政府、社会、教师与学生，现在传统高校主要接受政府的直接投资和领导，并通过行政关系管辖学校及各种组织（教授委员会、学术委员会、工会）和学生组织（学生会、团组织等）。政府附属的机构形态、由政府单方面主导的办学模式，既影响社会力量的参与，也导致学校浓厚的行政化氛围，且社会需求难以反映到学校的变革上来。国家提出要建立政府、社会和高校之间的新型关系，明确政府权限和职责，积极鼓励社会力量办学，形成民办教育和公办教育共同发展的局面。要真正实现之，国家需通过法律做如下规定：首先，即使是公办大学，考虑到相关利益者的权益和声音，学校也需探讨有相关利益者参与的外部治理机制，即构建有相关利益者参与的理事会或董事会负责学校重大发展决策。其次，对于多元投资的大学，应建立与投资结构相匹配的外部参与式治理机制。

从教育经济的角度看，大学作为一类特殊的知识组织，办学资金和知识都是其运行不可或缺的资产，因此向大学投资的政府、社会以及贡献知识的教师应该是大学的股东，应从中选出代表组成股东会，行使大学的重大投资决策、董事会和党委会成员的任命等权力。如西交利物浦大学采用股东会、董事会和社会共同治理的模式。学校的高管团队不仅接受董事会的领导，也要接受来自投资者和社会的监督和指导。西浦视教师为股东，因为教师的知识是高校不可或缺的资源。此外，在“学生自治，学校引导与服务”的基础上，成立学生联

---

① 参见盛冰：《高等教育治理：重构政府、高校和社会之间的关系》，载《高等教育研究》，2003 (3)：47～51。

络委员会、学生事务委员会，将学生的建议和意见通过正规渠道送达高管团队，切实保障学生的参与权。学校还成立了由来自社会各界人士组成的咨询委员会、校外导师团队、家长联谊会，为学生和学校的发展提供指导。

借鉴董事会领导下的校长负责制和企业董事会领导下的CEO负责制的治理机制和西浦的探索经验，国立大学外部治理改革的核心是改政府在大学治理中的独立股东地位为共享股东，在科学分析大学投资者组成的基础上，明晰大学发展的主要利益相关者，并建立渠道使他们有代表进入决策机构以表达他们的诉求。在中国现行的党委领导下的校长负责制体制下，党委构成人员应充分考虑上述不同利益相关者的代表性。大学党委会行使类似于企业或中外合作办学机构董事会的职责，但从目前的运行经验和问题来看，急需理清党委会和学校高管团队的行政权力及各类委员会的学术权力间的责权利关系，并以法律的形式确定下来，这样大学章程在治理上才有法可依，从而确保他们各负其责，协同合作。

2. 引入市场机制，改国家学位为大学学位

引入市场机制是进一步调整大学与社会的关系、加强大学与市场契合度的重要举措。人才培养是大学的首要职能，大学的人才培养结果——获得特定学位的学生——即是市场上的产品，因此大学要引入市场机制，关键在于改当前的国家学位为大学学位，让大学成为学位授予的主体，通过竞争形成品牌意识。

新中国成立后的学位授权制度在1980年通过的《中华人民共和国学位条例》（以下简称《学位条例》）中首次涉及，之后颁布的《中华人民共和国学位条例暂行实施办法》、《国务院学位委员会关于审定学位授权单位的原则和办法》、《授予博士、硕士学位的学科、专业目录》等法规和文件又做了进一步完善。自《学位条例》实施以来，共开展了10次学位授权审核，同时对学位授权审核制度进行了几次改革，改革的总体方向是在坚持国家对学位授予权力宏观调控的前提下，扩大省级政府和高校的审批权力。目前我国研究生教育和学位授予权由国家审批，大学代表国家授予合格毕业生学位。所以，中国目前的学位实质上是国家学位，无法体现学校之间的差异，刺激学校关注市场竞争和品牌建设。对照发达国家的先进经验，我国的学位授权制度有待通过改革进一步完善。

当代大学的学位制度是发达国家的大学经过几百年的发展历程不断完善而形成的，反映了学位的基本性质和作用机制。总结这些国家和大学的经验对认识我国的学位授权制度的问题及改革的方向有重要启示。下面从三个方面概括美国、英国、德国和日本等发达国家学位授权制度的特点及其启示（见表4—4）。

表4—4　　主要发达国家与我国学位授权制度对比

	美国	英国	德国	俄罗斯	中国
学位性质	大学学位	大学学位	大学学位	国家学位	国家学位
授予方式	随办学资质一并赋予所有学科授予权	随办学资质一并赋予所有学科授予权	随办学资质一并赋予特定学科授予权	大学单独申请，分学科授予	大学单独申请，分学科授予
审核主体	专业中介机构	专业中介机构	专业中介机构	国家组织的委员会	国家组织的委员会
审核方式	自愿参与的认证	认证+评估	认证+评估	审批	审批

（1）国家依法许可大学学位授予权力，大学自主授予学位。发达国家的学位授予主要采用双层结构，国家通过立法拥有学位授予的许可权力，大学在获得国家的学位授予许可后自主授予大学的学位。一方面，国家为了把握高等教育的宏观方向，通常以公众利益代言人的身份干预大学学位授予规章，保障受教育者的利益。国家一般通过立法对学位的层次、门类、标准、授予机构及授予程序等做出原则规定，以规范学位授予行为；另一方面，大学按照教育和学术规律及对自身教育目标和学术水平的基本判断拥有学位的评审和授予的权力。大学作为学位授予的主体，一般在大学章程中明确规定授予学位的标准和程序等内容，以规范自身的学位授予行为。

国家对大学的学位授予许可一般有两种方式：一是在颁发办学许可证的同时就让渡学位授予权，美国、英国、德国、日本均属此类；二是大学需单独向政府申请学位授予权，如俄罗斯、中国。大学获取学位授予权亦有一次获得所有学术领域的学位授予权和只获得某个特定领域学位授予权两种情况，美国和英国属于前者，日本和德国属于后者。

可以看出，美国和英国的大学都是在获得办学资格时就获得了所有学科的学位授予权。然而，这两个国家的大学并没有盲目追求规模和数量，而是孕育出了世界上最好的大学和最有价值的大学学位。如此高的质量水准和它们的专业认证评估机制以及市场竞争机制是分不开的。

（2）专业机构负责学位认证与评估。发达国家政府一般委托专业的中介机构审核大学的办学资质，以决定是否赋予大学学位授予权，中介机构一般由政府委托的组织完成认证工作。如美国有 11 家全国性的认证机构和 6 家区域性认证机构，英国有高等教育质量保证署（QAA），德国有 7 个专业中介认证机构。这些机构的成员一般包括高校、政府、企业界和学生代表，其主要工作是依据一定的学术标准对大学教育所有环节的质量保障活动进行考察，并形成审查报告，政府根据审查报告决定是否赋予学位授予权。专业机构的介入能有效提高政府授权的专业水平，并且符合学术自治和同行评价的原则。

在取得学位授予权后，发达国家的大学一般还要接受专业机构对培养过程和毕业生论文质量等的持续评估，而不是一劳永逸地拥有学位授予权。例如，英国的高等教育质量保证署每六年对高校开展一次评估，审核大学是否按计划开展高质量的培养活动，并决定它能否继续获得学位授权。美国则不单纯以学位授予权来监控高校质量，而是引入市场竞争机制，提升大学学位质量。

（3）利用市场竞争机制提升学位质量。美国拥有世界上最优秀的高等教育系统，与其充分利用市场竞争机制的质量保障体系是分不开的。美国政府并不规定大学的招生人数，而是由大学根据市场需求来决定，学位的质量也主要通过毕业生就业水平来体现，看重的是社会和人才市场对学位的认可度。即使专业机构的评估不达标，政府也不会收回学位授予权，大学可继续招生，但其毕业生的社会认可度就会大打折扣，因此大学会想方设法改进质量或自行整顿，以提升其市场品牌和声誉。美国政府甚至不强制规定大学接受专业认证，大学参与认证是其自愿提升市场品牌知名度的行为。这种通过市场监督来保障学位质量的体系能持续调动大学自身提升学位质量的积极性，同时大学毕业生与市场需求也紧密匹配，有效地提升了大学办学质量，是很好的学位授予监督机制。

以上三点反映出的发达国家学位授予制度的特点是，国家基于专业认证机构的审核许可大学办学及学位授予权，大学拥有自授学位的权力，专业的认证和评估机构是学位质量保障的关键环节，市场竞争机制是大学提升学位质量的根本动力。这些特点对我国的学位授权制度改革以提升大学办学质量有重要启示和意义。

反观我国的国家学位制度，存在不少弊端。第一，这种重审批轻建设的制度不能保证大学持续地关注自身的人才培养质量，只要获得了学位授予权，就几乎可以无限期拥有，因此大学长久的育人质量无法保证。第二，大学授予的是国家学位，因此大学的自主权小，创新的积极性不高，缺乏办学活力和主动适应社会需求的能力。第三，国家审批制度诱导产生行政化倾向，学术自由和大学自治难以有效实现，抑制质量提升和品牌建设的内在动力。第四，审批制度还限制了大学与国际一流大学开展教育合作，特别是学位授予的灵活性。

借鉴发达国家的经验，可通过修正《学位条例》，从四个方面深入改革我国学位授权制度。第一，对已有高校分类分级明确其定位，确定其学位授权资格和相应的资源配置方案，对新设立高校在颁发办学许可证的同时就明确定位和让渡学位授予权；第二，改国家学位为大学学位，国家不再为大学的品牌和声誉背书，让大学真正回归办学的主体地位，通过自身的积极性和市场竞争提高质量和品牌知名度；第三，鼓励独立的专业认证机构对大学办学质量进行认证和评估，以发挥学术权力和专业判断的作用。在条件成熟时，可借鉴美国的做法，充分利用市场竞争，迫使高校自治和自律；第四，学位授予权下放到大学后，大学必须在章程中详细地规定授予学位的程序和管理办法，以便规范自身的行为并接受国家和社会监督。

四、强化法律的执行

1. 改变软法制的社会环境

前面指出，大学章程没有严格制定和执行，软法制是一个重要原因。那么，软法治的根源是什么？如何遏制软法治现象蔓延？最重要的是完善关于大学组织法人地位和治理的有关法令或颁布大学组织法，为大学章程奠定法律基础；二是要清楚界定公权力的来源和合法性，避免金钱、关系、权力凌驾于法治之上或干预法治，将公权力纳入法治的笼子；三是对违法权力和行为的监督和严惩。这三者都涉及宪法和政治体制的改革。从社会发展的进程角度讲，中国社会长期以来的封建统治，使社会秩序的形成和稳定带有很强的封建统治色彩，如权力的神秘化和人为的信息高度不对等。但交通、通信和信息技术的高速发展，已经摧毁了依靠信息不对等稳定社会的基础，因此中国社会必须探索新时代环境下建立更高阶秩序的新体制和治理结构，保证社会团体（如大学）能通过法律途径实现自己的权力和合理诉求，其基础必然涉及宪法和政治体制的改革。时任国务院总理的温家宝在2012年的两会记者会上就强调了政治体制改革特别是党和国家领导制度改革的重要性。[①] 近年来，习李新政也在高调和大刀阔斧地推进法治建设和深化改革，希望教育在这轮改革中不要错失良机。

2. 改革高等教育体制和资源配置体系

公立大学章程要真正发挥作用，还必须要求国家对现有的教育管理体制和资源配置体系进行改革，让大学真正摆脱政府附属机构的角色，进入依法自主独立办学的时代。实际上，我国高校的很多问题，根源在资源配置体系，即教育资源从何而来、如何分配。例如，行政化被喊打多年却打而不倒、革而不除，其根源在于高校资源配置链条。资源配置方式不改革，行政化难除，大学

---

① 参见温家宝：《中国要进行政治体制改革，特别是党和国家领导制度的改革》［EB/OL］，http：//news. xinhuanet. com/politics/2012lh/2012－03/14/c_111652715. htm，2012年4月10日检索。

章程对外部利益相关者的协调以及内部行政与学术权力的制衡也难以实现。

尽管近年来国家已经加大教育投入，但在资源配置方面，从政府到教育主管部门，从教育主管部门到高校，从高校到各院系和教师手上，配置过程缺乏透明、科学、规范的体系，随意性较强。要么靠各种各样工程和项目争取，要么靠行政权力分配或谈判能力获得，要么靠带有行政色彩的各类评估决定。因此，教育部需要创造很多“项目”从政府争取资金，各高校也均需跑部委甚至跑关系以获取有关资源，高校及一线教师忙于各种各样的申请、迎评、寻租。为了获取资源，各种各样的弄虚作假行为屡禁不止，从而导致教育主管部门、学校、骨干教学科研队伍心态浮躁，不能将主要精力放到教学和科研上。因此，需要在三个层面上建立起科学有效的资源配置体系：首先是中央政府依照法律保证“财政性教育经费占 GDP 的 4%”的投入，而不是不断要求教育部制造各种名堂和项目去争取教育投入；其次是教育部明确如何花这笔钱，除按照规模、层次、类型给教育机构规范性拨款外，其余投入可以学习世界发达国家建立相应的拨款委员会根据发展和改革的需要分配资源，并形成透明的资源配置机制，当然，这样的拨款委员会应充分吸收各类研究教育发展的专家参加；最后，打破高校内部现行的行政烙印深刻的各种资源配置方式，真正实现学术权力与行政权力各负其责，相互协作的有效管理体系。

总之，无论公办高校还是多元投资高校，均有建立外部参与式大学治理结构的理论基础和需求，国家在鼓励社会资本支持教育的同时，首先应规范资源从国家到教育主管部门再到高校以及高校内部的配置机制，建立一种科学、规范、透明的资源配置机制，既要保证国家对高校的指导，又要保证高校有足够的办学自主权，还要能保护学术权力在学术资源配置过程的决策权。只有这样，才能使大学的章程真正成为大学组织管理的基本规范、建设现代大学制度的重要载体。

五、国立大学章程制定的几个关键问题

1. 需陈述大学的性质、定位和育人目标

大学肩负着培养多样化人才、满足社会多元需求的使命。由于资源所限，

一所大学只能培养某个或某些领域的人才，因此大学首先要根据自身对世界的认识确定教育理念，明确自身培养人才的目标，然后基于目标确定教育策略。然而，受资源配置和评价体系的引导，当前我国高校普遍追捧精英教育，人才培养理念趋同，定位无特色，千校一面，大学实力与社会需求脱节，最终导致精英没有塑成反而丧失了培养技能型人才的机会。因此，大学章程应清晰确定自身的性质、定位和育人目标，如营利性或非营利性，研究型、教学型、职业培养等，并通过合法程序保障定位和育人目标的实现。就当前我国的公立大学而言，其章程应特别明确各自的办学定位和育人目标。

2. 学校实行党委或董事会领导下的校长负责制

我国高校实行的党委领导下的校长负责制是符合时代要求和中国特色的治理结构模式，不过实践证明，这一体系还有诸多方面需要完善。当前，党委领导下的校长负责制存在的主要问题是：对党委和校长各自的职责和二者间的关系界定不清，党委领导下的校长负责制实施程序和规则不完备，以及党委、校长的选举和退出机制不健全。

显然，这些问题并不涉及意识形态和党委领导下的校长负责制本身的合理性，而是在实际的实施中没有尊重基本的管理规律，导致无法达到应有的效果。因此，仅从管理的角度就可解决上述问题。具体可借鉴企业或国际合作学校董事会领导下的校长负责制的运行模式。董事会依据章程在股东推荐和遴选的基础上选拔和任命校长；其他校领导按照章程推荐和遴选并经校长认可提名，由董事会批准和任命。在分工上，董事会负责投资、资源配置、办学思路和方向；校长领导高管团队负责日常运作，董事会和校长之间的权责关系清晰明确。

董事会领导下的校长负责制之所以高效，主要是因为其对董事会和校长之间的权责利及二者间关系界定清晰明确，校长的退出机制健全。因此，大学章程可通过以下方式进一步完善党委领导下的校长负责制：进一步清晰、具体地界定党委和校长的职责范围，明确党委和校长各自的责任及二者间的关系，严格规范党委领导下的校长负责制的运行流程和规则，改进党委书记和校长选拔方式，特别是建立监督和退出机制。

3. 构建行政权力与学术权力良性互动的机制

高校管理的行政化成为当前最受关注的改革问题，如何去行政化也成为教育改革的一大难题。传统高校之所以受到行政化问题的困扰，根源在于行政权力越权干涉学术事务，不符合大学的发展规律。按照规律，行政权力和学术权力是高校有效运行不可或缺的两个方面，分别负责不同的大学管理事务，因此，大学去行政化，既不应该将行政权力一棍子打死，也不应该让学术权力无所不包。当前学术权力之所以作用不到位，主要是因为学校整体管理和资源配置的行政化导向，使行政权力侵犯了学术权力的领地，弱化了学术权力在高校决策中的地位。因此，大学在章程中首先需要清晰界定，在高校治理中，哪些属于学术权力，哪些属于行政权力，然后制订明确完备的制度和流程，保证二者各自权力的有效实施，并处理好二者之间的协调与监督关系。

4. 组织架构调整

我国高校内部管理体制采用传统的官僚层级形式，对学术组织来说，这种偏重效率的组织形式很难服务于研究工作。在这种自上而下官僚化的行政组织模式下，不同的部门、院系和科室各自为政，没有互动的机制和结构保障，给跨学科、跨部门的合作设置了天然的壁垒，使得研究人员的思想无法发生碰撞。国内外的先进经验表明，研究人员之间的互动恰恰是产生大师级科研成果的重要条件。因此，当前的大学结构与大学理念、目标不匹配，制定大学章程应首先探索有利于知识传播、交流和创造的组织架构，构建科学的大学组织方式。应突出行政、职能部门的服务功能，教师和研究人员的核心地位，以及宽松自由的学术环境；应充分调动师生学习和研究的积极性，拓宽老师之间、师生之间的合作空间。大学网络结构中，个体之间没有层级之分，只有清晰的职责界定，师生及其学术活动是学校实现使命的核心，行政、职能人员编制成友好的网络式服务平台，切实支持和服务于学术活动。

5. 学生的权利保障

学生也是大学的重要利益相关方，因此，大学在章程中应明确规定学生的权利和义务，以及学生在大学治理中的位置。从权力配置角度看，学生的权利也应该在治理层面得到体现，例如参与决策、申诉的权力，大学应该在章程中规定学生参与学校决策的方式和程序。从育人的角度看，如何看待学生很关键。西方大学视学生为成人，实行学生自治，学校重点提供教学服务。中国的大学普遍将学生当孩子，呵护甚至溺爱，长期的应试教育和父母呵护，导致他们在精神、责任、能力等方面尚未真正成人。学生自治既培养了学生自我管理的能力、解决问题的能力和团队精神，也增强了学生的责任感与使命感，学校服务则真正体现了一切“以人才培养为中心”的高校工作方针。我国高校的学生组织多在学校的领导之下，自主权不够，空间不足，学校的服务意识淡薄。建议高校通过大学章程大力推进学生组织建设，实现真正意义上的“学生自治”，为学生提供成长的舞台。

（合作者：张晓军博士）

完善治理结构、加强高校科研管理的政策建议

2010年国务院发布的《国家中长期教育改革和发展规划纲要（2010—2020年）》提出了完善中国特色现代大学制度、完善大学治理结构的改革任务。可以说，这也是充分保障我国高校“提高人才培养质量、提升科学研究水平、增强社会服务能力”三种基本职能得以实现的重要手段。科研管理体系是提升高校科学研究水平的基本条件之一，因此，如何建立科学、完善、高效的科研管理体系成为完善大学治理结构的重要内容。

一、大学治理的界定

目前对大学治理尚未形成一个比较统一的定义，不同的研究者从不同的视角给出了不同的界定。Gayle and Tewarie 认为，大学治理在本质上是指“大学内外利益相关者参与大学重大事务决策的结构和过程”。刘向东等强调权力在大学治理中的核心地位，认为大学治理是“各种决策权力在各个主体利益相关者之间的配置与行使，包括权力分配结构和权力行使过程两个互相匹配的方面”。席酉民等则从权力与关系的视角提出，大学治理是大学各治理实体的权责划分及其在运作过程中相互关系的安排，这其中可能涉及一系列问题，如决策与控制权的分配、权力之间的制衡、绩效考核与激励机制的设计等。

从上述定义中不难看出，大学治理的核心要素是权力的分配、使用及对这

种过程的监督。因而，基于大学治理的角度来建立有效的科研管理体系，就需要从这三个方面进行设计。

二、目前我国高校科研管理过程中的权力配置

要准确界定科研管理过程中的权力配置，需要从过程的视角进行分析。一般来说，对于国家财政拨款的科研项目而言，一个完整的科研管理过程通常包括以下几个阶段：项目申请、立项论证与批准、组织实施、检查评估、验收鉴定等。在这些阶段中可能涉及的管理层级包括系、院、学校及项目委托方（中央及各级地方政府），而且在不同的管理层级会涉及不同方面的职能主体，具体见表 4—5。

表 4—5　科研管理过程中各相关主体及其权力配置

管理层级	各个层级下的不同职能主体	立项申请	立项批准	组织实施	检查评估	验收鉴定
系	项目负责人	○		●	○	○
	系主任	◎				
	学术机构	◎			○	
	其他教师	○			○	
学院	院长及院级行政主体	◎				
	院级学术委员会	◎			○	○
学校	科研管理机构	●			◎	◎
	财务管理机构			◎	◎	◎
	资产管理机构			◎	◎	
中央或地方政府	科研管理部门		●		●	●
	学术权威或共同体		◎		◎	◎
	财务监管部门				◎	◎

说明：○表示具有参与、建议及咨询权；◎表示具有部分决策权；●表示具有最终决策权；空白表示没有任何权力。

在目前我国的科研管理体制下，对科研项目管理的权力配置呈现出以下几个特点：

（1）项目负责人负责项目的申报，并全权负责项目的组织实施，项目负责人在科研项目的实施上具有独一无二的权力。

（2）在项目的申报上，学校科研机构具有裁决权。这是因为我国的很多财政拨款项目要求申报者以所在单位为依托进行申报。

（3）项目委托方的科研管理部门（如负责分配中央财政拨款的科技部、教育部、自然科学基金委员会、社会科学基金委员会、工程院、全国哲学社会科学规划办公室等）在项目批准、检查评估及项目验收上具有最终裁决权。

（4）财务及资产管理部门的职能基本限定在项目的实施及过程检查。

（5）学校内部的院系级学术机构及行政管理部门只分配到非常有限的权力，而且这些权力基本被限定在项目申报阶段。

总体来看，这种权力配置形成了项目负责人对中央及地方科研管理部门，个人行为对行政决策的两极分化。这种权力配置造成的问题表现在：

（1）由于项目负责人在项目实施过程中基本处于完全独立的状态（目前除国家重大、重点项目需要定期汇报成果外，其他一般项目均缺乏有效的过程监督），虽然保障了负责人的科研自由，但也造成了项目实施中的监管力度不足。尤其是科研学术的进展，基本处于黑箱状态，使得一些科研项目到临近结项时才搞突击，难以保障科研项目的质量。

（2）科研项目中的经费预算是与科研项目本身内容紧密相关的，只有对该项研究的背景、当前学科的发展态势、需要使用的研究方法与设备有相当了解的人才能真正把握项目的预算是否科学合理，这种职责只能由学术共同体来承担。由于目前大多科研项目的预算编制缺乏学术共同体的参与，故项目申报中的科研预算只能采取粗放型的管理方式，一般在财政拨款的科研管理部门发放项目申报清单时确定一个总体的预算标准，由项目申报者依此标准进行预算编制，不可能保证预算的科学合理，也就造成了后期项目执行中经费使用的诸多问题。

（3）由于科学研究本身高风险的特质，对一个项目成果鉴定的难度有时要大大高于对其立项论证的难度。这是因为有些科研成果可能一时并不显著，不能充分表现出其未来的价值。尤其在一些虽无显著效果但具有深远潜力的项目需要继续依靠后期的资助进行研究时，对项目的成果鉴定更具有价值。当委托项目的科研管理部门完全掌握项目的结项裁决权时，可以想象，要完成好项目的结项验收工作，需要投入很大的精力与成本。

（4）由于项目实施中的设备采购必须使用项目负责人的项目经费，因此造成了这种资产的“高度专用性”，而资产监管部门大多只监督资产的采购，从而形成了资产使用监管的真空，出现了资产使用中的种种不当。

（5）由于学校院系级学术机构及众多教师未被授予更多的权力，也未形成相应的利益关系，故这些最有可能也最有能力行使监督权的主体未能发挥其应有的效用。

三、构建合理的科研管理治理结构的政策建议

从以上的分析中不难看出，我国目前科研管理治理机制的特点造成了一些权力配置不当的问题。想有效解决这些问题，就需要从根本的权力配置上进行改善。

一个科学有效的管理过程既要包括效率的控制，又要包括效果的控制。从科研项目管理上来看，对效率的控制主要包括科研项目能否按预期推进，资源的配置是否恰当，资源的使用是否合理；对效果的控制主要包括科研项目的目标设定是否科学，最终结果是否达成了预期目标。

根据这一管理原则及科研项目的主要阶段，可以对科研项目整个过程中的权力配置作以下分析（见表 4—6）。

表 4—6　科研各阶段管控内容及权力配置

<table>
<tr><th>项目阶段</th><th colspan="2">管控内容</th><th>控制主体</th><th>权力类型</th></tr>
<tr><td rowspan="2">项目申报及论证</td><td>效率</td><td>1. 所需经费预算是否合理
2. 所需设备采购是否必需
3. 能否采用其他方式满足对重要设备的需求</td><td>院、校及项目委托学术体/财务管理单位
学术体/资产管理单位
资产管理单位/学术体</td><td>学术/行政
学术/行政
行政/学术</td></tr>
<tr><td>效果</td><td>1. 科研项目的目标设定是否科学
2. 科研项目的预期进度是否合理</td><td>院、校及项目委托学术体
院、校及项目委托学术体</td><td>学术
学术</td></tr>
</table>

续前表

项目阶段		管控内容	控制主体	权力类型
项目实施及检查	效率	1. 项目进展是否与计划相符 2. 经费使用是否与预算一致 3. 设备采购与使用状况如何	科研管理单位/学术体 财务管理单位 资产管理单位	行政/学术 行政 行政
	效果	目前项目的进展能否保障以后项目的顺利进行	院、校及项目委托学术体	学术
项目验收与鉴定	效率	1. 经费使用是否存在结余 2. 项目完成时间是否与计划一致	财务管理单位 科研管理单位	行政 行政
	效果	项目结果是否达成预期目标	项目委托学术体	学术

在这种权力配置中，对科研项目的效率控制以行政管理部门为主，使用的权力也以行政权力为主；对科研项目的效果控制则以系所、院、校及项目委托单位组织的学术权威或学术共同体为主，所使用的权力也基本上是学术权力。也就是说，对一个科研项目的科学、有效控制应由行政部门与学术共同体共同进行，应是行政权力与学术权力的综合应用。学术权力在科研项目管理中应用的不足及两种权力配置的不协调，正是目前科研管理问题的主要症结所在。

为有效解决这一问题，需要在以下几个方面做出进一步改善。

（1）强化学术权力在整个科研管理过程中的作用。一是加强学术权力，尤其是基层学术权力在科研经费预算、设备采购规划中的监管与决策权；二是加强基层学术权力在项目进展监管中的参与权，应要求科研项目负责人在适当的时候，以学术报告、学术研讨、工作论文等适当的形式就其科研进展情况或科研阶段性成果在系所、院、校的学术机构进行展示；三是加强学术权力对项目最终结果鉴定的决策权。

（2）加强资产管理部门在项目实施过程中的监督权。资产管理部门应与学术机构合作，在设备采购、设备使用、设备报废的管理中发挥更大的作用，以保障科研设备使用的高效性。

（3）加强校级科研管理机构在项目管理中的权力。实施项目委托的科研管理部门可将项目验收与鉴定的部分权力下放至校级科研管理部门，由其代为管理部分项目的验收鉴定。权力下放程度依高校信用评级动态调整。

(4) 完善财务管理部门在项目管理中的职能，将其主要限定于项目执行过程中的监管作用，以便既保障项目经费的科学、合理使用，又避免过多的、机械式的限定对项目实施造成的不必要的困扰。

(5) 决策权与监管权相分离。科研管理部门的决策权转交至行政部门（财务管理部门与资产管理部门）及学术机构，科研管理部门仅保持对相关部门及机构决策的监管权。

(6) 增强学校法人职责。采取巡视检查、专项检查、信用评级等方式对其进行激励与约束。

改善后的科研治理结构如图 4—11 所示。

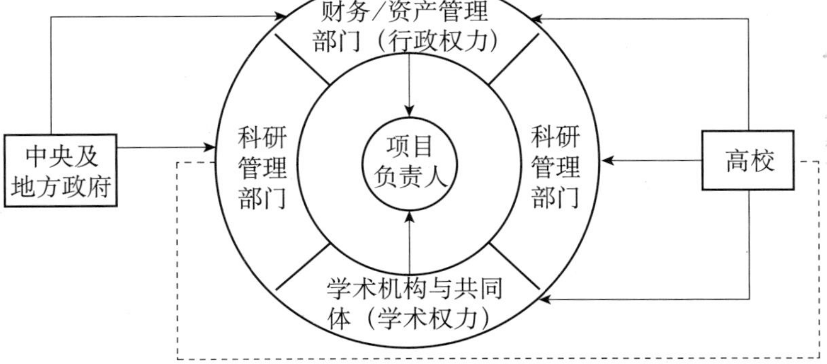

图 4—11 科研治理结构示意图

（合作者：张晓军博士）

关于提高高等学校保障性科研经费的建议

当前，科技创新已成为国家竞争力的重要源泉，世界各国纷纷加强对科技创新的规划和支持。我国政府也在《国家中长期科学和技术发展规划纲要(2006—2020年)》中明确提出要建设创新型国家，大规模增加科技投入。高等学校是国家创新体系的重要组织部分，然而，近年来我国高校的科研成果在数量上取得重要突破的同时，在质量上与世界先进水平还有较大差距，科研作风也屡屡遭到批评，科研人员普遍浮躁，不能静心于研究，而是将精力花费在争取项目上，“跑部钱进”已成常态。造成上述问题的原因是多方面的，其中高校科研经费配置中保障性经费严重不足是关键的一条。本建议首先分析我国科研经费配置中保障性经费的现状和问题，然后借鉴科技发达国家的经验，就如何提高高校保障性科研经费提出建议。

一、目前我国高校保障性科研经费严重不足

高等学校科研经费的配置方式一般有竞争性配置和保障性配置两种。竞争性配置方式主要通过项目评审配置经费，项目经费由直接成本和间接成本组成，直接成本是项目实施过程中人员与设备的直接支出，包括科学家的薪金和研究团队成员的工资，项目实施过程中的材料和补给，差旅费，设备费以及转包合同费。间接成本则是大学因承担科研项目而发生的费用，主要包括行政管理费用和学校的设施折旧维修支出，也叫设施和管理成本（即通常所说的

“Overhead”)。[①] 保障性配置方式是为了保障高校科研活动的日常开展和可持续发展而将科研经费一次性拨给高校，这部分经费一般直接拨给高校或者依托高校的国家实验室和研究平台，且不规定具体用途，由接收方自主支配，其主要用途是保障高校或实验室研究设施的购置与维护、行政管理人员工资、图书馆等科研机构的运行等基本支出。

当前我国高校的科研经费主要通过科技部、教育部和两大基金（国家自然科学基金和国家社科基金）配置，其中科技部的经费主要通过竞争方式配置，用于科技基础条件建设的保障性经费占总经费的比例在15%左右；教育部年度教育经费中用于科学技术的支出约为5%，其中约23%是保障性经费，其余部分也以竞争方式配置；两大基金则通过竞争方式配置经费，没有经常性的科研拨款，仅在项目经费中包含不超过5%的间接成本补偿。从发达国家的情况看，其在科研设施和管理费上的投入远远高于此比例，经常性拨款占科研总经费的比例很高，如英国高校保障性科研经费约占科研经费总额的三分之一[②]，日本更是占到一半左右[③]，可见，我国高校的保障性科研经费严重不足。

高校保障性科研经费的缺乏，一方面造成高校研究设施的过度使用，或因竞争性投入的马太效应而配置极不均衡，有的地方设备闲置或未有效使用，有的地方必要的基础设施破旧不堪，制约了可持续发展；另一方面造成我国大学研究人员的过度竞争，科研工作趋同无特色，难以基于兴趣自主开展研究[④]，高校科研作风浮躁。研究人员薪酬有限，加上学校过去部分经费可进入研究者口袋或间接消费的激励政策，诱致研究者过多地把精力花在争项目上，不能静心于研究工作，特别是很难执着地坚守那些有价值但需要长期潜心研究的项

---

① 参见史静寰、赵可：《从美国大学科研经费的间接成本管理看政府与大学的关系》，载《清华大学教育研究》，2007，28 (3)：83～92。

② 参见湛毅青、李一智、陈军：《启示与思考：英国大学科研的政府资助体系》，载《科研管理》，2007，28 (5)：143～149。

③ 参见康小明、薛澜：《发达国家科研资助体系及借鉴》，载《中国高等教育》，2008 (5)：60～62。

④ 参见康小明：《政府对大学科研间接成本补偿机制的国际比较研究》，载《北京大学教育评论》，2007，5 (4)：156～166。

目。因此，找到造成这一状况的制度原因并加以改进，成为提升高校乃至国家科技竞争力的当务之急。

二、高校保障性科研经费缺乏的制度根源

高校保障性科研经费的缺乏，本质上是我国高校科研经费配置体制中缺乏经常性科研经费拨款机制和科学的项目间接成本补偿机制造成的。我国的四个经费主管部门基本上都采用项目制的拨款方式（科技部支持的国家重点实验室除外），只以项目间接成本的方式给予少量的补偿（不超过5%）。反观美、英、德、法、日等发达国家，根据科学研究活动的特点制定了合理完善的保障性经费拨款机制。它们主要通过三个渠道向高校配置保障性经费。

第一个渠道是以预算方式将教学经费和研究经费一并拨付给高校。美国和德国的州政府对高校的拨款采用这种方式，其中研究经费用来支持高校科研基本条件建设①，我国教育部的教育经费拨付与这种拨款方式类似，但并没有包含科研经费，因此我国高校在这一渠道中无法获得经常性科研拨款。

第二个渠道是一揽子科研拨款。如英国高等教育委员会基于科研机构研究质量的科研拨款以及美国联邦政府向国家实验室等机构和研究平台的拨款都属此类。② 我国只有部属的少数几所大学能够获得这种一揽子科研拨款，而且相对于这些大学的科研编制总数而言，每人的年均科研事业费少得可怜，根本不足以支付大学专职研究人员和技术人员的工资，更不可能投资科研活动所必需的设备。③ 因此，我国高校基本无法通过一揽子科研拨款获得经常性科研经费。

第三个渠道是项目拨款中的间接成本补偿。④ 这在美、英、德、法、日等发达国家中普遍存在。根据项目全成本核算制度，这些国家的竞争性项目拨款

---

①② 参见康小明、薛澜：《发达国家科研资助体系及借鉴》。

③ 参见康小明：《政府对大学科研间接成本补偿机制的国际比较研究》。

④ 参见史静寰、赵可：《从美国大学科研经费的间接成本管理看政府与大学的关系》，载《清华大学教育研究》，2007，28（3）：83～92。

经费额由直接成本和间接成本构成，间接成本就是保障性经费，占很大的比例。我国科研经费配置中以项目为主，项目拨款中的管理费用等同于间接成本，但规定管理费用计提不超过总额的5%，与发达国家有很大的差距。因此，我国高校在项目渠道上也无法获得足够的保障性经费。

综上，我国高校保障性科研经费的缺乏，与国家的拨款机制有密切关系，因此，应从改革拨款体制机制出发，提高高校的保障性科研经费。

三、从三个方面提高高校保障性科研经费

鉴于我国高校保障性科研经费严重不足的现状，结合发达国家的经验，提出提高我国高校保障性科研经费的三条建议。

1. 在国家教育经费中提高科研拨款比例

在占GDP 4%的教育经费中，没有明确规定科研拨款的比例。在科教结合的国家战略背景下，高校的科学研究同样需要大力支持，而且高校在国家创新体系中也占有重要的位置。因此，国家教育拨款一方面应尽早实现占GDP 4%的目标，同时借鉴发达国家经验，将教学经费和科研经费一并拨付给高校，在保障大众化高等教育健康发展的同时，确保我国大学科研支撑体系的稳健运行。

2. 建立并完善稳定的经常性科研经费拨款机制

我国高校的经常性科研经费拨款主要来自教育部的科学技术基本支出和科技部的国家重点实验室投入，但目前高校通过这两个渠道获得的经常性科研经费非常少，实验室之间设备的重复建设问题突出，经费的使用效率不高。建议国家加大对国家实验室和研究团队的投入力度，确保一批科学家静心从事科学研究，避免为争取项目而浪费大量科研时间，特别是教授薪酬、研究人员的工资等应做到按时足额补偿。

3. 建立科学合理的科研项目间接成本补偿机制

通过科研项目间接成本来补偿高校从事科研项目所产生的相关费用是发达

国家的普遍做法，我国的科研项目中也规定了一定比例的管理费用，一般都不超过5%，这一比例与发达国家有很大的差距。发达国家普遍采用科研项目的全成本核算体系，通过科学的科研成本核算方案，将直接成本和间接成本一并拨付给高校。而我国的科研项目拨款基本上只涵盖直接成本，项目成本的预算也不尽严格、合理。建议我国借鉴发达国家计算科研项目间接成本的方法（如美国的直接成本修正额乘以间接成本比率）①，科学核算我国高校科研项目的间接成本，切实保障高校参加科研项目的间接费用得到补偿。

4. 在项目制研究结束后允许研究者利用结余经费继续其研究

现在，我国对研究经费使用的管理十分严格，这无可厚非。但因为项目竞争经费估算的难度大，项目结束后大都会有一定的结余。建议允许研究者继续使用这部分经费从事其感兴趣的研究，当然需要严格监管，不能挪用于非研究的其他活动。

（合作者：张晓军博士）

① 参见史静寰、赵可：《从美国大学科研经费的间接成本管理看政府与大学的关系》。

高等学校加快引进海外高端创新人才的建议

人才是创新的源泉，创新是国家间竞争的关键，因此，国家竞争力的提高主要靠人才，特别是高端创新人才。大学是高端创新人才的聚集地。世界上70%的诺贝尔奖得主来自大学，我国的两院院士有超过90%在大学和科研机构工作。大学主要通过培养高端人才并为他们提供良好的工作环境来提升国家竞争力。自大学诞生以来，随着世界高等教育中心的不断转移，高端创新人才也出现了几次大的流动和迁徙。这一现象突出体现了高端人才流动性强的工作特点及其对环境的高度依赖性。特别是全球化时代的到来，为高端人才的流动提供了有利的客观环境，也造成了我国人才的严重流失。因此，研究大学如何通过制定海外人才引进战略，完善国内创新人才的生存和工作环境，对提高国家的创新能力，早日实现建设创新型国家的目标具有重要意义。

一、高端创新人才与国家发展

1. 高端创新人才及其重要作用

鉴于我们的研究目的，这里的高端创新人才专指海外科学研究领域的顶尖人才。按照人力资源和社会保障部、教育部、科技部和财政部对海外高层次留学人才的认定，高端创新人才可以通过以下六个方面的条件来判断：（1）在国际学术界享有一定声望，是某一领域的开拓人、奠基人或对某一领域的发展有过重大贡献的著名科学家；（2）在国外著名高校、科研院所担任相当于副教授、副研究员及以上职务的专家学者；（3）在著名非政府机构担任高层管理职务的专家学者；（4）学术造诣高深，在国际著名的学术刊物上发表过有影响的学术论文，或获过有国际影响的学术奖励，其成果处在本领域学术前沿，为业内普遍认可的专家学者；（5）主持过国家大型科研过程项目，有较丰富的科研、工程技术经验的专家学者；（6）拥有重大技术发明、专利等自主知识产权或专有技术的专业技术人员。

符合上述条件的人才对国家发展具有重要的作用。当前，和平与发展是时代的主题，国家间的经济竞争日趋激烈。随着知识经济时代的到来，创新能力对国家和地区经济的作用日益重要。世界经济论坛发布的《2009—2010 年全球竞争力报告》显示，全球竞争力排名前 21 位的国家都采取了“创新驱动”的经济发展模式，这些国家的创新能力显著高于世界平均水平。而国家创新能力的提高，关键还要靠顶尖的创新人才。新加坡前总理李光耀指出：“所有发达国家为了增强竞争力，都必须依赖人才。”

在欧美发达国家的发家史中，高端创新人才对国家的重要性表现得淋漓尽致。以美国为例，早在第二次世界大战结束前，当时的科学研究发展局局长就给总统提交了一份名为“科学：无止境的边疆”的报告，声称科技可以改变一个国家的整体实力，而要迅速改变美国科技落后于欧洲的现状，必须想方设法引进战败国的顶尖科学家。正是在这份报告的建议下，罗斯福成立了“阿尔索斯突击队”，专门到欧洲争抢世界知名的科学家。半个世纪后，美国人占据诺贝尔自然科学奖的 40%，超过 70%的诺贝尔奖得主在美国工作，美国也由此成为世界第一科技强国。美国的“火箭之父”（布劳恩）、“原子弹之父”（费米）、“氢弹之父”（特勒）、“计算机之父”（诺依曼）全都不是美国本土人士，他们分别来自德国、意大利、匈牙利和德国。①

再看反面的例子。非洲一直以来是医疗领域人才流失的重灾区。赞比亚和肯尼亚本国培养的医生 90%移民国外，英国曼彻斯特的马拉维裔护士比马拉

① 参见王辉耀：《人才战争：全球最稀缺资源的争夺战》，北京，中信出版社，2009。

维本土还多。结果是，截至 2004 年，26 个非洲国家的国民平均寿命低于 50 岁，赞比亚和安哥拉等国甚至不足 40 岁。塞拉利昂由于医疗人员不足导致 2003 年婴幼儿死亡率高达 16.6%，妇女生产死亡率为 2%，但是，在美国的芝加哥医院，来自塞拉利昂的医生比塞拉利昂整个国家的医生还多。[①] 加拿大经济学教授麦克黑尔在《华尔街日报》撰文指出：掠夺最有才华的人，尤其是从小国、穷国吸引有智之士，可能会损及这些国家的政治和经济发展，出于最糟糕的考虑，甚至可能会使这些国家一败涂地。[②]

上述一正一反的例子表明，高端人才对国家的发展有至关重要的作用。各个国家也意识到了这一点，纷纷出台培养和引进人才的措施，争夺世界各地的高端创新人才，并逐步演变为如今的“人才战争”，而且规模和重要性超过历次世界大战。[③] 显然，人才竞争已经成为国家间竞争的核心。

2. 高端创新人才工作的流动性

高端创新人才的主要工作是知识发现和创新，通过科学研究来增进人类福祉。由于目前科学知识在全球范围的普遍性和一致性，因此科学家的成果在全球范围内都能产生巨大的作用。然而，为了保护和激励创新，许多创新成果的跨国运用需要支付知识产权费用，由此，科学家成为各国竞相争取的对象就不足为奇了。当然，这种国家间的人才竞争也和创新人才工作不受地域限制易于流动的特点有关。

一方面，高端创新人才主要从事脑力劳动，对工具实物等硬件条件没有一般性的要求，这就使得他们的工作场所可以灵活移动；另一方面，高端创新人才对专有性的高科技、高精度的研究仪器依赖较高，对工作地的创新和学术氛围等软环境的依赖较高。这也导致他们喜欢在条件好，特别是软环境好的国家和地区工作。

3. 高端创新人才流动的影响因素

一般而言，高端创新人才要开展工作，就需要配套的专有仪器和鼓励创新

①③ 参见王辉耀：《人才战争：全球最稀缺资源的争夺战》。

② 参见约翰·麦克黑尔：《美国吸引全球人才是否落后了》，载《华尔街日报》，2005-11-28。

的学术文化，需要大量的科研投入，因此，经济发达且对科研投入较多的国家（如瑞士、芬兰、美国等）成为高端创新人才的理想去处，经济发展水平和对科学研究的重视程度成为影响高端创新人才流入的重要因素。耶鲁大学名誉教授热内卡就说：“科学家是一个移动的专业阶层，哪里有支持，他们就会去哪里。”①

当然，除了经济发展对人才流动的影响，一个更为重要而直接的因素就是学术自由的创新氛围。来自马里兰大学帕克分校的大气科学家李占清就这样评价我们的“千人计划”：“钱很实际，但决定因素是我们在中国是否能像在美国一样高产。”② 鉴于大学在高端创新人才培养、成长和发挥才能等方面的核心地位，特别是大学在营造学术自由的创新文化方面独一无二的条件，大学成为培养一国创新文化的主要阵地，一流的大学也就成为创新人才竞相追逐的场所。历史上每次高等教育中心的转移都会带来新的人才流动浪潮。鉴于大学对高端创新人才的吸引力，我们主要分析历次高等教育中心转移中人才流动的特点，以期对我国加速引进海外高端创新人才提供借鉴。

二、世界高等教育中心转移过程中的人才流动

1. 世界高等教育中心的转移

高等教育是中世纪以来教育体系分层后专门培养高级专门人才的一个教育层次，其最本质的理念是提高人类生活质量，提高的方式和其功能有密切关系，最初以传播知识为主，后来又增加了科学研究和社会服务两个方面。实际上，在中世纪大学产生以前，我国已经出现专门培养高级人才（从政）的机构，而且这些机构也以提高人们的生活水平为己任。最典型的例子就是孔子所创立的儒学。俗话说“半部论语治天下”，孔子与弟子的四处讲学实际上可看作集各层次教育（包括高等教育）于一体的活动，后来这一活动不

① 热内卡：《美国科学界的人才流失》，载《金融时报》，2007-02-02。
② 转引自《中国瞄准海外高端人才》，载《自然》，2009（1）。

断扩大和正式化。到宋代，儒学大师朱熹在福建同安（今金门）建立了许多有组织的学校，直到今天仍有不小的影响。因此，单从儒学的发展来看，这一时期中国的教育是比较发达的。相比而言，欧洲在文艺复兴以前的教育并不发达，虽然在 11 世纪左右出现了世界上最早的大学——博洛尼亚大学和剑桥大学，但这些大学最初是以培养宗教牧师为目的的，并未触及大学的本质理念。

13、14 世纪文艺复兴开始后，欧洲的高等教育迅速崛起，大师频出，造就了像剑桥大学这样的世界名校。而此时的中国却在清政府闭关锁国的政策下日渐衰落，失去了在世界上的霸主地位。到 19 世纪，欧洲的这种统治地位达到了顶峰，资本主义的发展和工业化的进步丰富了高等教育的功能。19 世纪中叶洪堡大学的建立，第一次将科学研究引入大学的职能当中，欧洲也成了世界科学研究的中心。

这种局面被两次世界大战所打破。从 20 世纪开始，世界高等教育发生了两个重要转变。一是高等教育的中心再次发生转移，战后满目疮痍的欧洲拱手将霸主的地位让给了坐享战争之利的美国，许多著名的科学家从欧洲来到美国，从此，美国成为世界高等教育新的中心。二是大学功能的进一步完善，20 世纪初，美国出现了“威斯康星思想”，将社会服务确定为大学的第三大职能。

到 20 世纪 90 年代，全球化浪潮席卷全球，并对世界高等教育的格局产生了影响，全球和地区范围的合作增多，如欧盟通过强有力的地区联盟来与美国对抗。最近亚洲新兴国家也表现出良好的发展势头，这在一定程度上削弱了美国世界高等教育的中心地位，使得高等教育在世界范围内出现了多极化的格局。美国在这一格局中仍然处于领导者地位，欧盟通过区域化合作逐渐恢复了其高等教育强者的地位，亚洲及南美的新兴国家（如韩国、新加坡、中国、巴西等）也逐渐在世界高等教育强国版图中占据一席之地。历史上高等教育中心的转移过程如图 4—12 所示。

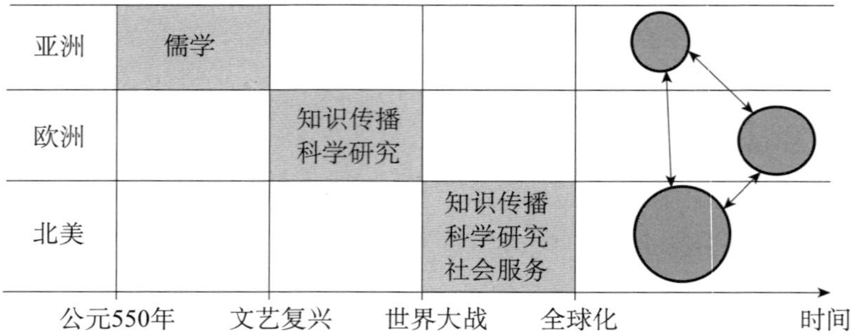

图 4—12 世界高等教育中心的转移

2. 高等教育中心转移带来的人才流动

大学是高端创新人才成长和发挥作用的重要场所，大学的好坏直接决定人才能否取得成功。因此，每一个学者都期望能到世界上最好的大学学习和工作，世界高等教育中心的转移同时也造成了高端人才的世界流动浪潮。

两次世界大战以前，虽然世界高等教育中心曾经在文艺复兴以后由亚洲转移到欧洲，但由于客观交通条件和创新人才对国家的作用不明显，并没有出现大的创新人才流动浪潮。第一次人才流动浪潮始于两次世界大战后，世界高等教育中心从欧洲转移到北美，战争的创伤加上研究环境的恶化使得欧洲很多优秀的科学家，如爱因斯坦、诺依曼、布劳恩等，来到美国，帮助美国成为世界超级科技大国。在此后的半个世纪中，美国的高等教育模式成为世界的模板，美国大学也占据了世界顶尖大学的半壁江山，许多落后国家和地区甚至其他欧美发达国家的高端人才纷纷流向美国。直到 21 世纪初，由于欧盟的区域化和新兴国家的快速发展，高等教育出现多极化的格局，这种人才的单一流动模式才发生了改变，呈现出多向流动的复杂局面。有学者指出，目前世界高端人才的流动总体上表现出三个特点：一是从欧洲和日、澳、加等发达国家向最发达的美国流动；二是从亚、非、拉美等发展中地区向发达国家流动；三是从落后的发展中国家向新兴发展中国家流动，同时伴随着从发达国家向新兴国家的流动。[①] 目前，我国是新兴的发展中国家，人才的流出和流入都很频繁，但总体

① 参见王辉耀：《人才战争：全球最稀缺资源的争夺战》。

上流出远大于流入，此时若果断采取吸引高端创新人才的战略，可助推我国创新型国家的建设。

3. 我国高校的高端创新人才工作的现状与存在的问题

目前，我国正处在中等发展中国家的水平，按照世界经济论坛的报告，处在“效率驱动”的经济发展阶段，必须做好向“创新驱动”阶段转变的准备。近年来，国家已充分认识到这一任务的紧迫性。20 世纪末，我国果断提出“科教兴国”的发展战略，2006 年又提出建立“创新型国家”的宏伟目标。显然，要实现这些目标，就要突出强调创新人才的作用。2006 年，时任国家主席胡锦涛在两院院士大会上就指出：“建设创新型国家，关键在人才”。如何利用好高端创新人才对国家发展的作用，成为目前我国政府的重要任务。

此外，我国目前正处于产业结构调整升级的关键时期，国家下决心淘汰高能耗、低附加值的劳动密集型产业，加快发展低能耗、高附加值的技术密集型产业，优先发展生物科技和清洁能源等战略新兴产业。产业结构升级也在客观上增加了对高端创新人才的需求。特别是在全球经济面临压力和中国经济进入新常态的形势下，要维持经济社会长期可持续发展，创新和高端创新人才将肩负更艰巨的重任。

然而，由于自身高等教育体系和人才成长环境等方面的诸多问题，我国目前所拥有的高端创新人才数量难以满足国家的战略需求。一方面，我国高等教育水平还落后于发达国家，在创新人才培养方面有待进一步发展和完善，因此，很多有潜力的人才留学欧美发达国家。如 2000 年以来，每年都有大约 40 万人离开中国，这些人大部分是通过技术移民、投资移民以及留学等渠道流失的高端人才。[①] 目前，中国赴海外留学生居世界之首，这些人中又以高素质人才居多。

另一方面，我国目前还存在很多阻碍高端创新人才成长和工作的环境因素，如科研管理中的功利主义，缺乏学术自由的文化，以及科研人员地位不够

① 参见《中国每年有 40 万人移居海外》，载《侨报》，2000－11－08。

高等。这导致在海外留学的大量高端创新人才不愿或无法在国内工作，长期滞留海外。他们中有很多已经成为高端创新人才。以中国留学生的第一接纳国美国为例，在政府、高校、科研机构和世界著名的高科技实验室工作的华裔高端人才已经形成了一个庞大的群体。至今，美国已有 7 位获得自然科学领域诺贝尔奖的华裔科学家，60 多位国家科学院和工程院华裔院士，在美国国家航天局工作的华裔顶尖科学家有 300 多位。中国流失的顶尖人才数量也居世界首位。①

近年来，我国经济发展连续保持平稳较快增长的势头，成为世界经济发展的亮点，这一形势增加了对海外流失人才的吸引力，已有部分移居海外的高端人才回到祖国，外国高端专业人才进入中国的人数也有所增加。2009 年，中共中央办公厅转发了《中央人才工作协调小组关于实施海外高层次人才引进计划的意见》（简称“千人计划”），计划利用 5～10 年的时间引进 2 000 名左右的海外高端创新人才。近年来，我国已经引进了一批海外高端人才，基本上都是海外杰出华人学者。不过，与中国每年的人才流失量相比，这一数字还小得可怜。从总量上看，我国要扭转人才流失的局面，还有很长的路要走。

学有所成的海外华人学者之所以不愿意归国，主要的障碍有两个方面。一是归国渠道少，缺乏便捷且规范的回国工作渠道；二是国内的工作和生活环境与国外有较大差距。部分外国专家也有热情来华寻找发展机会，但除上述因素外，雾霾等恶劣的环境因素也影响着他们来华和长期定居的决策。因此，作为海外高端创新人才的主要接收地，高等学校通过努力扫除障碍，加快引进海外高端创新人才的步伐，具有重要的现实意义。

三、关于高等学校加快引进海外高端创新人才的建议

针对世界高等教育的格局和我国的情况，下面从我国高等学校如何选择、

① 参见中国社科院：《2007 年全球政治与安全》。

如何引进，以及引进后如何利用海外高端创新人才等方面提出若干建议。

1. 根据自身条件有针对性地引进

首先，高校在决定引进高端人才时，应结合国家“211”、“985”建设工程以及国家的人才战略，结合自身的学科优势和学科建设，在某些重要领域有针对性地集中引进海外高端创新人才，把学校的优势学科办成世界的一流研究中心，让高层次科学家之间的合作与碰撞帮助科学家产出优秀成果，促进创新学术氛围的生成。不应追求在所有学科中“散点”式的高端创新人才引进方式，而要追求“网络”式的高端人才聚集模式。一流的大学需要一流的学科，但一所大学不可能在很多个领域都成为一流，比如斯坦福大学就是凭借计算机等少数优势学科跻身世界一流行列的，这值得我国大学在建设一流大学和引进高端创新人才时加以借鉴。其次，高校需要建立优势学科领域的海外高端创新人才联络站和数据库，特别是对海外华人科学家的资料应全面掌握，科学遴选，主动邀请，以更积极的姿态去吸引海外高端创新人才。

2. 进一步规范和完善高端创新人才引进方式和流程

在海外高端人才引进中应将规范化与灵活性相结合，在引进流程上进一步规范化、透明化，形成公平可信的人才吸引政策氛围。应根据不同人才的生活和工作特点，选择灵活的引进方式，如充分利用全职、兼职等方式加大海外高端人才支援国家建设的力度。此外，要制定并简化高端人才回国工作的入职程序，对特殊人才放宽政策约束。

3. 努力改善学术环境，营造以学术自由为主导的科研氛围和公平的管理体制

这是当前高等学校迫切需要解决的问题。由于历史和文化的原因，高校的行政化成为制约创新的重要因素。海外人才的生存需要国际化的工作环境，高校应从多个方面入手为海外高端创新人才提供一流的学术环境，并藉此建立学术自由为主导的创新氛围。首先，要充分认识科研人员在学校治理中的重要性，在涉及学术的管理问题上，实行以教授为主导的治理结构，避免行政对学术的干预。其次，在科研管理体制上，要将科研人员从项目申报、填表等琐碎事务中解放出来，给他们充足的时间和空间，增强行政人员的服务意识，切实提高学校科研管理体制的国际化，避免出现海归“水土不服”的情况。最后，人才管理模式也要与国际接轨。要遵循“唯才是举”、“适才适用”的原则，建立公平的人才管理制度，避免人才选拔中的随意性、人情面子关系等不透明、不科学的因素。

4. 善于利用国际专业猎头公司的帮助

目前不少高校在人才引进上主要依靠关系、校领导走访等近乎“手工业”的方式，渠道窄、有潜力的候选人少。其实，国际上有不少很有经验和资源丰富的科技人才猎头公司，高校应尝试通过这些公司帮助选拔急需的关键岗位人才。例如，西浦这些年高端人才的招聘大都借用了这些公司的资源网络，像西浦欲招一位国际商学院院长，通过公司和学校网络，我们在两三百个可能对象里进行筛选，这样选中合适对象的机会会高很多。

5. 不断提升大学的国际化水平

高端人才的招聘不只依靠国际甚或高于国际水准的工资和硬件环境，对于学者来讲，真正有吸引力的是软环境，换句话说，只有国际化的环境才能吸引和留住高端国际人才。现在许多大学内部管理环境和学术环境与国际化标准距离很远，当地生活和生存环境的国际化程度也很低，例如子女的教育问题、医疗和安全方面的问题、语言沟通问题、自然环境污染问题等，使这些长期生活在国外的华人和外国人的基本生存面临很多挑战，这也是高校必须注意及与地方政府一道共同努力改进的。

（合作者：张晓军博士）

图书在版编目（CIP）数据

理性“狂”言：教育之道/席西民著．—北京：中国人民大学出版社，2016.5
ISBN 978-7-300-22756-6

Ⅰ.①理… Ⅱ.①席… Ⅲ.①高等教育-研究-中国 Ⅳ.①G649.2

中国版本图书馆 CIP 数据核字（2016）第 073019 号

理性“狂”言
——教育之道
席西民　著
Lixingkuangyan

出版发行	中国人民大学出版社		
社　　址	北京中关村大街 31 号	**邮政编码**	100080
电　　话	010－62511242（总编室）		010－62511770（质管部）
	010－82501766（邮购部）		010－62514148（门市部）
	010－62515195（发行公司）		010－62515275（盗版举报）
网　　址	http://www.crup.com.cn		
	http://www.ttrnet.com(人大教研网)		
经　　销	新华书店		
印　　刷	天津中印联印务有限公司		
规　　格	170 mm×230 mm　16 开本	**版　　次**	2016 年 5 月第 1 版
印　　张	20.5 插页 1	**印　　次**	2018 年12月第 3 次印刷
字　　数	400 000	**定　　价**	48.00 元